EX BIBLIOTHECA
FF. PRÆDICATORUM
Sti JACOBI.

D/ Différ. de D7053.
V. le titre

27630

LE DIRECTEVR SPIRITVEL DESINTERESSÉ.

Selon l'Esprit du B. François de Sales, Euesque & Prince de Geneue, Instituteur de l'Ordre de la Visitation Ste-Marie.

Par IEAN PIERRE CAMVS
Euesque de Belley.

Et mis par Chapitres, reueu & corrigé de nouueau.

A PARIS,

Chez FIACRE DEHORS, au mont sainct Hilaire, à l'Image sainct Fiacre.

M. DC. XXXII.
Auec Approbation & Priuilege.

ADVIS
AV LECTEVR.

AV commencement &
à la fin de cét escrit,
ie rends vne assez ample raison du sujet qui luy a donné la naissance; & j'y satisfaicts ce me semble aux objections que l'on pourroit faire contre plusieurs poincts que j'y traitteray; ce qui eust pû fournir de matiere & d'ornement à vne Preface. Ie touche icy plu-

ã iiij

ADVIS

sieurs cordes delicates & chatoüilleuses, il en sera de l'éuenement comme il plaira à la Prouidence, ie n'en suis pas garand, seulement ie puis asseurer icy en paroles de Verité & d'vne Charité non feinte, que mon intention a esté sincere & sans passion en traçant cét ouurage, & que j'ay pluftost pensé à seruir Dieu dans le prochain, qu'à préjudicier à personne. Ce n'est icy que comme vn commentaire du troisiesme Chapitre de la premiere partie de la Philothée de mon B. P. François de Sales Euesque de Geneue, & quoy que ie donne vne assez large carriere

Av Lectevr.

à mon esprit, le laissant aller en la Chrestienne liberté de ses pensées, ie croy pourtant ne m'estre point escarté des sentimens de ce sainct Prelat, de la bouche de qui j'ay oüy autresfois des choses qui auoient bien autant de pointe & de vigueur, que ie ne die de rigueur, que celles que j'auance icy, quoy qu'il eust le laict & le miel sous la langue, & que les paroles, aussi bien que ses mœurs fussent detrempées dans vne douceur incomparable. Que si ie mesle icy le vin auec l'huille à l'imitation du bon Samaritain, c'est pour guerir des playes

ADVIS

qui ont besoin de cét appareil, & où il faut que la suauité soit accompagnée d'vne salutaire amertume. Mon intention principale en ce petit trauail, c'est de fournir aux Ames Deuotes de pierre de touche pour discerner le vray du faux Directeur, par la marque de l'interest, ou de sa Charité desinteressée. Ie fournis icy les industries pour reconnoistre le franc-aloy, & les distinguer du sophistiqué; afin que nous soyons bons Monnoyeurs, selon le conseil que quelques anciens Peres disent estre sorty de la bouche de nostre Seigneur. C'est pour ayder à ce choix

AV LECTEVR.

que j'ay tracé cette addresse. Choix de telle importance, que je croy qu'il y a peu de prattiques en la vie Spirituelle, qui le surpasse en necessité. Ie te presente icy, Lecteur, des lunettes d'approche, qui te feront veoir de prés des choses que tu n'as peut-estre jamais bien apperceuës à cause de leur esloignement, estant question de plusieurs industries cachées pour la plus grande part, & destournées de la connoissance du vulgaire. Lis cecy sans autre interest que celuy de la gloire de Dieu & de ton salut, & sans auoir esgard aux personnes par vne opinion preoc-

ADVIS

cupée. Et quand tu auras rencontré en vn Directeur les qualitez que ie te marque en ce Liure, ne crains point de commettre ta barque à la conduitte d'vn tel Pilote: car sans doute sous le vent de la grace celeste, il la fera surgir au port de Salut, & d'Immortalité. Au reste, ie sousmets de tout mon cœur, & ce Traitté, & tous ceux qui sont sortis, & qui pourront auec l'aide de Dieu, sortir de mon esprit & de ma plume au iugement & à la correction, non de la sainéte Eglise seulement, & de son Chef visible, le Souue-

AV LECTEVR.

rain Pontife, mais encore de ses Docteurs, que ie respecte comme mes Maistres.

Extraict du Priuilege du Roy.

PAr grace & Priuilege du Roy, il est permis à Fiacre du Dehors marchand Libraire à Paris, d'imprimer ou faire imprimer, vendre & debiter vn Liure intitulé, *Le Directeur Spirituel desinteressé, selon la doctrine du B. François de Sales Euesque & Prince de Geneue, Instituteur de l'Ordre de la Visitation Saincte-Marie: Composé par messire Iean Pierre Camus Euesque de Belley.* Auec defenses à tous Imprimeurs, Libraires, & autres personnes, de quelque estat, qualité, & condition qu'ils soient, de l'imprimer, ny faire imprimer, vendre, ny distribuer d'autre impression que de ceux qui seront imprimez par ledit Dehors ou de son consentement, pendant le temps de six ans entiers, à commencer du iour de l'acheuement de la premiere impression qui en sera faite, à peine de cinq cens liures d'amende, & de tous despens, dommages & interests: comme il est plus à plein porté dans les Lettres du Priuilege, pour ce donné à Paris le vingtiesme d'Aoust mil six cens trente-vn.

Par le Conseil,

Signé, SIMON.

Approbation des Docteurs.

Nous soubs-signez Docteurs en la Faculté de Theologie, certifions, auoir diligemment leu & examiné vn Liure intitulé, *Le Directeur Spirituel Desinteressé, selon l'Esprit du B. François de Sales Euesque & Prince de Geneue, Instituteur de l'Ordre de la Visitation Saincte-Marie*: composé par *Iean Pierre Camus, Euesque de Belley*: Auquel nous n'auons rien jugé contraire à la Doctrine de l'Eglise Catholique, Apostolique, & Romaine. Fait à Paris ce sixiesme iour du mois d Aoust, 1631.

DESCLEVES.

A. DE BREDA.

TABLE
DES CHAPITRES.

PARTIE PREMIERE.

Chap. I. Occasion de cet escrit. fol. 1.
Des Directeurs qui ne confessent point. f. 4
Liberté spirituelle moderée. f. 8
Angoisse d'vne ame partagée entre vn Directeur & vn Confesseur d'opinions contraires. f. 10
De la Theorie sans experience. f. 14
Directeur sourcilleux. f. 18
Sujet de murmure. f. 22
Iustification. f. 26
Conseil spirituel touchant les Directeurs & Confesseurs. f. 30

TABLE.

Trois qualitez necessaires à vn Directeur. La Science. f. 36
La Prudence. f. 39
La Charité. f. 42
Que la vraye Charité est desinteressée. f. 47
De trois sortes d'interests. f. 51
De l'interest de plaisir. f. 58
De l'interest honorable. f. 66
Caractere pour discerner le Directeur Ambitieux du Genereux. f. 68
L'authorité assaisonnée de Charité & d'Humilité. f. 72

PARTIE SECONDE.

CHAP. I. Des Directeurs opiniastres. f. 81
Des jaloux. f. 83
De ceux qui rendent les ames captiues. f. 88
De ceux qui magnifient à dessein leur condition, soit Pastorale. f. 95
Soit Cenobique. f. 98

DES CHAPITRES.

De l'interest d'honneur des Confrairies, tant Parroissiales que Cenobitiques.   f. 101
De la mauuaise emulation.   f. 105
Du Vœu d'obeissāce particuliere. f. 114
Le lien de la dilection.   f. 123
De l'interest vtile.   f. 125
Qu'il porte à la flatterie.   f. 128
Artifice de la plainte.   f. 132
Contre les plaintes des Pasteurs. f. 134
En quoy elles sont excusables, & comme legitimes.   f. 144
En quoy injustes.   f. 150
Consideration sur la pauureté. f. 153
Auantages sur la pauureté seculieres f. 158.
Contre les plaintes des Directeurs Cenobites.   f. 162

PARTIE TROISIESME.

CHAP. I. Raisons opposées aux plaintes Canobitiques.   f. 165

TABLE

Du travail des mains. f. 173
Des Cenobites fondez, & si leurs
  plaintes sont justes. f. 178
De celles des Directeurs Mendians
  f. 184
De celles des Pasteurs sur la pauvreté
  de leurs Eglises. f. 185
De celles des Cenobites sur la pauvre-
  té de leurs Communautez. f. 188
Zele peu judicieux de quelques Ceno-
  bites en la multiplication de leurs
  Maisons. f. 191
Remonstrance sur cela. traduit f. 197
Ferveur indiscrette. f. 203
Plaintes des Cenobites Mendians &
  leur examen. f. 209
Digression sur les Freres Layques, ou
  Servans. f. 234
S'ils sont exempts du travail des
  mains. f. 237
Des Freres du Chœur entre les Men-
  dians. f. 246

DES CHAPITRES.

PARTIE QVATRIESME.

Chap. I. ON peut mal vser des meilleures choses. fol. 249

Origine & Institut des Mendians. f. 257

L'objection des robustes qui mandient, refutée. f. 263

Deux passages de sainct Augustin, & vn exemple notable. f 266

De la mendicité des Freres Layes, & des Chouïstes. f. 270

Si leurs plaintes sont receuables. f. 281

Force de la plainte. f. 285

Le Directeur Cenobite vrayement desinteressé. f. 288

Loüanges des Theatins. f. 290

Des Confrairies Cenobitiques. f. 295

Contre les pretensions auares. f 300

Desseins subtils & desinteressez. f. 302

Le Directeur desinteressé est sans artifice. f. 309

TABLE

N'a esgard à l'apparence des personnes. f. 310

Ny à son profit. f. 315

Loüanges artificieuses de l'Aumosne. f. 319

Rencontre agreable. f. 324

PARTIE CINQVIESME.

CHAP. I. DE l'interest particulier & de Communauté. fol. 334

Deux exemples signalez. f. 337

Contre les presens donnez & receus. f. 341

Le Directeur desinteressé fuit les intrigues & les affaires. f 346

Il doit estre vn Ange. f. 351

Qui est le plus desinteressé Directeur, le Pasteur, ou le Cenobite. f. 353

Difference du Pasteur & du Mercenaire. f. 358

De la Vertu exercée par saillies, ou par continuation f. 362

Que la Charité d'obligation & Pastorale est au dessus des vœux Cenobitiques.   f. 367
Pierre de touche de la vraye Charité est la charge des ames.   f. 375
Que l'entretien est deub aux Pasteurs par Iustice, aux Cenobites seulement par grace.   f. 380
Demonstration des reuenus des Pasteurs & des Cenobites.   f. 384
Déplorable condition de quelque Pasteur.   f. 392
Souspir sur cette misere.   f. 397
Des chercheurs de fondations. f. 404
Le seruice gratuit des Cenobites. fol. 409.

PARTIE SIXIESME.

CHAP. I. **C**Hasseurs & Pescheurs Spirituels.   fol. 413
Du choix d'vn Directeur.   f. 415
Auantages industrieux des Cenobites, leur vnion.   f. 418

TABLE

Leurs vertus éclatantes. f. 424
Leurs deffauts sont judicieusement cachez. f. 429
Que le mespris des Pasteurs est vne grande faute. f. 435
Partage des Pasteurs & des Cenobites f. 438
Demonstration euidente. f. 444
Mot d'vn sainct Personnage. f. 446
Dessein principal de ce Traitté. f. 448
Que c'est pour aider les simples au choix d'vn Directeur. f. 450
Que ce choix est necessaire. f. 453
Qu'il ne blesse point la confiance. f. 456
Responses à quelques objections. f. 495
Aduis touchant cét ouvrage. f. 465
Protestation & Conclusion. f. 472

Fin de la Table des Chapitres.

LE DIRECTEVR SPIRITVEL DESINTERESSE'.

PARTIE PREMIERE.

CHAPITRE PREMIER.

Occasion de cet escrit.

IL y a quelques années que ie fus appellé en l'vne des plus grandes villes de ce Royaume, apres Paris, pour la distribution du pain de la parole sacrée, durant l'Aduent, & le Caresme. Entre les espics qui blanchi-

A

Le Directeur Spirituel

rent à cette moisson,] vne personne de consideration, & vrayement pleine d'honneur & de pieté desira, quelque particuliere assistance de moy, en ce qui regardoit la conduitte de son interieur. Elle auoit pour Confesseur ordinaire vn venerable Prestre de sa Parroisse, personnage de capacité suffisante, & de vie fort exemplaire. Elle auoit outre celui-là, pour Directeur, vn Predicateur celebre d'vn Ordre bien austere; mais Ordre qui ne s'applique pas à l'administration du Sacrement de Penitence. Ie trouuai cette ame d'ailleurs solidement deuote, dans cette angoisse d'esprit que Iob appelle vn pendement ou suspension,] non pas dans cette suspension des puissances dont parlent les Theologiens mystiques, & qui est voisine de l'extase. Mais celle dont ie parle prouenoit de l'incertitude à quoi elle se deuoit resoudre en plusieurs occurences, où les opinions morales de son Directeur & de son Confesseur se trouuoient opposées. A dire la verité ce tiraillement d'esprit partagé entre deux considerations esgalement probables, comme vn fer balancé entre deux aimants, est vne peine qui ne peut estre connuë que de celui qui la ressent. Mettez vne personne esgalement affamée & alterée, entre le boire & le manger, sans doute elle fera comme la nauire qui brusle dans la mer, elle perira dans son propre remede: car par où voulez-vous qu'elle commence ? & de boire & manger en mesme temps la nature ne le permet pas. Cette ame dont ie parle estant alterée & affamée de Iustice ;] c'est à dire extremement desireuse de bien faire, & se voyant quelquefois en vne mesme occasion, persuadée par l'vn, & dissuadée par l'autre, estoit en l'agonie d'vne femme qui a les douleurs de l'enfantement,] & ne peut accoucher, les eslans de la vehemence de son desir, lui donnant des tranchées fascheuses. L'vn qui bastit, & l'autre qui desmolit, dit le Sage, ce n'est pas pour faire vn grand edifice.] C'est faire comme le Cordier de l'embleme dont l'asne rongeoit la corde à mesure qu'il la tordoit : C'est la toile de Penelope, tissuë de iour, & deffaite la nuict. Outre l'amertume d'esprit, ceci la faisoit embarrasser en des labyrinthes de scrupules, dont elle n'apperceuoit pas l'entrée, & n'en pouuoit trouuer l'issuë. A n'en point mentir, je n'ai iamais pû approu-

A ij

uer cette distinction que font quelques-vns de la Direction & de la Confession, comme s'ils separoient le precieux du vil,] & pour parler en termes d'Escole, l'Architectonique du Tectonique.

Chap. II.

Des Directeurs qui ne confessent point.

IE n'ai iamais pû trouuer bon que ceux qui confessent ne dirigeassent point, ni que ceux qui se meslent de diriger ne confessassent point. Et ie ne puis comprendre comme des Directeurs, qui ne veulent pas confesser, se peuuent vtilement mesler de donner des conseils en vne prattique dont ils ne sçauent qu'vne froide & superficielle Theorie : Ni conceuoir la stupide & peu judicieuse patience des Confesseurs qui voyent gaster leur miel par des bourdons qui n'en sçauent pas faire, & qui ne font que trauerser vn mestier dont ils n'ont nulle connoissance. Ie ne parle pas sans sujet, auec ce peu de pointe & d'émotion de

desinteressé. 5

zele, parce que l'experience de vingt-cinq ans, employez auec assez d'attention, au seruice des ames, & en public, & en particulier, m'a fait connoistre que les vns abbatent par ignorance plus que par malice; ce que la science des autres edifie auec beaucoup de peine dans les bonnes consciences. Ie ne di pas que ces compagnies qui s'abstiennent de la confession fassent mal; non certes, puis qu'à proprement parler, cet office est plus Pastoral que Cenobitique, veu mesmes que cela vise à la conseruation de leur discipline Claustrale, qu'elles estiment se dissiper & relascher par là, encore que les autres Congregations, aussi austeres & reformées, & qui font cette fonction auec beaucoup de fruict & d'edification, ne soient pas de cet aduis: fondées sur ce mot de l'Apostre, Que la Charité cherche plutost l'auancement de la gloire de Dieu, que son propre interest.] Mais ce que ie trouue de fascheux, c'est que l'inexperience d'vne occupation, qui est l'art des arts, puis que c'est la conduitte des ames, [toute interieure, & deuant Dieu, leur fait mettre leur faux dans la moisson d'autrui, & gaster par leurs Directions (qui sans le sceau

A iij

de la Confeſſion, ne peuuent eſtre beaucoup interieures,) l'œconomie ſalutaire & ſaincte des Confeſſeurs. Ie croi bien qu'ils ne penſent pas mal-faire : car qui pourroit iuger autrement qu'en bien, des ſaines intentions de ceux, qui par l'aſpreté de leur vie, iettent vne bonne odeur en IESVS-CHRIST?] ſemblable à celle de la myrrhe, qui ſort de l'arbre quand il eſt eſgratigné : comparaiſon que la Sageſſe eternelle prend pour ſoi-meſme. Mais ie ſcai bien que le ſuccés des choſes ne reſpond pas touſjours aux intentions, & que ſainct Paul ne faiſoit pas touſiours le bien qu'il vouloit, & qu'il eſtoit quelquefois cauſe du mal qu'il ne vouloit nullement.] Ie parle en ceci hardiment, d'autant que c'eſt par certaine ſcience. Ie penſe donc qu'il ſeroit à propos de remonſtrer à ces Meſſieurs les Directeurs, ſi ſeueres à leurs corps, & ſi delicats en leurs eſprits, & qui veulent bien manger les pechez du peuple, ſans auoir la peine, ou le contrecœur de les ouyr, ou qu'ils ſe meſlaſſent tout à fait de cette prattique, comme font fort dignement les autres Ordres auſteres & reformez ? entraſſent dans les Puiſſances du Seigneur,] & viſitaſsent les Hierusalems interieures auec les lampes] des enquestes, au Tribunal de la Penitence, ou que sans embroüiller le trauail des experts, par leurs aduis, qu'ils debitent comme des oracles produits de la corne de Dauid,]& de salut,] ils se tinssent dans vn silence deuot, qui seroit beaucoup plus parfait & plus vtile, que de se fourrer dans les maisons & les consciences, trainants captiues des ames simples chargées de pechez, menées par diuers desirs, & qui apprennent sans cesse, sans pouuoir arriuer à la connoissance de la Verité.] La Charité sans emulation & sans riotte m'a pressé] de faire cette censure, qui n'est pas encore si ferme que le cas le merite ; dautant qu'il arriue de ces contradictions beaucoup d'embarrassemens , qui retardent en la voye de Dieu, l'auancement de beaucoup d'ames : & Dieu vueille que cette pieté apparente qui vise au profit particulier, ne nuise point au particulier profit de la vraye pieté, qui seule peut dire auec l'Apostre, C'est vous que ie cherche, & non le vostre ;] c'est vostre ame, & non vos biens. Nostre pesche est des esprits des hommes, & non de leur substance.

Chap. III.

Liberté spirituelle moderée

CE n'est pas aussi que pour blasmer cette varieté, je quitte vn abysme pour courir vn autre. Toute extremité est vicieuse. Ie ne voudrois pas oster à vne ame la liberté de chercher par tout des hommes sçauans & pieux, pour conferer auec eux des affaires de son salut: car bien qu'el'Escriture mette la science & la Loy en la bouche du Prestre, notez ce singulier, & tout au plus range toute parole arrestée en la bouche de deux ou de trois,] si est-ce que d'ailleurs elle dit que le salut est en plusieurs conseils.] Il n'y en a iamais trop quád ils sont bons, & ils le sont quand ils ne sont point contraires, & s'entrechoquans comme Esaü & Iacob. Que l'ame donc demeure en vne pleine liberté pour ce regard, puisque là où est l'esprit de Dieu, là est la vraye liberté:] liberté des enfans de Dieu,] enfans de la libre, non de l'esclaue,] & qui n'ont point l'esprit de seruitude, mais celui d'adoption, qui leur fait crier, Abba Pere.] Seulement que la discretion, sel & assaisonnement de toutes les Vertus, luy serue de flambeau pour euiter les incommoditez qui se trouuent & en l'vnité & en la multiplicité, celle-là estant sujette aux attaches dangereuses, & a vn Emipre d'vn costé, & vne sujettion de l'autre, qui font vn joug insupportable, quand il est forcé, Et cette-ci mettant vne ame dans le trouble de l'incertitude, pareille à ces voyageurs qui logent par tout, & ne s'arrestent nulle part, & à ces abeilles, qui ne font point de miel quand le Printemps a trop de fleurs ; parce que le plaisir qu'elles prennent à voltiger çà & là, leur fait oublier de retourner en leur niche, & y meshager de la prouision pour l'Hyuer. Que si quelquefois il est besoin qu'vne ame soit ainsi diuisée entre vn Directeur & vn Confesseur, qu'au moins ces deux hommes soient tous deux sçauans, tous deux deuots, tous deux experimentez, tous deux charitables, & conspirans vnanimement au bien de cette ame qui se remet à leur conduitte ; afin que comme vn fer en éclaircit vn autre, & vn diamant en polit vn autre, ils expliquent leurs difficultez aux rencontres, sans les embroüiller dauantage, & sans mettre cet esprit sousmis à la gesne. Ce qui arriuera, si tous deux sont bons Praticiens, & exercez en cette profession qui manie les clefs des Cieux, & qui lie & deslie les consciences: nullement, si l'vn des deux n'est versé qu'en la Theorie de cette Theologie que l'on appelle Morale.

Chap. IV.

Angoisse d'vne Ame partagée entre vn Directeur, vn Confesseur, d'opinions differentes.

OR comme si deux cheuaux, qui tirent vn carrosse, ne sont bien dressez, & ne vont mesme train, il y a danger que l'vn auançant, l'autre reculant, l'vn allant d'vn costé, l'autre tournant au cõtraire, ils ne versent le carrosse, & le mettent en pieces: De mesme si vn pauure cœur est tiraillé, & comme deschiré par deux differentes conduites, que peut-il esperer, sinõ d'expirer sous vne si cruelle

desinteressé.

gesne? & de trouuer son supplice là-mesme, d'où il doit attendre sa consolation & son addresse à la grace? I'ai auancé tout ce que ie viens de dire sur le sujet de cette ame pieuse, tracassée de la sorte par les différentes opinions de ceux qui la conduisent ; & semblable à vn Nauire qui ne peut trouuer le port pour estre battu en mesme instant de deux vents contraires. Or ayant compassion de sa peine, qui ne lui prouenoit que d'excés de douceur, de crainte, & de docilité ; Ie me sentis obligé de correspondre par ce peu d'assistance que ie lui pouuois rendre, à la confiance qu'elle tesmoignoit d'auoir à ma parole, & publique, & priuée. I'entrepris donc ce soin entre pusieurs autres ; & parmi les journalieres occupations de la Chaire, ie me rendois à certaines heures au Tribunal de la Penitence, qui est en l'Eglise comme la piscine des oüailles, & comme la fontaine de la maison de Iacob, couuerte à la purgation des imperfections humaines. Ie trouuai donc celle-ci tellement esperduë de craintes seruiles, & rongée de scrupules, mais de ces contradictions de ses guides, qu'à force d'estre conduite elle ne sçauoit quel chemin elle tenoit

A vj

tant elle estoit contraire & pesante à elle mesme.] La peine que j'eus à remettre son esprit en vn'assiette tranquille & reposée ; Dieu la sçait, que seul ie regardois en cette ame, & que j'inuoquois ardemment sur sa consolation. En fin Dieu escouta la preparation de son cœur,] & dissipant ses tenebres & ses desplaisirs, il fit rayonner sur elle la splendeur de sa face,] & lui rendit la ioyé de son salutaire, la confirmant de son esprit principal.] Ces craintes trop seruiles & mercenaires, autant remplies d'amour propre, que vuides de la diuine Dilection, se dissiperent peu à peu ; & la Charité s'estant respanduë en son cœur par le sainct Esprit,] cet Astre dont les influences sont si benignes, fit comme le Soleil au Printemps, espanouyr les fleurs en la terre de son interieur ;] & lors que cette vertu sacrée, Reyne de toutes les autres, eut vn peu estendu son ame,] les frayeurs excessiues, comme les ombres de la nuict, furent escartées] par ses aymables rayons, & elle chemina auecque tant de vigueur en la voye de Dieu, qu'elle sembloit plutost voler ou courir,] que marcher. Ie la laissai en cette bonne disposition, lors que j'eus acheué la course de mes Predi-

desintereßé.

cations, & que ie fus sur le poinct de me retirer en ma residence. Et parce que l'experience m'auoit fait connoistre que tout le trouble de son esprit n'estoit prouenu d'autre source que de l'antipathie des conseils de son confesseur ordinaire, & de ce benit Directeur, aussi grand Theoricien & Rhetoricien, que l'autre estoit bon Praticien, & bien experimenté au gouuernement des ames : Ie lui conseillai franchemēt, & selon Dieu, (sans aucune contraincte,] comme parle sainct Pierre, si elle vouloit auoir vn Directeur outre son Confesseur qu'elle en choisit vn, qui à la consciēce de la Theorie, eust la Pratique jointe, & qui s'exerçast & addonnast actuellement au seruice, & à la conduitte des ames au Tribunal de la Penitence : parce que pour sçauant que soit vn homme, si cet vsage lui manque, il ne peut estre qu'inepte & inhabile ; afin que ie ne die mauuais, & dangereux Directeur, & aueugle en menant vn autre,] Puis qu'il se mesle d'vn mestier qu'il n'exerce pas, & dont quelquefois la Pratique est autant esloignée de la Theorie, que le Nort du Midy.

Chap. V.

De la Theorie sans experience.

CE que ie dis donc alors à la sourdine, ie le publie maintenant à la trompette, ce que i'ai dit à vne ame, ie le dis à toutes:] ce que i'ai conseillé en particulier & en secret, ie le presche sur les toits :] ce que i'ai auancé de la langue, ie le signe de la main par cet escrit, & ie redis encore vne fois, qu'vn Directeur sans pratique; c'est à dire, sans experience, est vn roseau creux sur qui il ne se faut pas appuyer.] Dautant que par sa belle Theorie sans vsage, il gaste tout, au lieu de profiter, il retarde, au lieu de faire auancer, il offusque, au lieu d'esclaircir, il embroüille, au lieu de demesler, il embarrasse, au lieu de desgager, il desmolit, au lieu d'edifier, il desuoye, au lieu d'addresser, & il esgare, au lieu de ramener: & semblable à ce temeraire de la Fable, qui voulut conduire le chariot du Soleil, il met le feu où il pense porter la lumiere, troublant les esprits, & partageant des cerueaux, dont la foiblesse est autant digne de pieté, que blasmable la subtilité de ceux qui exercent sur leur docilité vn Empire sourcilleux qui approche fort de la tyrannie. Tous ne sont pas des Elies pour bien guider le chariot d'Israël, C'est vn art où il faut certes de la science, mais beaucoup plus d'experience; & à dire le vrai, qui ne s'apprend qu'en l'exerçant, à peu pres comme celui des Medecins, qui ne se sont habiles que par l'vsage. Et de fait, qui se voudroit fier en vne grande maladie à vn Medecin qui sçauroit assez de Grec & d'Arabe, & qui diroit des merueilles en son art, mais n'en auroit pas la practique? Qui voudroit fier sa cause à vn Aduocat qui auroit la memoire remplie de toutes les Loix du Code, des Pandectes, mais qui ne sçauroit pas la routine du Palais? Qui ne sçait qu'vn simple Procureur, qui ne sçait ni Latin, ni science, menera mieux vn'affaire que le plus habile Professeur en Iurisprudēce? Pour estre bon Peintre il ne suffit pas de bien parler des couleurs, des ombres, & des proportions, si l'on ne sçait par le pinceau faire voir son ouurage? Il en est ainsi en tous les arts, en toutes les sciences & professions, & n'y a celui qui ne sçache le grand chaos qui est entre la Theorie & la Pratique. Celui qui, enflé de bonne opinion de soi-mesme, pour la connoissance qu'il a de celle-là, pense estre grand maistre en celle-ci, se seduit soi-mesme.] Et on lui peut appliquer ce traict du diuin Apostre, Celui qui pense sçauoir quelque chose en quoi il ne sçait rien, il ne sçait pas encore de quelle sorte il faut sçauoir.] Tout cela me fait dire que l'Ame, qui pour sa plus grande seureté ou côsolation, voudra consulter vn Directeur, outre son Confesseur, sur ce que deux yeux voyent plus qu'vn, & qu'vn frere aide l'autre,] le doit choisir non seulement expert en l'administration du Sacrement de Penitence, mais d'vne capacité & experience si esleuée au dessus de son Confesseur ordinaire, qu'il ne se puisse former ni emulation de science, ni dispute entre ces Anges sur le corps de Moyse,] ie veux dire sur la conduite de ce cœur, qui se remet en leurs mains en toute candeur & simplicité. Autrement elle se met en danger de ressentir beaucoup de contradictions en elle-mesme, & les mesmes tranchées en son esprit que souffroit Rebecca en son corps, quand elle se plaignoit de ces deux nations, qui aux personnes de ses jumeaux, se battoient dans ses flancs. Que si l'Eglise, guidée par le sainct Esprit, ne donne qu'vn Pasteur à vne Bergerie composée de plusieurs oüailles, & mesme en toute son estenduë, qui est vniuerselle, ne recognoist qu'vn Pasteur, comme elle ne compose qu'vn corps & vn troupeau : De quelle façon vne seule Ame peut elle estre diuisée en sa conduite, à tant de Confesseurs, & Directeurs, qui souuent au lieu de la guerir la font malade ? Ce que disoit cet ancien Empereur de la multitude de ses Medecins, à qui il attribuoit la cause de sa mort. Ce n'est pas qu'absolument ie blasme que l'on en consulte plusieurs : car on ne sçauroit prendre assez de conseils en vne chose si importante que le salut, où il y va d'vne eternité : ni mesme d'auoir diuers Directeurs en mesme temps, comme nous auons en l'Estat Ecclesiastique & Politique plusieurs Superieurs sur nos testes ? mais subalternes les vns aux autres, & d'vn pouuoir inesgal : car, comme i'ay dit, quand vn Directeur a vn grand ascendant, & vne eminence fort esleuée au dessus du Confesseur, tant en Theorie, qu'en Pratique, il n'y a iamais de débat, parce qu'vne plus grande lumiere offusque la moindre, & il n'y a point pour ce regard à deliberer, quel conseil on suiura. Mais hors ce cas ie di (& ie pense en cela parler conformément à l'Esprit de Dieu, qui est Vie & Verité,) que cette occurrence est dangereuse à vne Ame, qui se voit quelquefois entre deux fers, & comme balancée de telle sorte, qu'elle ne sçait de quel costé pancher, voyant du mal par tout, & du bien nulle part, encore que souuent il ne soit pas ainsi ; & c'est vn fascheux entortillement que celui d'vne conscience erronée.

Chap. VI.

Directeur sourcilleux.

LA personne dont ie parle estoit en cet estat : car bien que son Directeur fist plus de bruit, & eust plus d'éclat par sa Predication, ie ne sçai s'il faisoit plus de fruict que son Confesseur, personnage plein de zele au seruice des Ames, & qui faisoit beaucoup de bonnes œuures sans sonner de la trompette.]

Seruant Dieu de sa substance,] & à plats couuerts,] ainsi que le Sauueur commande en l'Euangile, cela sçai-je, & auec certitude, qu'il estoit beaucoup plus experimenté en la conduite des ames au Tribunal de la Penitence, que le Directeur, encore qu'il ne le crust pas, & que le Directeur au contraire s'estimast beaucoup plus pertinent que lui, & le voulust à tous propos regenter en pedagogue, lui & cette Ame Penitente, auec vn sourcil beaucoup plus humiliant qu'humilié, & qui tenoit beaucoup plus du Pharisien que du Publicain. Lors que ce bon Prestre donnoit quelque aduis spirituel, qui lui sembloit salutaire à cette bonne Ame, qui le rapportoit aussitost au Directeur, côme à sa pierre d'espreuue; s'il ne plaisoit pas à ce Predicateur, il declamoit au contraire à pleine voix, & auec des termes si raualans & si mesprisans, qu'ils estoient aussi messeants à la bouche qui les proferoit, qu'honorables à la modestie, & à la patience de celui à qui ils s'addressoient, Combien de fois l'austere Empire de ce suffisant Directeur eust-il fait quitter ce Confesseur à la personne Penitente, s'il n'eust apprehendé de perdre la lourde pratique de sa haute Theorie, & que les ruisseaux de cette source ne se fussent pas respandus sur d'autres prez que ceux de sa maison. Et puis se voyant auoir vn ascendant absolu, & sur l'esprit Penitent, & sur le Confesseur, il se contentoit de renuerser par le souffle impetueux de sa bouche, tout ce que cettui-ci taschoit d'edifier de solide, & d'arracher ce que cettui-ci plantoit, auant qu'il eust jetté de fortes racines, ne donnant souuent point d'autre raison que la qualité d'ignorant à ce pauure Confesseur, & d'homme peu versé aux Anagogies: (car ce mot lui plaisoit) de la vie superessentielle, & supereminente. Il le traittoit de petit esprit, peu illuminé, & nullement instruict en la vie interieure, & contemplatiue, n'entendant pas seulement ces beaux mots de la Theologie Mystique, qui estonnent le monde par leur emphase, & que l'on prend pour le langage des Anges, plutost que pour celui des hommes, tant ils sont esloignez du bas stile de la terre. En somme il se seruoit fort authentiquement du priuilege que donne l'Apostre à l'homme spirituel, qui est de juger tous les autres, & n'estre jugé de personne.] Quand j'eus descouuert tout ce mystere, qui certes n'estoit pas d'iniquité, mais où ie remarquois vne manifeste injustice, ie me rangeai du costé que i'estimai le plus equitable, & à l'imitation du Sauueur, qui soustint la Penitente Marie contre les jugemens du Pharisien: ie pris le parti de ce Confesseur, opprimé par ce Rabby, dont il demolissoit & dissipoit la vigne, tantost en Sanglier, tantost en Renard, au grand trouble & dommage de cette Ame, qui estoit, sans comparaison, beaucoup mieux conseillée, & conduite par ce Confesseur prudent, capable, & charitable, qui connoissoit clairement tout son interieur, que par ce Directeur imperieux, qui n'en voyant que la surface, & ce qu'il en pouuoit aprendre par vne simple conference, s'en faisoit accroire en vn art qu'il n'exerçoit pas ni ne pouuoit exercer, bridé par son Institut. Ie destachai donc cette personne de ce double gesne, & la laissant dans la question ordinaire du siege judiciaire que Dieu a establi en son Eglise, ie la deliurai de la question extraordinaire de ce Directeur experimenté, dont elle se sentit soulagée, comme d'vn joug fascheux, ou plutost d'vn fardeau qui ne lui estoit plus supportable ; fardeau que celui-là mesme qui l'imposoit n'eust peut estre, pas voulu toucher du bout du doigt.]

Chap. VII.

Sujet de murmure.

CEci ne fut pas sans murmure, dont l'vsage n'est pas moins frequent parmi les gens de l'autre monde, que celui des vents & des flots sur la mer, selon le tesmoignage de sainct Bernard : mais qu'importe-t'il que les hommes ou nous maudissent,] ou disent mal de nous pourueu que Dieu nous benisse ?] soit par opprobre, soit par bonne renommée, pourueu que Dieu soit serui, c'est nostre seul but. La cause de ces piccoteries ne fut pas tant le zele de l'Ame, que le zele amer & contentieux,] sur la priuation de quelques commoditez qui prouenoient de cette precieuse direction, Car il y a cette difference entre les zelez, que les vns pour le bien spirituel de leur prochain, sont rongez de zele ; mais le zele des autres, ronge le bien d'autrui. Le dirai-je, pourueu que ie ne rompe point la concorde, & le lien de la perfection : i'ai me certes Platon & Socrate, mais i'aime encore dauantage la verité, pourueu qu'elle soit charitable, & respectueuse, parce que c'est vn tesmoignage qu'elle fort d'vne Charité qui est veritable, & pleine de respect. Ie dirai donc que cette personne dont ie parle estoit d'âge, sans enfans, en estat de veufuage, & qui est le poinct, fort accommodée des biens de fortune : & qui, par vne liberalité vrayement magnifique, en faisoit vne grande part aux necessiteux : de sorte que l'on pouuoit dire de cette personne ce que dit le Psalmiste, Heureux celui qui fait misericordieusement l'aumosne ; car il se dispose à receuoir au Iugement vn arrest fauorable:] parce que les Misericordieux obtiendront Misericorde,] & la sentence Eternelle, Venez les Benits de mon Pere,) se donnera sur l'examen des œuures de Charité. Aussi le Psalmiste continuë, Celui qui disperse & donne largemét aux pauures, sera declaré Iuste au siecle des siecles, il sera releué en gloire,) & il recueillira les benedictions qu'il aura semées.) Si est ce qu'en la distribution de celle-ci ie remarquerai de grandes inegalitez : car le Confesseur qui portoit le poids du iour, & de la chaleur,

& qui n'auoit pour viure que ce que son assiduité au seruice de l'Autel luy pouuoit donner, en la qualité que i'ay dite au commencement, hors le salaire de quelques Messes, ne receuoit aucune gratification de cette Ame, le Pasteur de la Paroisse si peu que rien, selon l'vsage du temps où nous sommes, les Hospitaux & les autres souffretteux fort peu de chose, la masse des liberalitez principales, par le moyen de la direction, fondant directement ou indirectement, opportunément ou importunément, en reprenant, en tançant, en priant ou en preschant,] ie n'en sçai rien, dãs la maison du Directeur; & de telle sorte, que les plaintes qu'en faisoient tout haut les heritiers presomptifs, en vindrent iusques à mes oreilles. Quand la batterie changea, & que dans les celiers de la Prudence celeste l'ordre fut establi en sa Charité,] auparauant assez desordonnée, les ruisseaux de cette fontaine se respandirent au dehors, les eaux furent partagées par les places,] le pain fut rompu aux necessiteux, l'hospitalité fut exercée aux estrangers, & aux malades, ceux que leur naissance, ou leur malheur, ou plutost la Prouidence, auoit mis dans la pauureté, se

trouuerent

trouuerent foulagez ; auſſi bien que ceux qui auec vne préeminence incomparable, par ie ne ſçai quelle Theologie que ie n'entends pas bien, s'appellent les pauures Euangeliques, comme ſi les pauures de toutes conditions n'eſtoient pas recommandez en l'Euangile. De là les courroux & les larmes, de là les plaintes & vacarmes, ainſi que parle cet ancien Poëte, comme ſi j'euſſe oſté vne rente directe, ou de direction, à vne Maiſon qui y auoit renoncé. Ie ne dis pas ceci ſans ſujet, parce que ie n'eus pas ſi toſt le dos tourné pour me rendre en ma Bergerie, que ie fus accueilli d'vne greſle de calomnies pour cette occaſion, que j'ai dite tout ſimplement, & à la bonne foi, & par vn orage de meſdiſances, ſuſcité par des langues ſacrées, & ſi ſucrées, qu'elles ne font paroiſtre que miel & laict au deſſus : mais au deſſous, ie n'oſerois dire auec le Pſalmiſte, Qu'il y auoit vn venin d'aſpic, animal dõt la picqueure eſt d'autant plus dangereuſe, qu'elle eſt moins apperceuë, & dont on reſſent pluſtoſt le mal, qu'on ne rèconoiſt d'où il vient. Ie fus ainſi battu & lapidé :] mais en mon abſence, par vn conſeil, que ie croi que tout homme de bon ſens, &

sans passion, ne jugera point estre mauuais, ni contraire à l'Esprit de Dieu, dont l'honneur aime le iugement.]

Chap. VIII.

Iustification.

EStant aduerti par mes amis, que le Demon specieux & luisant du Midy,] cribloit]de cette sorte ce peu de nom que les mieux nais me prestoient, & pesoient au poids profane, & non du Sanctuaire des conseils spirituels, que i'auois appris sans artifice, & communiqué sans enuie:] ainsi que dit le Sage, parlant de ce qu'il sçauoit ; Dieu par sa misericorde establit tellemēt mon cœur en sa grace, que ie ne fus aucunement esmeu de cette nouuelle, sçachant qu'il falloit vaincre le mal par le bien,] & le souuenir en fust peri en ma memoire auec le son,] si ie n'eusse esté conseillé, & mesmes obligé par des personnes eminentes en dignité, en merite, de mettre en mon absence ma plume en la place de ma langue, & de coucher par escrit ce benit conseil spirituel, dont on faisoit tant de bruit, & dont on parloit si diuersement. Ce que ie fi tout simplement lors que ie fus arriué en ma demeure ordinaire, disant auec Dauid, O Seigneur, ie chanterai vos justifications au lieu que vous auez destiné au sejour de mon pelerinage.] En cela j'acquiesçai au desir de ces personnages de qualité, dont la volonté m'estoit vne loy, & dont le iugement auoit vne grande auctorité sur le mien, plus qu'à mon inclination particuliere, qui estoit de me taire en souffrant, disant seulement à Dieu en mon cœur, Ie suis demeuré muet, & ie n'ai pas ouuert la bouche : car c'est vous qui auez sinon fait, au moins permis, cette atteinte.] C'est à vous de me deliurer de la calomnie, ou de m'y liurer. [Ouy Pere, qu'il soit fait selon vostre plaisir :] vous sçauez ce qu'il faut ceder, ou ce qu'il faut opposer à la langue malicieuse,] & qui dresse des tromperies,] vous auez des fleches aiguës, & des charbons de desolation,] dont vous pouuez purifier ces lévres polluës,] qui ont beaucoup plus de besoin de purgation que celles du Prophete : Vous pouuez m'enuironner du bouclier de vostre Verité,] impenetrable à ces traicts, lancez dans

B ij

l'obscurité à ceux qui sont droicts de cœur,] & poussez auec tant de foiblesse, qu'ils semblent partir de la main des enfans:] vous pouuez par la lumiere de vostre face, descouurir les embusches dressées dans les tenebres à la reputation de l'Innocent.] Vous, Seigneur, qui confondez, & qui portez à la renuerse ceux qui haïssent la paix,] & qui l'ayans sur la langue, ne la portent pas dans le cœur.] Vous qui promettez de la donner à ceux qui ayment vostre Loi, & que le scandale ne les accueillira point.] Tant s'en faut donc que cette tempeste me donnast de l'inquietude, que ie loüois Dieu de ce qu'il auoit deschiré mon sac, & m'enuironnoit de liesse,] me resiouissant auec les Apostres, de souffrir quelque opprobre pour le seruice de Dieu en vne Ame.] En fin vaincu de la priere, de ceux dont l'Amitié me pouuoit commander, ie me resolus à vne petite deffense ; benissant le Seigneur qui enseignoit cette escrime à mes amis, & ce combat à mes doigts.] Ie leur enuoyai donc vn petit Discours, qui auoit ce tiltre sur le front, ADVERTISSEMENT SPIRITVEL AVX PENITENTS, SVR LE CHOIX D'VN DIRECTEVR.

desinteressé.

Il courut incontinent par les mains de pluſieurs, à qui la curioſité en fit faire des copies. Et commme les eaux qui paſſent par des mines alterent beaucoup la clarté de leur ſource, ainſi le cours d'vn eſcrit ſe trouble par les mains des Copiſtes, dont les fautes ſe multiplient à l'infini. Et ſur l'aduis que l'on me donna il y a quelque temps, qu'vn Imprimeur vouloit jetter ſous ſa preſſe vne de ces copies, ainſi eſtropiée & corrompuë en beaucoup de lieux, pour empèſcher en quelque façon ce mauuais office, j'ai repaſſé la main ſur ce petit ouurage, où les raiſons eſtoiët preſſées, & les paroles ſerrées, dautant que ie m'eſtois fort eſtudié à la brieueté, pour ne faire languir les eſprits curieux de ſçauoir promptement la verité d'vn fait, oud'vne propoſition, ie les ay beaucoup plus eſtenduës en cet eſcrit, où ie me ſuis principalement attaché à l'ordre : & à la methode, comme à ce qui contribuë dauantage à la clarté, que i'ayme ſouuerainement.

B iij

Chap. IX.

Conseil spirituel touchant les Directeurs & Confesseurs.

Vparauant que ie les deduise, i'ai besoin de lier ce que i'ai dit du fait qui a donné occasion à ce tissu, auec ce qui suit. Comme donc ie meditois mon retour en ma residence, ie remis cette Ame, guerie de ses scrupules, & inquietudes, entre les bras de la celeste Prouidence, lui ayant donné pour niueau, & pour regle de sa perfection en sa vacation, la Philothée de mō Bien-heureux Pere, l'asseurant que si elle obseruoit cette regle, elle viuroit] deuant Dieu en Saincteté & en Iustice,] au temps, & en l'Eternité : & l'ayant renuoyée à son Confesseur, que ie trouuai fort homme de bien, & fort capable de la conduire, ie l'asseurai, que suiuant ses conseils & sa direction, que ie jugeois fort bonne & salutaire, & cheminant sous cette escorte simplement & confidemment,] elle ne pouuoit qu'arriuer à

desintereßé.

bon port. Ie lui di de plus nettement & rondement, que ie n'approuuois pas cette double guide d'vn Confesseur, & d'vn Directeur en mesme temps, sinon que le Directeur fut exercé aussi bien que le Confesseur, à la pratique de la Penitence, & en fist profession ordinaire: & encore voulois-je que ce Directeur eust vn tel auantage de science, & d'experience sur le Confesseur, qu'il peust estre son Maistre: en sorte que les opinions de l'vn & de l'autre, ne peussent entrer en telle concurrence, que l'esprit de la personne dirigée en peust estre partagé. Dauantage, bien que ie ne voulusse pas tenir le parti de l'inconstance, sçachant qu'vn Prophete met l'instabilité pour la punition des pechez de Ierusalem:] Si est ce qu'en fait de Penitence & d'interieur, j'estois partisan de la liberté; & comme ie ne blasmois pas que l'on s'attachast à vn Confesseur ou vn Directeur, en sorte qu'on ne s'en pust distraire facilement, ie ne loüois pas aussi cette volontaire seruitude, n'ignorant pas que l'vne & l'autre extremité pouuoit estre vicieuse; & comme en l'vne s'estoit trop s'appuyer sur la creature, la malediction estant prononcée dans les

B iiij

sainéts Cahiers, contre celui qui se confie en l'homme, & qui se repose sur la chair,] qui n'est que foin,] & poudre.] En l'autre aussi c'estoit voltiger de branche en branche, & bordóner sur toutes les fleurs sans faire aucun miel. Me persuadant que dans le temperament d'vne mediocrité reglée par la discretion, l'on pouuoit se tenir à l'vnité, sans renoncer à la pluralité, & se seruir quelquefois de la pluralité sans faire tort à l'vnité. Ce que ie lui monstrois par l'exemple de deux sainctes Congregations de filles : l'vne des Carmelites, dont la saincte & Angelique vie jette vne odeur sacrée en IESVS-CHRIST, qui embausme toute l'Eglise : l'autre de saincte Marie de la Visitation, fondée par mon Bien-heureux Pere, qui, comme vne petite violette de Mars, croist bas, & à l'ombre, mais ne laisse de respandre vne suauité fort odorante, & vne senteur de tressainct exemple. Or en ces deux sortes de Communautez, elles ont cette liberté par leurs Constitutions, de prendre toutes en general, plusieurs fois l'année, des Confesseurs autres que les leurs ordinaires ; & en particulier cette grace n'est iamais desniée à vne Sœur, quand elle est raisonnable, & vtile à la consolation, ou profit spirituel: Au reste quant aux conferences auecque des personnes doctes, deuotes, & spirituelles, c'est ce qui leur est non seulement accordé auec vne saincte franchise, mais mesme conseillé & persuadé, à cause des grands biens que cela apporte au progrez de l'Ame dans les voyes de salut: encore que ie n'ignore pas que la pluralité des conseils embarrasse quelquefois les esprits, principalement ceux du sexe, qui a l'infirmité pour son partage: mais qui ne sçait qu'il n'y a rien de si bon qui ne soit rendu mauuais par l'excez ou l'abus. Que si vne telle liberté est donnée à des filles, & reformées, & renfermées, & qui viuent sous vne discipline bien plus estroitte qu'vne personne seculiere, qui a son Ame en ses mains,] pourquoi celle-ci n'vsera t'elle pas justement, auecque la Benediction de Dieu, d'vne si honneste & profitable licence, consultant diuers Oracles ; & selon l'Apostre, esprouuant beaucoup d'esprits, pour ne se tenir qu'aux bons?] C'est donc, à mon aduis, vne chose non moins gesnante & dangereuse, de s'attacher en sorte à vn Directeur ou Confesseur, que

B v.

Le Directeur Spirituel

l'on n'en puisse aborder ou gouster aucun autre, comme de changer tous les iours sans dōner creance à aucun. Doncques ce conseil d'vn ancien Sage, qui vouloit que l'on aymast, comme si l'on deuoit vn iour haïr, & que l'on haïst, comme ayant vn iour à aymer, me semble pouuoir estre pratiqué au sujet dont ie parle, en se laissant conduire spirituellement à vn Directeur, ou Confesseur, comme si demain on le deuoit perdre: ce qui arriue tous les iours dans les frequentes transmigrations que font les Conuentuels, & en quitter quelqu'vn, comme si dans peu de iours on se deuoit remettre sous sa direction. De cette sorte on maintiendra son esprit en vne parfaite liberté, qui consiste en vn desgagement total de tout ce qui n'est point Dieu, quelque pretexte qu'il y ait de ne regarder vne Creature qu'en Dieu, & pour Dieu, & en quelque relation que la chose creée ait à Dieu. Car en fin nul ne peut seruir à deux Maistres, il faut que nostre cœur vnique soit à vn seul Dieu, le lict est trop estroit, la couuerture trop courte, deux n'y peuuent demeurer à couuert.] Ha! viue Dieu, & qui est comme Dieu;] & qui ne rompra tout autre

desinteressé. 35

lieu] que ce lieu de perfection,] qui nous attache à lui. O liberté de mon cœur, vous estes trop genereuse pour vous assujettir iamais à d'autre qu'à Dieu, & pour regarder autre volonté que la sienne, en obeyssant à ceux qu'il nous donne pour Superieurs, & qu'il met sur nos testes,] à qui il veut que nous obeyssions commme à lui,] parce qu'il nous parle par eux, & qui les escoute l'entend, & qui les mesprise le mesprise :] toute obeyssance est imparfaite, qui a vne autre visée ; à raison dequoi l'Apostre exhorte les seruiteurs d'obeyr à leurs Maistres, non comme à des hommes, mais comme à Dieu.] Et l'Euãgile nous enseigne à receuoir le Prophete au nom de Dieu, non en celui du Prophete mesme, si nous voulons que Dieu soit nostre recompense.] Ce fut en cet esprit de parfaite liberté,] que ie conseillai à cette Ame de faire choix d'vn Directeur, & Confesseur, sans separer ces deux qualitez d'vne mesme personne, au cas qu'elle jugeast à propos, pour son auancement spirituel, de remettre sa conduite en d'autres mains que celles où ie la laissois. Et pour lui seruir de flambeau & de regle en cette ellection, ie lui marquai le qua-

B vj

triesme Chapitre de la premiere Partie de la Philothée de mon B. Pere, où ce sainct Prelat, en peu de pages, comprend non moins judicieusement, que succinctement, tout ce qui est necessaire pour ce regard.

Chap. X.

Trois qualitez necessaires à un Directeur. La Science.

Mais sur la fin il desire trois qualitez en ce Directeur, que ie lui expliquai l'vne apres l'autre, mais j'insistai principalement sur vne que ie deduirai ici plus amplement. Il le faut, dit ce diuin Homme, plein de Charité, Science, & Prudence : si l'vne de ces trois parties lui manque, il y a du danger] de se ranger sous sa conduite. Voila peu de paroles, mais qui contiennent vn grand sens, & qui sont comme le fonds & la baze que ie vai deduire en la suite de cet Opuscule. Il veut qu'il ait de la science : car si vn aueugle en meine vn autre, qu'arriuera-t'il sinon que tous deux tombent

desinteressé.

dans la fosse.] Laissez-les, disoit le Sauueur des mauuais Prestres de la Loi, ils sont aueugles, & conducteurs d'aueugles.] Car si nous sommes obligez de rechercher la Loi de la bouche du Prestre, n'est-il pas necessaire que les léures soient gardiennes de la science?] quand les Oracles ne parlent point, ils cessent d'estre Oracles, & les chiens ordonnez pour la garde, ne valent rien quand ils manquent de japer.] Si en tout Art l'ignorance est blasmée, jusques au poinct d'estre coupable quand on ignore ce que par sa profession l'on est obligé de sçauoir; combien plus le sera-t'elle en l'Art des Arts, qui ouure & ferme le Paradis, & qui conduit les Ames à l'Eternité heureuse & mal-heureuse? Le sang des personnes qui se perdent par la faute de ceux qu se meslent de les conduire, n'en ayans pas la capacité, ne sera-t'il pas demādé de leur main] par le Prince des Pasteurs?] Et si le sel est affadi, & la lumiere esteinte, auec quoi salera t'on? auec quoi esclairera-t'on?] si ceux qui doiuent porter la science du Seigneur par la terre, n'ont pas la science de la Voix,] ni la science des Saincts;] c'est à dire celle qui inspire la Saincteté, & qui donne la science de salut au peuple.] S'ils n'ont pas la clef de la science,] pour discerner la lepre de la lepre ; c'est à dire le peché à mort] de celui qui ne l'est pas : De quelle façon pourroient-ils enseigner la science de la bonté & de la discipline,] & faire dire d'eux ce mot du Sage, Que les lévres sçauantes sont vn ruisseau precieux? Certes où il n'y a point de science, dit le mesme en ses Prouerbes, il n'y a point de bien pour l'ame.] Et comme vn enfant desseiche, languit, & perit, quand il ne trouue point de laict dans les mammelles de sa mere, aussi l'ame deuient-elle languissante & affamée, quand elle ne trouue point de pasture de l'instruction de la bouche de son Directeur. Car le pain de Vie & d'intelligence,] qui doit estre rompu aux petits,] est sa nourriture ; & sans les parolles de Vie, & de Vie eternelle,] elle ne peut addresser ses pas aux sentiers de la paix,] Que celui là donc qui n'a point ce pain dans sa maison, ne se mesle pas de conduire les peuples,] ni de faire le mestier d'Aaron, s'il ne sçait resoudre les difficultez, & s'il ne sçait conduire les oüailles dans les pasturages] de la science de Dieu. Il est vrai que cette science parlant absolument n'est pas requise en vn eminent degré ; encore que sainct Gregoire appelle le gouuernement des Ames l'Art des Arts, pourueu qu'elle soit accompagnée d'vne grande Charité : Vertu, dit l'Apostre, qui edifie autant qu'vne science eminente, est sans elle enflée de vanité.] Il suffit qu'elle sçache discerner le bien du mal, le precieux du vil,] & qu'auec la simplicité de la Colombe, la prudence du Serpent] puisse trouuer sa place.

Chap. XI.

La Prudence.

OR par la Prudence il ne faut pas entendre celle de la chair, que l'Apostre appelle mort,] & qui estant de la terre, est nommée terrestre, animale, diabolique :] cette Prudence n'est que pour faire le mal] auecque plus de finesse ; mais finesse qui ne trompe que les yeux des hommes, non ceux de Dieu, deuant qui tout est nud & descouuert :] mais nous entendons la Celeste, de qui le Sage dit, La sciéce des Saincts, c'est la Prudence : Prudence, dit Iob, qui ne s'acquiert que par vn long temps ;] c'est à dire par beaucoup d'experience, selon le mot de cet Ancien, qui dit, Que l'vsage l'engendre, & que la memoire le produit. En vn mot par la Prudence, i'entens l'experience, qui estant en vn haut degré, & iointe à vne science mediocre, est beaucoup plus souhaitable au Directeur dont ie parle, qu'vne profonde science auec vne legere experience. La raison de cela est euidente, en ce que pour la conduite des ames, il est plus question d'agir que de contempler, & de les rendre bonnes que sçauantes; la suitte de Vertu, & la fuitte du vice, consistant en action plus qu'en speculation, en faict qu'en discours : & nous parlons ici d'vn Conducteur, plutost que d'vn Docteur, & d'vn Conducteur zelé, plutost que d'vn Docteur aissé, d'vn Seraphim purifiant & embrasant, plutost que d'vn Cherubim sçauant & enseignant. C'est assez qu'il eut le courage de crier sans cesse, & de representer à l'ame la laideur du peché, pour lui en faire conceuoir l'horreur ?] c'est assez qu'auec le Psalmiste il die aux Iniques, Qu'ils quittent l'iniquité, & qu'ils ne leuent point les cornes contre le Ciel ;] qu'ils apprennent à bien faire, & qu'ils ceſſent de faire le mal.:] qu'il faſſe inſtance en temps, hors de temps, reprenant, ſuppliant, tançant, en toute patience & doctrine :] qu'il preſſe les Brebis eſgarées, de rentrer au bon chemin qui meine dans l'eternelle Bergerie :] c'eſt aſſez qu'il ait l'addreſſe d'exhorter auec vne ſaine ſcience,] & qu'il ameine les pecheurs à componction, en les corrigeant en eſprit de douceur, & qu'il enſeigne aux Debonnaires les diuins ſentiers de la grace & de la gloire ;] voila pour le ſçauoir. Mais quant à l'experience, elle n'a point de bornes, & quoi qu'elle ſoit grande, elle ne le peut eſtre trop : car le Cœur humain eſtant vn abiſme ſans fonds,] & vn labyrinthe plein de mille deſtours, qui peut penetrer l'eſprit de l'homme, ſinon l'Eſprit de Dieu ? Veu que ne demeurant iamais en vn meſme eſtat,] on auroit pluroſt compris le changement de la Lune, & les cauſes du flux & reflux de la mer, que les bigearres mouuemens de l'Eſprit humain. Or de quelle façon cette experience, fille de l'action & de la pratique, peut-elle venir en vn homme qui n'a qu'vne connoiſſance ſuperficielle

& generale que l'on appelle Theorie? C'est pourquoi ie pense auoir parlé raisonnablement, quand i'ai dit, Que cette ame prend plaisir à se perdre, & est ingenieuse à se tromper, qui confie sa conduite spirituelle à vn Directeur; qui, pour sçauant qu'il puisse estre en la Theologie, & parlast-il en Chaire la langue des Anges, & des plus habiles hommes,] manque en la pratique, & n'est point experimenté en l'administration du Sacrement de Penitence.

Chap. XII.

La Charité.

Mais Aprestout, c'est peu de chose que de la science & de l'experience sans la Charité; ce qui a fait dire à l'Apostre, Si i'ai le don de prophetie, & connois tous les secrets des sciences, & n'ai point la Charité, ie ne suis rien.] Apres cela se respandant aux loüanges de cette Vertu, qui ne peut iamais estre assez estimée, puisque le Dieu mesme des Vertus est Charité; il fait voir par vn long denombrement qu'elle les com-

desinteressé, 43

prend toutes en eminence, & qu'elle est leur ame & leur vie. Elle est donc la grande, la generale, la necessaire qualité requise en vn Directeur. Sans elle c'est vn corps sans ame, vne ame sans esprit, vn esprit sans vie, vn conducteur sans yeux, vn feu sans chaleur, vn flambeau sans lumiere. Quand il seroit aussi sçauant & aussi eloquent qu'vn Ange, sans Charité il n'est qu'vn airain qui resonne, vne cloche qui tinte,] sans elle donnast-il tous ses biens aux pauures, son corps aux flammes, rien ne profite,] au lieu que tout coopere & reüssit en bien à ceux qui ont la diuine Dilection.] Cette qualité est tellement recōmandée aux Pasteurs & Conducteurs des ames, que qui n'est resolu de mettre sa vie pour le salut de son frere,] n'est pas digne d'exercer cet office Angelique. Que l'Ame donc en son choix auise bien, que si le Directeur qu'elle eslit est fort charitable; ce qui est aisé à connoistre, comme l'arbre par le fruict,] parce que la Charité encor plus que la Foi se monstre par les œuures.] Où est l'amour, là est l'operation, & là où il n'y a point d'operation, l'amour n'est pas,] c'est vn feu dont l'actiuité est inseparable. Voulons-nous en voir les marques & les liurées, ne les cherchons point autre part que chez ce grand & diuin Apostre, qui en estoit tout rempli. La Charité, dit-il, est patiente, benigne, sans enuie, sans insolence, elle ne s'enfle point, elle n'est point ambitieuse, ELLE NE CHERCHE POINT SES INTERESTS, elle n'est point sujette à se despiter, elle ne pense point au mal, elle ne se resiouyt point de l'injustice, mais sa ioye est en la Verité, elle endure tout, elle croit tout, elle espere tout, elle souffre tout : iamais elle ne deschet, bien que les propheties s'abolissent, que les langues cessent, que les sciences soient destruites.] Ces paroles Apostoliques meriteroiët d'estre escrites sur le diamãt, & plutost sur les tables de nos cœurs.] O si nous le pesions & ruminions comme il faut ! combien de gousts trouuerions-nous en cette manne, combien de secrets y descouuririons-nous, non seulement pour nous ayder aux choix dont ie parle, mais encore pour nostre propre perfection : mais où trouuera-t'on ce Directeur qui ait vne Charité accompagnée de tant de rares qualitez? Et c'est pour cela que mon Bien-heureux Pere, encherissant sur ce sainct

desinteressé. 45

Personnage Iean Auila, qui dit Qu'entre mille à peine en trouue-t'on vn, estime que difficilement cet vn se rencontre entre dix mille. Cela c'est oster l'esperance d'en trouuer vn, ouy certes accompli de tout poinct? mais comme nous ne laissons pas d'estimer l'argent de la Lune, encore que quelques taches y paroissent ; aussi ne laisse-t'on pas de se seruir d'vn homme, & de le priser, encor que l'or de sa Charité ne soit pas arriué jusqu'au dernier carat, Autrement il n'y auroit point d'Euesque en l'Eglise, si toutes les qualitez que S. Paul desire en eux y deuoient necessairement estre, auant que par l'imposition des mains ils fussent esleuez à cette dignité. Il est vrai que pour conduire des ames il faudroit vne perfection de Seraphim, pour les mieux purger, illuminer, & accomplir : Il est vrai que la Charité y est requise en vn supreme degré, auecque toutes les autres Vertus qui l'accompagnent comme leur Reyne, la Patience, la Douceur, l'Humilité, la Verité, la Iustice, & les autres que l'Apostre designe, & celles encore qu'il ne nomme pas. Mais sans m'arrester à deschiffrer tout ce grand attirail ie n'entreprens de faire voir en son jour, qu'vn seule qualité qui est essentielle au suiet que ie traitte, & fondamentale pour la deffence du Conseil que ie donnai, & pour prouuer sa iustice contre les murmures; c'est celle ci, que LA CHARITE NECHERCHE POINT SES PROPRES INTERESTS. D'où ie tire cette proposition dont ie declarerai la verité: Que pour faire vne bonne ellection d'vn DIRECTEVR SPIRITVEL, il faut qu'il soit DESINTERESSÉ, c'est à dire qu'à la science & experience que i'ai representée, il joigne vne CHARITÉ DESNVEE D'INTEREST PROPRE. Cela bien reconneu, qu'on ne feigne point de s'embarquer sous sa conduite, on ne pourra faire qu'vn tres-heureux voyage sous vn si asseuré Pilote. Mais aussitost qu'on apperceura l'escueil du propre interest, qu'on se retire au plutost de là, comme d'vn vaisseau qui est en danger de faire naufrage. Voila tout le fonds & le vrai sujet de ce discours, qui m'a mis la plume à la main pour retirer la Verité de la gorge de la Calomnie: oppiler] & clorre la bouche à la Mesdisance] & faire mentir l'Iniquité, en renuersant sa malice sur son visage à sa confusion,] ainsi la douleur retournera, & sa mali-

desinteresée.

gnité retombera sur sa teste:] Et ie m'asseure que ceci reuiendra au profit de plusieurs Ames penitentes & pieuses, qui connoistront, quand ie leur aurai fait tomber les escailles; & les tayes des yeux, que tout ce qui reluit n'est pas or, & qu'entre plusieurs pierreries qui paroissent precieuses, il y a bien des doublets, & que mesme les plus fines ne sont pas les meilleures.

Chap. XIII.

Que la vraye Charité est desinteressée.

Pour déuider cette matiere auec ordre, nous parlerons premierement de cette Charité desinteressée en general, & puis nous descrirons l'interest en particulier; afin que cette pierre de touche fasse discerner le faux du vrai, le haut du bas-alloi. Que la Charité nous porte à aymer Dieu pour l'amour de lui-mesme, & le prochain pour l'Amour de Dieu, il n'y a nulle doute. Il est aussi hors de côtrouerse que la Charité, soit qu'elle

regarde Dieu, ou qu'elle nous porte vers le prochain, est vn Amour d'Amitié, non de Conuoitise; distinction fort cōmune entre les Philosophes & les Theologiens. Or par l'Amour de concupiscence nous aymons en autruy nostre propre interest, à cause du plaisir, de l'honneur, & du profit, que nous en esperons ou retirons. Mais l'Amour d'Amitié, (en quoy proprement consiste l'essence de la Charité,) est vn Amour entierement desinteressé, & qui ne regarde purement que le bien de la Personne aymée, & non le nostre. Bien que nous lui voulons ou procurons en Dieu, pour Dieu, & selon Dieu, sans autre perfection que de la gloire de Dieu, qui nous recommande vne telle dilection, par imitation de la pureté de la sienne. C'est là mon commādement, dit le Fils de Dieu à ses Disciples, que vous vous aymiez les vns les autres, cōme ie vous ay aymez:] & comme nous a-t'il aymez qu'auec vne pureté d'intention incomparable, n'ayāt que faire de nous, ni de nos biens,] mais seulemēt pour la trop grande, c'est à dire extrême Charité qu'il a euë pour nous.] O! si cela est, combien y a-t'il peu dans le mōde de cet or pur, que l'Escriture nous
conseille

desinteressé. 49

conseille d'acheter si nous voulons deuenir riches,] ie veux dire de cette pure Charité qui nous fait aimer Dieu & le prochain sans aucun regard de nousmesmes & de nostre propre vtilité. Car qui est ce qui contemple & recherche Dieu purement pour luy mesme] sans penser à euiter l'enfer, ce qui est seruile, ou à gaigner le Paradis, ce qui est mercenaire, mais qui fasse simplement le bien pour faire chose qui plaist à Dieu, veu que le Psalmiste mesme, cét homme selon le cœur de Dieu,] auouë que son cœur s'est porté vers les œuures de Iustice, à cause de la recompense qu'il en esperoit.] Mais ce n'est pas icy le lieu d'examiner en quoy consiste le haut poinct de l'Amour de Dieu sans aucun propre interest, ouy bien de voir en quoy consiste la Charité Des-interesée que nous deuõs auoir pour le prochain, principalement en la Direction des ames: car cette huile sacrée, ce baume precieux perd son odeur & son prix, quand il se mesle auecque la liqueur de quelqu'autre pretension que se puisse estre, si ce n'est celle de la gloire de Dieu, en qui, par qui & pour qui nous aimons & seruons autruy. Et c'est de cette sorte que

C

Dieu a recommandé le prochain à vn chacun de nous,] faisant vne loy rigoureuse de n'esperer rien de luy en prestant.] Loy beaucoup plus seuere en la distribution des graces spirituelles, qui doiuent estre communiquées gratuitement, comme gratuitement elles sont departies,] sous peine de tomber dans l'ignominie & le chastiment de l'infame crime de Simon le Magicien. C'est cette Charité des-interessée qui produit le vray zele des ames, & qui fait dire à ceux, qui en sont espris, le mesme que cét ancien Roy disoit à Abraham: Donne-moy les ames & ie te laisse le reste;] & à S. Paul, Ie desire d'estre Anatheme pour mes freres;] & encore, l'estime toutes choses moins que de la bouë, pourueu que ie gaigne Iesvs-christ,]& que ie luy acquiere des ames. O que bien-heureux est celuy qui a esté trouué sans tache de particuliere pretension, & qui n'a point couru apres l'or, ny esperé en la quantité des thresors: mais qui est celuy-là? afin que nous luy donnions des loüanges que meritent les merueilles qu'il a faites en sa vie.] Ce sera celuy qui se trouuera exempt de tous les interests que ie vay descrire: & on le pourra pren-

desintereßé.

dre pour le vray DIRECTEVR SPIRITVEL DESINTERESSE'.

CHAP. XIV.

De trois sortes d'interests.

TOut ce qui est au monde, dit sainct Iean, n'est que conuoitise de la chair, conuoitise des yeux, & orgueil de vie, c'est à dire, Volupté, Auarice, Ambition. Et pleut à Dieu que comme les vapeurs de la terre ne montent pas iusques aux estoilles, que ces vices ne s'attachassent point à ceux qui sont attachez comme des Astres au firmament de la terre,] esleué sur le faiste des montagnes,] qui est la saincte Eglise, cité esleuée sur la montagne,] & colomne & firmament de la verité. Mais las! au grãd regret des bons, on ne voit que trop d'abominations & de desolation dans le lieu sainct,] c'est à dire dans les mœurs de ceux qui doiuent porter deuant les autres la lumiere de la doctrine de salut; & les preseruer de la corruption par le sel de leur bon exemple. Helas! dit Dieu, par la bouche d'vn Prophete, d'où vient

C ij

que mon bien-aimé commet tant de maux en ma maison?] combien mon ennemy jette-t'il de malignité dans la plus saincte de toutes les vacations ?] combien de zizanie des vices l'homme aduersaire sursème-t'il dans le champ des cœurs qui me sont particulierement consacrez,] & qui sont dediez aux plus sacrez ministeres? Tous les Prophetes ne sont remplis que d'exclamations, de menaces, de reproches, & d'inuectiues contre les Prestres qui abusoient de leur Sacerdoce en auarice & en pompe. Et quoy que la Loy escrite n'eust que des ombres & des figures] nous ne voyons sous celle de grace que trop de veritez sur ce sujet. Mais pour euiter la malediction de Cam, & auec Constantin pour voiler leurs deffauts du manteau d'vn modeste silence ; nous nous contenterons (parlans en general pour ne donner aucun sujet d'offense, de peur d'exposer le ministere au blasme]) de dire, que comme les Philosophes ont remarqué trois sortes de biens, les delectables qui regardent le corps, les honorables qui concernent l'ame, & les vtiles qui touchent les facultez que l'on met en la distribution de la fortune ; il y aussi trois fortes d'intereſſez, l'vn de Plaiſir, l'autre d'Honneur, & le troiſieſme, de Profit: & ce ſont là les trois grands reſſorts qui remuent la grande machine de ce monde, qui eſt tant deſcrié dans les ſainctes Pages. Ils ſont tres-bien figurez en ces bœufs, colombes, & tables de banque dont le Sauueur purgea le Temple, lors qu'il donna la chaſſe aux vendeurs & achepteurs, leur reprochant que de la maiſon de ſon Pere toute conſacrée aux diuins Offices, ils en faiſoient vne cauerne de brigands:] Car que repreſentent les Colombes, ſinon les voluptez & les infames traffics qui les accompagnent? quoy les Taureaux, ſinon les cœurs eſleuez en gloire des orgueilleux & ambitieux? quoy les bancs des vſuriers & changeurs ſinon la conuoitiſe des biens periſſables? O Seigneur Iᴇsᴠs! hé quand reuiendrez-vous le foüet à la main purger encore voſtre maiſon des imperfections que ces malheureux intereſts y font gliſſer tous les iours? quand reſjoüirez-vous les autres Saincts qui vous y adorent, ſinon lors que vos Preſtres ſe reueſtiront de Iuſtice?] ouy quand ils ſeront parez des ornemens de ſalut, qui ſont les vertus exemplaires: vos fideles

C iij

seruiteurs auront vne grande allegresse.] Mais las! ô Sauueur du monde, quand ie vous voy dans le desert assailli par le commun aduersaire de nostre salut & de vostre gloire, de trois tentations qui nous representent ces trois interests, qui est-ce qui se peut promettre d'estre exempt de pareilles attaques? & en considerant nostre foiblesse, & la force de nostre ennemi, qui s'oseroit asseurer de la victoire sans vne puissante assistance de vostre grace? Quand ce maudit esprit nous sollicita de changer les pierres en pain, n'estoit-ce pas pour vous faire quitter la rigueur du ieusne pour le plaisir de la bouche? Quand il vous inuita de vous precipiter, n'auroit-il pas dessein de vous faire marcher sur les aisles des vents] & d'essayer s'il vous pourroit induire à la vaine gloire? & quand il vous promit la possession de tant d'empires qu'il vous monstra, n'estoit-ce pas pour voir s'il pourroit couler en vostre cœur la conuoitise des biens de la terre? Que s'il a bien eu la temerité de tout cela sur le bois verd, que ne fera-t'il sur le sec? & quelle prise n'aura t'il sur des hommes infirmes, fragiles, & portans des vaisseaux de terre qui froissent les vns les autres en s'entrchocquant ?] Mais ie ne voy point de figure plus expresse de ceci que ce qu'escrit Ezechiel au huictiesme Chapitre de sa Prophetie, parlant des Idolatries qui se commettoient dedans le Temple autour de l'Idole du Zele. Dieu luy ayant fait percer la muraille pour y voir les desordres que les Prestres y commettoient en secret & à cachettes. Il vid premierement des femmes qui pleuroient Adonis, symbole assez vif des voluptez, dont le nom ne doit pas tóber en la bouche d'vn Chrestien,] selon le commandement de l'Apostre. Apres il veid des vieillards (c'est ce que signifie le mot de Prestre) qui adoroient le Soleil-Leuant en fleurant des bouquets de senteur. Marque expresse de l'ambition, qui se repaist d'esclat & de fumée. Mais il veid vne troisiesme bande de ceux qui adoroient toutes sortes d'animaux rampans sur la terre; representation assez haïue de l'abomination de l'auarice, qui est vne passion qui se repaist de terre, se traine contre terre, & adore des metaux tirez pour le malheur des hommes, des entrailles de la terre. O combien les fideles seruiteurs

Ciiij

de Dieu, & iustes dispensateurs de ses mysteres] sont ils esloignez de ces miseres, & de plier les genoux deuant ses miserables Idoles. Certes ils ressemblent aux Colombes & aux Abeilles qui ne peuuent faire leur demeure en des lieux infectez de puanteur, sujets au bruit, & où se retirent les oyseaux de proye. La mauuaise odeur des voluptez, le bruit des ambitions & des vanitez, & la proye iniuste des auarices, leur sont tellement en horreur, que tout ce qui a l'image de quelque interest, plaisant, vain, ou profitable les fait fuïr. Quittans la Iudée (ce mot en la langue saincte signifie Confession) pour se retirer aux montagnes se sauuans de la Babylone ou confusion de ces desordres, dans la retraitte d'vne saincte solitude interieure exempte de ces contagions. Aymans mieux auecque Moyse, comme dit sainct Paul escriuant aux Hebrieux, estre affligez en seruant Dieu, que d'estre dans les honneurs Royaux & dans les delices Tenans l'opprobre de Christ pour de plus grandes richesses que tous les thresors de l'Egypte du monde.] Tels sont ces oyseaux de Paradis, qui ne tiennent icy bas que par le filet de la simple necessité, trauaillans

de leurs mains comme sainct Paul, n'e-
stans à charge à personne, ne souhaittans
rien de ce qui est à autruy, contens du
viure & du vestir] tel que le demande
l'vsage de la nature, non l'vsage de la
superfluité, & pareils à la parfaicte figure Spherique qui ne touche la table parfaitement veuë qu'en vn poinct. Certes
de ces gens-là il y en a fort peu, il y en a
toutesfois, & quoy que de peu de monstre, (car ils viuent dans les obscuritez:
entre les morts du siecle] comme dor-
mans en des sepulchres] & libres entre
les morts] incognus aux hommes, &
cognus au Dieu caché à tous, & à qui
rien n'est caché :] il y en a plus que l'on
ne pense, & qui ne plient point le ge-
noüil deuant Baal,] deuant ce simulacre
d'or & d'argent, ouurage des mains
des hommes] que l'on appelle interest
propre : ny deuant cette statuë bigarrée
en sa composition, & façonnée de tant
de metaux, qui fut mise en poudre par
vne petite pierre. Mais voyons vn peu
de plus prés, & en détail ces trois interests, & voyons-les auecques l'eau de dé-
part qui separe les metaux, c'est à dire,
auec l'esprit de discernement, afin que
nous puissions euiter les pieges que veid

C v

sainct Anthoine, qui couurent toute la surface de la terre, & establir nos pieds sur la pierre ferme, sur la roche viue.

Chap. XV.

De l'interest de plaisir.

J'Insisterai fort peu sur la detestation de celui qui regarde le plaisir, parce qu'au sujet que ie manie, ie ne puis me persuader qu'il y ait aucun de ceux qui sont appellez à la Direction des Ames, si abominable, que de vouloir mettre vn tel scandale en ce chemin] du Ciel qu'ils doiuent enseigner, changeans mal-heureusement la pierre d'edification en vne d'achoppement, & ce qui doit deslier en vn lacq ou piege des plus execrables qui puisse tomber en l'imagination. Et bien que la doctrine des Sages, & d'assez miserables exemples, nous fassent connoistre, Qu'il n'y a rien de si sainct qui ne trouue son prophanateur, ni rien de si bon, dont vn meschant ne puisse abuser; le Fils de Dieu mesme venu pour la Redempton du monde, estant la ruine de plusieurs,] & vn ro-

desintereßé.

cher qui écrase ceux sur qui il tombe:] & le Sacrement de son Corps, qui est principe de Vie, & de Vie eternelle, ne rend-il pas coulpables de mort, & de mort eternelle, ceux qui le reçoiuent indignement? Si donc on peut faire vn si mauuais vsage d'vn Sacrement si adorable, qui est le Soleil de tous les autres, combien plus aisément vne Ame perduë pourra-t'elle abuser de celui, dont ceux dont ie parle sont les Distributeurs, puis qu'en eux a esté mise la parole de reconciliation,] & les clefs des Cieux leur ont esté remises?] Certes quelque Spirituel que l'on soit,] ou que l'on pense estre, il se faut tousiours soigneusement souuenir que l'on est enuironné d'infirmité,] que l'esprit est prompt, mais que la chair est foible,] que l'on est chair iointe à vn esprit qui va de soi-mesme au peché,] pour l'inclination que le sens y a dans son origine,] mais qui n'en reuient, ni ne s'en releue pas de ses propres forces.] C'est ici qu'il faut, selon le conseil de l'Apostre, cheminer prudemment,] & comme sur des cendres qui couurent de la braize. La saincteté de Dauid, la sagesse de Salomon, la force de Samson, ne sont en cette

C vj

dangereuse rencontre que misere, que folie, que foiblesse. La chair est vn Dalila traistresse, qui ne demande qu'à tondre l'esprit, à luy oster sa force, ses resolutions, & le liurer à ses ennemis, les pechez qui le feront aueugle, & le garrotteront de liens d'où il ne se pourra deffaire. C'est vne Iahel qui presente du laict à ce Sizara pour luy arracher la vie de la grace, lors qu'elle l'aura fait dormir du sommeil du peché. Helas! les Anges mesmes, que l'Escriture marque sous le nom d'enfans de Dieu, trouuerent belles les filles des hommes qu'ils auoient peut-estre en leur conduite, & de leur accointance nasquirent les Geants, l'horreur du Ciel & monstre de la terre. Adam en l'estat de Iustice & de grace, n'ayant qu'vne femme à conduire, en fut seduit, & porté par elle, & de peur de l'attrister, à cette rebellion, & au manger de ce funeste morceau du fruict deffendu, qui a esté la vraye boëte de Pandore, & la source de tous nos malheurs. Allez & fiez-vous à cét ennemy domestique, qui est nostre chair, ennemy d'autant plus fort qu'il est plus infirme, apres tant de cheutes horribles dont les Histoires, tant les prophanes que les sacrées ne sont que trop remplies. Loth qui fut si sainct, & si iuste en vne ville la plus abominable de la terre, que commit-il dans le desert ? le sens eut il respect au sang, & comme dit vn Prophete, le sang y toucha t'il pas le sang ? Ammon aueuglé de sa passion ne viola t'il pas tous les deuoirs de la nature, & n'y eut-il pas vn des enfans de Iacob, & mesme de Dauid, qui souillerent le lict de leur propre Pere ? Certes comme tout bien est possible au fidelle,] ainsi nul mal ne fait horreur à l'impie. Depuis qu'vne fois Dieu & ses iugemens sont ostez de deuant ses yeux en tout temps & en tout lieu, ses voyes se souillent. Que ne firent les enfans d'Aaron & ceux de Heli dans les plus saincts lieux ? Certes il n'arriue que trop souuent, que des communications qui sont toutes pures, innocentes, & spirituelles en leurs commencemens, deuiennent par le progrez toutes sensuelles, l'edification par la misere humaine deuenant scandale, l'or se noircissant] & l'argent se changeant en escume] de mesme que le feu sacré en la destruction de Ierusalem faite par les Babyloniens, estant jetté dans vn puits, durant la captiuité se conuertit en bouë,

Que de Nabuchodonozors pour s'estimer Dieux, deuiennent des bestes! L'homme estant en honneur, dit le Psalmiste, & se mesconnoissant, deuient semblable aux animaux desraisonnables. Voyez ce que le sainct Euesque de Geneue, le B. François de Sales, represente sur ce sujet des Communications bonnes au commencement, & qui se rendent mauuaises par la contagion de la nature corrompuë, lors qu'il traitte des Amitiez en la troisiesme Partie de sa Philothée: car il me semble qu'il ne se peut rien dire de plus judicieux, ni de plus vtile. Sainct Hierosme, ce seuere Directeur, & qui a eu tant de sainctes Ames sous sa conduite, declame fortement, selon son stile ordinaire contre le commerce trop frequent, les conuersations trop libres, les paroles affectées, les ris impertinens, les priuautez dangereuses, les familiaritez suspectes, auecque les personnes de sexe infirme, mais principalement il inuectiue contre les presens, mesmes contre les plus petits, parce que ce sont autant de liens des cœurs, & d'allumettes d'impureté. Quoy que l'on die, il est mal-aisé, pour sage que soit vne Ame, que l'intention n'ayt

desinteressé.

toufiours quelque chofe de finiftre, foit en donnant, foit en receuant des prefens. Cela eft tellement ombrageux, & fujet à illufion, que fouuent fous le manteau de la Charité, la Charité eft offenfée : & comme les Singes leurs petits eftouffent en les careffant. Ne le prenez pas-là, vous n'y penfez pas de mal, il peut eftre, mais toufiours le diable y penfe pour vous, & toufiours il dreffe des embufches au talon, & à la partie la plus foible, & la moins deffenduë. C'eft manier vn feu d'artifice, qui brufle lors qu'on n'y penfe le moins. Il n'y a point de feureté auprés d'vn Serpent ; il fe peut faire, dit fainct Hierofme, qu'il ne vous picque pas, mais il y a beaucoup plus d'apparence de croire qu'il picquera. Dites le mefme du fexe qui trompa l'homme, apres que le Serpent l'eut trompé. Mais ie ne veux point preffer dauantage cét intereft, puis qu'eftant le plus couuert, & le plus rare de tous, au fujet dont ie traitte ; mais qui efclattant quelquefois, fait les plus grands fcandales, & à qui on ne peut ordonner de fupplices affez rigoureux. Ie veux croire que Dieu a vn foin particulier de preferuer de soüilleures cette source de la maison de Iacob, ordonné pour le nettoyement des personnes immódes. Aussi voyons nous que le Sauueur qui a souffert en la compagnie de ses Apostres, des Ambitieux, des Auaricieux, des Vsuriers, des Blasphemateurs, des Persecuteurs, des Coleriques, des Indiscrets, des Incredules, n'y a iamais enduré personne qui fust soupçonné d'aucune des-honnesteté. On demandoit vn iour à Platon pourquoy dans ses loix il n'auoit ordonné aucune peine contre les Parricides; parce, respondit-il, que ie ne croy pas que la nature produise de si horribles monstres. Et comme on s'enqueroit vn iour d'vn Lacedemonien à quoy l'on condamnoit les Adulteres à Sparte. Il respondit agreablement qu'ils payoient vn Taureau qui eust le col assez long pour pouuoir boire de dessus le mont de Taygette iusques dans le fleuue d'Eurote. Et comme on luy eust reparty, qu'il estoit impossible de trouuer vn tel animal; Il est autant difficile, repliqua-t'il de trouuer vn adultere en Lacedemone. Pour moy ie pense que le mesme se doit dire de ceux dont ie parle, & qu'il faudroit qu'vn homme fust pire qu'vn demon & meschant iusques à la rage, pour vser en mal du remede de tous les maux, & faire poison de l'Antidote. C'est bien peu de dire que ceux qui seroient si desesperez acquerroient leur damnation] ce que dit l'Apostre de ceux qui apres le vœu de continence courent apres les desirs de la sensualité, masquans leur faute du voile d'vn Sacrement honorable.] Mais on peut dire qu'il leur faudroit vn enfer particulier, ou bien qu'il n'y a point d'assez rigoureux chastimens pour punir vn crime qui ne peut estre commis sans vn horrible sacrilege, ny nommé sans detestation. Laissant donc là cette negociation des tenebres] passons aux deux autres interests l'honorable, & l'vtile, qui sont comme le demon du Midy, & la fleche qui vole en plein iour,] parce qu'ils sont recherchez dans cette fonction dont nous traittons, auecque des pretextes si specieux, & si plausibles, que lesmeilleurs yeux en sont esbloüis, & les personnes les plus iudicieuses, en sont surprises.

Chap. XIV.

De l'intereſt honorable.

OR l'intereſt honorable ſe recherche à la ſourdine en deux façons, d'autant plus ſubtiles, que moins on s'en deffie : car il y en a qui ſe ſeruent des Directions pour ramper indirectement à quelque pretenſion ambitieuſe. Ceux-là tendent leurs pieges de loin, & s'inſinuans dans les Eſprits dirigez, par des artifices qui ſont mieux teus que ſceus, ils s'en ſeruent comme de marches & de degrez, pour s'eſleuer aux lieux où ils tendent, & pour cela mettent toute pierre en œuure pour hauſſer leur baſtiment, & le conduire à ſon comble. Nous auons vn exemple de cela fort exprés en l'Euangile aux deux enfans de Zebedée, qui firent faire à noſtre Seigneur cette demande ambitieuſe par leur mere, qui ſe fondant ſur le droict de parentage, comme ſi Sion s'edifioit ſur la chair & le ſang,] vint en adorant & demandant, Dites, Seigneur, que mes deux enfans ſoient tous deux plus

desinteresé.

proches assistans ; l'vn à vostre droitte, l'autre à vostre gauche :] à quoi le Sauueur fit cette belle responce que chaqu'vn sçait. O combien de Directeurs ambitieux emploient iusques à des femmelettes pour faire des sollicitations, des grandes pour faire des brigues, tantost des premieres Chaires,] tantost des plus fameux Auditoires, conuertissans ainsi les Throsnes de Verité en theatres de vanité: combien se seruent d'elles, & de leurs impertinentes recommandations, & importunes requestes, pour obtenir des Grands & des Princes des Benefices, des Offices, des Dignitez, des Prelatures ; l'ambition ne laisse rien en arriere, elle fait eschelle de tout bois. Et puis faites estat de ces Directeurs interessez dans les desseins de s'auancer, qui vous conduisent par les valées de l'humilité, par où eux-mesmes ne vont pas, cheminans sur les faistes des montagnes,] & sur les aisles des vents.] Mais faites ce qu'ils vous disent, & ne les imitez pas en ce qu'ils font.] Il est vrai, & chaqu'vn sçait cette distinction que l'Euangile nous enseigne ; mais elle est de si difficille pratique, que plus de personnes regardent au faict, qu'elles

68 *Le Directeur Spirituel*

n'ont esgard à la parole: que si rien ne sort d'vn sac que ce qui y est, comme voulez-vous qu'vn homme vain vous die autre chose que vanitez & fausses folies?] Destourne-toy de ceux là, dict l'Apostre à son Timothée, qui n'ont que l'apparence de pieté, mais qui en renoncent l'effect.]

Chap. XVII.

Caractere pour discerner le Directeur Ambitieux du Genereux.

IL y en a d'autres qui ne se sentans pas assez capables ou appuyez pour aspirer aux grandes charges ou aux préeminēces, ayās neantmoins l'esprit enflé, superbe & bouffy de bonne opinion d'eux-mesme s'establissent en leur petite condition vn certain Empire par leurs artifices à la simple credulité ou credule simplicité d'aucunes qui se rangent sous leur conduite. Il faut que ie represente leur caractere, afin qu'on les fuye, comme font les abeilles, les lieux sujets aux resonnements des Echos. Et afin que l'on voye que ie n'ay nul dessein d'abbaisser l'vn des bassinets pour esleuer l'autre, selon l'vsage trompeur des fausses balances du iugement humain,] ny que par vn faux poids ie vueille pancher de quelque costé; que l'on sçache vne fois pour toutes qu'en cét escrit i'entends blasmer le vice du propre interest, sous quelque robe qu'elle soit, tant Seculiere que Claustrale, tant Pastorale & Sacerdotale, que Conuentuelle & Cenobitique : car comme ie n'ignore pas qu'en l'vne & en l'autre condition il y a de tres-saincts Directeurs, & fort Desinteressez, ie ne sçay aussi que trop qu'il y en a dont les desseins ne sont pas si saincts ny si iustes, qu'ils n'eussent besoin d'estre encore plus sanctifiez & iustifiez,] ne si nets qu'ils ne peussent dire auec Dauid, O Seigneur lauez moy plus amplement de mon iniustice.] Que celui donc qui verra ce miroir que ie luy vay presenter, considere s'il a les taches qu'il represente, & qu'il s'essaye de les oster en purifiant ses intentions ; en leuant ce qui est terrestre & humain, d'vne fonction qui doit estre toute celeste & diuine. Vous cognoistrez donc à ceci si vn Directeur a du vent & de la presomptiō dans la teste, selon l'ancien Prouerbe, S'il a du foin dans la corne, s'il prend vn certain ascendant sur l'esprit qu'il dirige, s'il parle auec vne auctorité austere & bilieuse, s'il fait l'entendu, le suffisant, le sçauant, s'il s'en fait accroire, s'il ne veut pas souffrir qu'on lui replique auec humilité, s'il baffoüe les oppositions amiables & respectueuses qui sont faites à ses jugemens, s'il tranche du Rabbi, du Maistre, du Pedagogue, ou pour mieux dire, du Pedant, s'il veut tenir vn Empire du Regent sur vn petit Escolier, s'il veut que ses Raisons soient prises pour Decisions, ses Arrests pour Oracles, ses Ordonnances pour des Loix inuiolables.] Ie ne dis pas qu'il ne faille en cette fonction parler comme ayant auctorité:] car on est là de la part de Dieu sur vn siege de Iustice, jugeant les Tributs d'Israël,] les Tributs du Seigneur, qui rendent tesmoignage à sa gloire, par la confusion de leur confession.] Ie ne dis pas qu'il ne faille corriger les inquietes,] les scrupuleux, les discoles, & auoir, comme ce Prophete, vn front de diamant,] estre vn marteau froissant les cœurs de pierre;] & brisant

desinteressé. 71

la face des Puissans,] qu'il ne faille resister au mal, & en presence] & le vaincre par le bien,] qu'il ne faille reprendre ceux qui sont reprehensibles, les conjurer de mieux faire, leur reprocher leur rebellion enuers Dieu, dire à la maison de Iacob ses veritables fautes,] & lui faire honte de ses crimes.] Il ne faut rien obmettre pour réueiller le pecheur du sommeil lethargique de son iniquité, il faut gemir de cœur comme si l'on rugissoit,] & imiter la Lyonne, qui mettant au iour son Lyonceau tout assoupi, & le croyant mort le réueille par ses rugissemens : il faut crier, Lazare sors dehors,] pecheur cesse de mal faire] retire tes pieds des mauuais pas,] preuaricateurs reüenez à vostre cœur.] Non, non, l'humilité ne consiste pas en cette bassesse de cœur, qui s'appele laschetté & timidité, c'est vne Vertu noble, forte, genereuse ; mais en son courage qui est respectueuse, benigne, douce, & pareille à l'acier, dont la trempe est d'autant plus forte, qu'elle est plus douce & pliable. Que donc on fasse valoir l'auctorité à la bonne heure, que l'on fasse entendre au Penitent, que c'est l'Esprit de Dieu qui lui parle par la bouche du Directeur, selon ce qui est escrit ; Ceux qui ont par l'imposition des mains la science de la voix ne parlent pas comme d'eux-mesmes, mais c'est le S. Esprit qui parle en eux, & par eux.] Que le Directeur se releue quelquefois auecque S. Paul, & s'il se faut sainctement glorifier, qu'il se glorifie au Seigneur,] qu'il magnifie son ministere] qu'il die, Quoy, cherchez-vous de connoistre par experience que c'est IESVS-CHRIST qui parle en moy?] termes sacrez & Apostoliques.

CHAP. VIII.
L'authorité assaisonnée de Charité & d'Humilité.

MAis pour Dieu qu'il assaisonne ces saillies auec que tant de douceur que la verité y paroisse sans vanité, & que la Charité qui n'est point ambitieuse] dit l'Apostre, paroisse'en toute simplicité. La correction sans esprit de suauité est vne coloquinte amere qui met la mort dans le potage. Dieu n'est point dans le tourbillon, dans le brandon

de

de feu, dans le bruit du Torrent, dans la voix du tonnerre de plusieurs eaux : mais dans le sifflement d'vn souffle fort doux & suaue.] C'est vn dangereux medicament que l'antimoine s'il n'est bien preparé; & quoy qu'il entre du serpent dans la Teriaque, c'est en si petite qualité à comparaison des autres ingrediens que le poison n'a plus la force de nuire. Il y a vne certaine aspreté naturelle en la correction qui doit estre détrempée dans tant de modestie, & aromatisée de tant grace, qu'elle ressemble, pour estre bien prisée, à ces noix vertes & à ces coings que l'on confit, & dont toute l'amertume se noye dedans le succre. Il faut imiter le bon Samaritain qui versa le vin dans les playes du blessé: mais meslé auec beaucoup d'huille, afin que nettoyées par la pointe mordicante de celuy-là, elles fussent consolidées par l'onction de celle-cy. Et faire comme les Chirurgiens qui trempent dans l'huille les pointes de leurs lancetes auant que les enfoncer dans les abscés. Bref presenter la correction au prochain de mesme que ces gasteaux des sacrifices de l'ancienne Loy, où il y auoit bien peu de sel, dedans beaucoup de laict & de farine, &

D

là luy faire prendre comme du vin de palme ou de pomme de Grenade, dont la douceur aigrette, ou l'aigreur doucette est beaucoup plus confortatiue & friande que desgoutante. Il est besoin certes d'vser de l'auctorité : car comme le bras Seculier ne porte pas le glaiue sans cause, mais pour venger les crimes & leur faire sentir vn iuste chastiment; aussi n'est-ce pas en vain que le glaiue de feu, c'est à dire l'espée de la flambante parole de Dieu, est mise en la langue du Prestre, qui comme vn Cherubin garde l'entrée du Paradis, il s'en doit seruir pour la gloire de Dieu des batailles,] pour penetrer, & transpercer les cœurs, & arriuer iusques à la diuision de l'ame & de l'esprit, des moüelles & des nerfs.] Mais il faut tousiours que la conduite en soit amiable, & que la misericorde surnage au dessus de cét acte de Iustice.] Il est besoin que ceste auctorité exercée sur les ames volontairement soumises, & qui sacrifient à Dieu aux pieds des ses Ministres les sacrifices volontaires,] soit detrempée de beaucoup de respect & de dilection; & puisque c'est l'auctorité de Dieu que l'on reuere aux Directeurs, ils la doiuent exercer auecque l'esprit de Dieu, qui est la charité mesme.] Car en fin ils n'ont pas l'auctorité pour s'auctoriser eux-mesmes, mais pour auctoriser Dieu dans les Ames & l'y faire regner par la dilection : à raison dequoy les bons sont appellez enfans de la dilection diuine : & ie ne sçay mesme si ceste auctorité spirituelle consignée aux Directeurs,] hors l'acte des clefs, qui est celuy qui lie ou deslie,) leur est donnée pour faire acte d'auctorité; mais ie sçay bien qu'elle leur est baillée pour faire acte de charité. Le Fils de Dieu dont le Sacerdoce est eternel] qui est Prestre eternellement selon l'ordre de Melchisedech] & à qui toute puissance a esté donnée au Ciel & en la terre, & tout droict de iuger, s'appelle bien Lyon pour son auctorité, mais il se nomme aussi Agneau pour sa charité, mais Agneau dominateur de la Terre, pour monstrer de combien de charité & d'humilité il a destrempé son auctorité, regnant par le bois de sa Croix qui estoit maudit & infame auant qu'il l'eust sanctifié & rendu glorieux, & portant sa Clef, c'est à dire son sceptre, sur son espaule, & quel est ce sceptre sinon la Croix, où estant

D ij

esleué il a tesmoigné en mesme temps son extreme charité, attirant tout à soy] son humilité s'y aneantissant comme vn tendre vermisseau] l'opprobre du monde & le rebut du peuple] & son auctorité obscurcissant le Soleil, faisant trêbler la terre, fendre les pierres, ouurir les sepulchres, ressusciter les morts, & estonnant toute la nature. Mais qui void, quelque éclat qu'ait eu son auctorité, iusques à tirer la verité de la bouche de ses ennemis, qui furent contraincts par de si violens tesmoignages de le reconnoistre Fils de Dieu, faisant sortir la cōfession du mesme lieu d'où estoit sorti le blaspheme? que sa charité & son humilité se sont encores renduës plus signalées, veu qu'elles sont beaucoup plus estimées dans l'Escriture, qui ne parle que de cet excez de charité qui luy a fait donner sa vie pour la propitiation de nos fautes,] & de son aneantissement & humiliation, qui l'a rendu obeïssant iusques à la mort, & la mort de la Croix.] Aussi, dit-il luy mesme, comme bon Pasteur] & Prince des Pasteurs, & Euesque de nos Ames,] & Directeur des Directeurs, qu'il estoit venu pour seruir, non pour estre seruy] ayant pour ce sujet pris la femblâce d'efclaue en fe faifant homme] & parlant à fes Difciples ie fuis, leur difoit-il, au milieu de vous comme celuy qui fert à table, non côme y eftant affis auecque vous.] En cet efprit, non d'auctorité, mais d'humilité, le grand Apoftre veut eftre côfideré par les Fideles, en tant de lieux où il s'appelle non feulement feruiteur de Iesvs-Christ, mais pour Iesvs-Christ, feruiteur de tous ceux qui croyent en luy] & qui ayment fon auenement.] Doncques, dit-il, que tout homme nous regarde comme Seruiteurs & Miniftres de Dieu, & Difpenfateurs de fes myfteres:] puis il adioufte, mais l'importance eft entre tant d'adminiftrateurs d'en trouuer vn fidelle.] Qu'eft-ce à dire en trouuer vn fidelle, finon vn qui ne mette point la main à la portiô du Maiftre, & qui comme Iofeph ne touche point à fon Efpoufe, qui eft fa gloire, gloire que Dieu fe referue auecque tant de jaloufie, qui protefte ne la vouloir donner ny communiquer à perfonne.] Or n'eft ce pas le toucher dans la prunelle de l'œil] & en ce qu'il a de plus fenfible, que de dire auec le premier Ange rebelle ie mettray mon fiege du cofté de l'Aquilon, & ie

D iij

seray semblable au Tres-haut] ce qui se fait lors que le Directeur tire vers soy, & s'approprie la reuerence qu'en luy on porte à l'auctorité de Dieu, dont il est l'image, en sa fonction de remettre les pechez, & de conduire les Ames: & ne meritoit-il pas le mesme traictement que receut l'Asne de l'Embleme qui se rendoit glorieux des adorations que les Idolatres faisoient à la Deesse Isis dont il portoit le simulacre, comme si ces honneurs se fussent addressez à luy ? Ce n'est pas à vous, ô Directeurs! à qui l'on deffere tant de respect, c'est à celuy qui porte les clefs de la mort, que l'enfer,] & de la vie, & qui vous en a rendus les porteurs, vous en donnant l'vsage, & qu'auez-vous que vous n'ayez receu] de ce Seigneur Souuerain ? à qui seul il appartient de faire grace, & au Nom de qui vous annoncez la remission des pechez, & qui les remét par vostre ministere, lors que vous desliez ceux qui sont chargez des pesantes chaisnes de l'iniquité. Ne seroit ce pas vne impertinence tres-grande au Tresorier d'vn Prince, s'il vouloit que celuy à qui il deliure vne somme par l'ordonnance de son Maistre, luy en demeurast redeuable ; Est-ce à l'instrumeut de s'attribuer l'honneur de l'ouurier, & au pinceau de s'approprier la gloire du peintre. Vn Ange apparoissant vn iour auec sa splendeur à S. Iean, qui le prenant pour Dieu le voulut adorer, ne fais pas cela, luy dit-il, ie ne suis que ton conseruiteur. O homme vain qui n'es pas Ange, mais vn Conseiller de la terre, & de terre, & qui retourneras en terre, quelle honteuse leçon fait cét Esprit celeste à ta vanité? dequoy te peux tu enfler poudre & cendre ?] & qui es comme la poussiere le joüet du vent] qui te pousse ça & là en te piroüettant, rentre, rentre en toy-mesme, & souuiens-toy de dire pensant aux Ames qui se rangent sous ta conduite, ce sont Esprits raisonnables, Esprits Chrestiens ; Esprits raisonnables qu'il ne faut pas mener auecque le frein, & le camorre comme des cheuaux,] ny briser auec vne barre de fer comme des pots de terre.] De la mesure dont ie les mesureray, ie seray moy-mesme mesuré vn iour :] cela desenflera ton humeur hautaine, & qui te porte à choses grandes, & te fera prester l'oreille du cœur à cés paroles du Prince

D iiij

des Apostres ; Sur tout ayez vne continuelle charité l'vn enuers l'autre, car ceste vertu couure la multitude des pechez. Soyez secourables les vns aux autres sans murmure, Que chacun selon la grace qu'il a receuë de Dieu, la communique aux autres, comme bon dispensateur ; si quelqu'vn parle, que ce soit comme des paroles de Dieu, si quelqu'vn exerce quelque ministere, que ce soit par la vertu que Dieu luy distribuë ; afin qu'en toutes choses Dieu soit glorifié par Iesvs-Christ, à qui est gloire & empire au siecle des siecles.] Voyez-vous comme l'empire & l'auctorité de tout ce qui se passe dans la cõduite des ames doit estre rapportée à Dieu, à qui seul appartient honneur & gloire ?] non à nous, Seigneur, non aux hommes, mais à vostre nom loüange soit donnée.] Comme les inferieurs seruiroiẽt & obeyroient mieux & auecque beaucoup plus de perfection, s'ils ne regardoiẽt que Dieu en la personne de ceux qu'il a mis sur leurs testes,] aussi les superieurs cõmanderoient bien plus parfaictemẽt s'ils n'estoient poussez & induits que par l'esprit de Dieu,] qui est esprit d'amour, de bien-veillance, de dilection, & de suauité accomplie.

desinteressé. 81

PARTIE SECONDE.

CHAPITRE I.

Des Directeurs opiniastres.

A Ce premier caractere d'interest ambitieux i'en adiouste vn autre ; c'est quand le Directeur est tellement attaché à ses opinions, que non content de mespriser celles des autres, il les blasme auecque des termes outrageux & qui sentent l'insolence. Cela est non seulement contraire à la charité, mais encore à la modestie, qui veut que nous ayons de nous mesmes & de nostre capacité des sentimens humbles,] mais que nous preuenions les autres en honneur] & auec vne tendresse fraternelle] que nous respections leurs raisons, encore qu'elles nous semblent foibles. Il y a cette notable difference entre l'huille commune & celle de baume, que toutes deux mises dans vn vase plein d'eau, celle là va au

D v

dessus de l'eau, & celle-cy au fonds, mais si vous en faites des lampes, en esteignant la méche de celle qui sera composée d'huille commune, elle jettera vne puante fumée; si de l'autre, il en sortira vn parfum de tres-douce senteur. Telle est la distinction qui se trouue entre les Directeurs touchez de l'interest de la vanité, & les Des-interessez: car ceux-là voulans que leur conduitte soit preferée à toute autre, se mettent en mauuaise odeur par la mesme par où ils se pensent hausser dans l'estime; mais les autres qui cedent à tous par vne difference d'humilité & de respect, comme vn baume aromatique] sont vne odeur de vie à la vie,] & vne agreable senteur en Iesvs-Chrst, Certes la vraye charité n'est point riotteuse, elle endure tout, elle croit tout, elle espere tout, elle ne se resiouït point de l'iniustice, mais tout son plaisir est en la verité, c'est à elle qu'elle acquiesce, sans se soucier si elle vient de son esprit, ou de quelque autre.

desinteressé. 83

Chap. II.

Des jaloux.

DE là nous tirons vn autre traict du mesme Apostre, c'est que la Charité n'est point jalouse,] d'où nous apprenons combien en manquent ces Directeurs, qui par des jalousies d'enfant (car l'enuie tuë les petits] dit le Sage) se mettent en ceruelle quand ceux qui sont vne fois soumis à leur conduite en consultent d'autres qu'eux & reçoiuent leur benediction. Qui croiroit cette infirmité d'esprit en des personnes fortes, & qui semblent porter les autres ? qui penseroit qu'vne chose si legere leur fust difficile à supporter, tandis qu'eux-mesmes jettent sur les espaules de ces pauures ames, comme sur des bestes de charge, des fardeaux insupportables.] Helas ! cela n'est que trop vray neantmoins, & pleust à Dieu qu'il fust moins frequent. Ie parle en general, ie ne scandalize personne, non pas mesme le ministere ; mais à dire le vray, il n'y a

D vj

84 *Le Directeur Spirituel*
que trop de l'homme par tout : & ce prouerbe ancien ne se trouue que trop veritable, que l'office monstre l'homme, c'est à dire, fait connoistre son peu ou beaucoup de valeur. Ce petit empire que quelques-vns se veulent establir dans les ames, est fort suspect de tyrannie. Ce zele amer que reprend S. Iacques, qui engendre les contentions, prouient d'vne sagesse qui n'est pas d'enhaut, mais qui est terrestre ;] acheuons auec cét Apostre, & disons qui est animale, & diabolique.] Elle est animale, parce que la jalousie est vne passion animale & de l'appetit sensitif : mais elle est diabolique, quand par malice elle trauerse le bien, & s'oppose à la plus grande gloire de Dieu. Moyse cét homme charitable, qui pour la conseruation de ses freres s'offrit à estre effacé du Liure de vie, estoit bien esloigné de cette bigearre humeur lors que sollicité de s'opposer à quelques-vns qui prophetisoient ; Pourquoy, repliqua-t'il, entrez-vous pour moy en jalousie ? à ma volonté que tout le peuple prophetisast, & que le Seigneur luy distribuast son esprit.] Quelqu'vn auec vn zele peu discret pourra repartir auec-que S. Paul, tous sont ils Docteurs? tous

font-ils Apoſtres ? tous ſont-ils Propheteſ ? aſſez de Precepteurs, & peu de Peres.] Mais il eſt aiſé de repliquer, Que l'eſprit de Dieu ſouffle où il veut,] qu'il peut auecque des pierres, ſuſciter des enfans à Abraham,] parler du milieu des pierres,] ou faire parler les pierres meſmes,] comme il fit parler la monture d'vn Prophete. Et quand celui contre qui l'on entre en jalouſie auroit quelques deffauts, il n'aura pourtant iamais de ſi mauuaiſes qualitez que Saül, Balaam, Caïphe, qui tous meſchans qu'ils eſtoient, ne laiſſerent d'eſtre vrays Prophetes. Ie ne nie pas qu'il n'y ait vne bonne jalouſie pour les Ames, & pour leur auancement en la Vertu, dont l'Apoſtre diſoit, I'ai pour vous vne jalouſie de Dieu : car j'ai reſolu de vous conſacrer entiers à IESVS CHRIST.] Telle eſtoit la jalouſie de cet Ange qui gardoit ſaincte Cecile, & qui eſtoit le Conſeruateur de ſon integrité. Et l'on peut conjecturer des paroles de Daniel aux vieillards qui voulurent ſeduire la chaſte Suſanne, que cette ſaincte en auoit vn pour Protecteur de ſon honneſteté. Le zele de Phinées, & celui de Mathathias, ſont celebres dans l'Eſcriture : & l'Apoſtre veut que nous ayons de la jalousie pour les meilleures graces.] Mais qui ne voit que cette jalousie est toute pour Dieu, en Dieu, & de Dieu, à qui l'on voudroit que toutes les Ames fussent inuariablement attachées? O combien est-elle desinteressée & purgée de tout amour propre: & combien differente de celle qui en est toute remplie, & qui est la racine de ces émulations, enuies, noises, & contentions, que S. Paul reprend auec tant de vehemence en ses Epistres aux Romains, en l'vne & en l'autre aux Corinthiens, aux Galates, aux Philippiens, à Timothée, & à Tite, & S. Iacques en sa Canonique. Car celle-ci est tumultueuse, imperieuse, impetueuse, & qui se recherche soi-mesme plustost que IESVS-CHRIST, & celle là est douce, tranquille, paisible, qui fait que l'on est bien aise de voir en autrui, ce qui nous manque, afin que Dieu soit glorifié en tout & en tous.] Tel fut le zele de ce sainct Prestre Iean Auila, qui cessa l'entreprise d'vne Congregation d'Ecclesiastiques de saincte vie qu'il auoit commencée, lors qu'il vid sur pied la Compagnie de IESVS, qui lui sembla suffire pour ce tẽps-là, sans diuersifier les Instituts hors de la necessité;

ce qui eſt multiplier les Ordres, plutoſt que de magnifier] le ſeruice du grand Maiſtre, qui orne tout pour ſa gloire.] Ce ſont-là de grandes Ames qui ne demandent que l'auancement du regne de IESVS-CHRIST, ſans ſe ſoucier par qui il ſe faſſe, que d'autres regnent ſans elles, que leur importe,] que d'autres ſoient Nobles, & elles ſans Nobleſſe, que d'autres ſoient fortes, & elles infirmes, cela leur eſt indifferent] qu'elles meurent, pourueu que IESVS regne dãs les cœurs, c'eſt leur deſir, c'eſt le comble de leurs ſouhaits, qui leur fera la grace de mourir pour les Abſalons. Le vaſe de la chair & du propre intereſt, eſt-il caſſé, leur Charité ſe dilate,] comme parle vn Pere de l'Egliſe, la cruche de la propre Amour eſt-elle briſée, la lampe paroiſt, qui met en route l'armée de Madian. Ceux qui ſont ainſi deſintereſſez, ſont bien aiſes que les Ames qu'ils conduiſent en conſultent d'autres, afin que leurs conſeils eſtans paſſez par l'eſtamine, & examinez, ils les faſſent obſeruer auec que plus d'aſſeurance, s'ils ſont trouuez bons, ou qu'ils les corrigent en ce qu'ils auront beſoin de moderation: qui marche auecque cette ſimplicité, marche auec beaucoup de confiance,] Si mesmes ils se voyent rebuttez & delaissez par ceux qui veulent aller selon les desirs de leurs cœurs, & suiure leurs propres pensées, ils ne s'en attristent point, ils en loüent Dieu qui leur auoit confié ces Ames, & qui les a reprises.] Sont-ils blasmez ou blasphemez? ils prient, les maudit'on? ils benissent, les persecute-t'on? ils l'endurent, s'estimans l'excrement & la balieure du monde.] Sont-ils quittez pour d'autres; ils ont bien peu de Vertu, s'ils n'en ont autant que peu de Vertu, s'ils n'en ont autant que ce Pericles, qui estant rejetté en l'élection de la Preture, plusieurs ayans eu plus de voix que luy, se resiouyt de ce que la ville d'Athenes auoit tant de gens de bien; telle estoit l'amour qu'il auoit pour sa patrie.

Chap. III.

De ceux qui rendent les Ames captiues,

MAis quand la jalousie en vient à ce poinct (& voici vne autre marque de discernement,) de lier & attacher des Ames, en leur ostant la liberté d'aller non seulement consulter les autres, mais de descharger leurs consciences en leurs mains, certes cette tyrannie n'est pas de celles que l'on puisse ni doiue endurer, s'il reste tant soit peu de vigueur & de lumiere de raison, & si la cause n'est bien expresse, ce proceder est extrememẽt suspect d'abominatiõ ou de supercherie. Celui qui fait mal, haït la lumiere,] celui qui suit le Sauueur, ne chemine point en tenebres,] & comme il en deteste les œuures, il marche honestement au iour d'vne parfaite clarté,] estant bien aise comme ce Romain, que sa maison soit ouuerte de toutes parts, & que l'on voye dedans de tous costez. La premiere chose que fait le Loup quãd il empoigne vne brebis, c'est de la saisir par la gorge pour l'empescher crier, & d'appeller par sa voix le secours de son Pasteur. Le Sauueur dit de soi qu'il n'a rien dit en cachette, & qu'il a parlé ouuertement deuant le monde.] Si l'on ne donne que des conseils salutaires, il ne faut point redouter qu'ils soient communiquez : le bien de soi se respand comme la lumiere, il ne faut point rougir de l'Euangile,] ni de la science, qui enseigne le Fils de Dieu crucifié, si l'on ne veut qu'il ait honte de nous deuant son Pere.] Sainct Paul estoit bien esloigné de cette humeur, qui met les ames dans les entraues, repetant si souuent, Qu'il ne donne que des conseils, non des commandemens.] qu'il ne dresse point de laqs ni de pieges.] Comme declame-t'il contre ceux qui disoient, Ie suis d'Apollo, moi de Cephas, & moy de Paul; Quoi Apollo, Cephas, Paul, ont-ils esté crucifiez pour vous? non, non, tout est à vous, vous à Christ, & Christ à Dieu.] Le Directeur, qui sans vne cause solide, & trouuée bonne & juste par le Penitent (qui mesme en cela fera bien de prendre l'aduis de quelqu'autre qui soit prudent en la Parole mistique,] ainsi que le Sage parle, c'est à dire experimenté,) se lie tellement vne ame, qu'il lui deffend d'en cõsulter vne autre par cette seule action, (ie le di hardiment, parce qu'il est necessaire) doit estre euité comme vn escueil: car bien qu'il n'ait pas en ce conseil ni en cette deffence, aucun mauuais dessein, il donne par là prise au Tentateur qui lui tendra des pieges, & qui plus subtil qu'Archimede, ne veut qu'vn poinct pour asseoir ses machines, & enleuer par elles vn cœur bien affermi, hors de sa juste assiette. Ie le di encore vne fois, pour grauer dans l'esprit du Lecteur cet aduis d'importance, que le Directeur, qui ne veut pas estre quitté pour vn autre, & qui se met en peine de ce changement, doit estre quitté & changé pour vn autre. Sainct Bernard conseille au Pape Eugene, de ne donner iamais de Benefices à ceux qui les demanderont, parce, dit il, que cela seul, qu'ils les demandent, les declare indignes de les obtenir. Il faut obseruer le mesme au sujet dont ie parle, & secoüer promptement le joug de celui dont l'interest ambitieux veut rendre le Penitent esclaue. Brisons hardiment ces liens, brisons ce joug injuste, celui qui est aux Cieux se mocquera de leur sottise.] & prisera nostre courage en la conseruation de nostre juste liberté, Ie sçai qu'il n'y a reigle si generale qui ne reçoiue quelque exception, & qu'il peut arriuer des cas qui obligeront vn Directeur fort desinteressé à coüier doucement, & sans aucune obligation ni contraincte à reuenir au mesme Tribunal de-là à quelque temps, pour voir si l'on aura tenu promesse, si l'on aura euité les occasions du peché, & si l'on aura esté fidele à l'execution des conseils donnez pour sortir du precipice. Retourne, dit l'Espoux, par trois fois au Cantique, retourne Sulamite, retourne, afin que nous te considerions.] Mais cela se fait d'vne maniere si simple, si peu empressée, si suaue, qu'il est aisé à voir que l'on tient la bride lasche, & que l'on gouuerne les resnes d'vne main languide, & le penitent mesme s'y condamne par son propre iugement,] & suit en cela plustost sa volonté qui aydée de la grace luy dit qu'il luy est bon de faire ainsi, que le mouuement de celuy qui le pousse sans le presser, & l'induit sans l'oppresser. O que le rayon du Soleil & l'impetuosité de la bize despoüillent l'homme bien differemment : & que le discernement en est aisé à faire. Paissez, dit le Prince des Apostres, parlant aux Pasteurs & Conducteurs des ames, le troupeau de Dieu qui vous est consigné:] mais comment, oyez Directeur, non par contraincte, mais volontairement ; non comme ayant domination, seigneurie, & empire sur les Clergez du Seigneur, mais par vn bon exemple qui procede du fonds de vostre ame ; afin qu'à la venuë du Prince des Pasteurs vous receuiez de sa main vne couronne de gloire qui ne fletrisse iamais] O qu'il dit bien ce grand & general Vicaire de IESVS-CHRIST, & conformément à la doctrine de son Maistre qui auoit autrefois dit à ses disciples, les Roys des nations exercent leur Empire auecque puissance, mais vous autres ne ferez pas ainsi, au contraire que le plus grand d'entre vous soit comme le moindre, celuy qui precede comme le suiuant, & celuy qui commande comme celuy qui rend seruice.] I'ay tousiours certes fort estimé la moderation d'vn Sage Ancien qui assaisonnoit ses commandemens auec vn tel temperament de modestie, qu'il sembloit plustost prier, inuiter, & persuader, qu'vser de son auctorité: tout cede à l'Amour, il n'a que des volontaires en son vaisseau, point de forçats, il n'y a rien de puissant conmé la dilection, dont l'Escriture compare la force à la mort, & à l'enfer,] la douceur aura pour son heritage toute la terre,] dit le Psalmiste; heritage conquis, non auecque l'arc & l'espée,] mais d'vne maniere d'autant plus ferme, qu'elle est plus amiable. Au lieu que la façon de commander a iec puissance & austerité,] que Dieu blasme tant aux Pasteurs en Ezechiel, destruit beaucoup pl' qu'elle n'edifie, retarde les Ames au chemin de la Vertu, plus qu'elle ne les auance, à cause que naturellement l'orgueil est odieux à Dieu, & aux hommes,] Car qui peut supporter auec patience l'inepte conduite d'vn sourcil arrogant, & le ton magistral de ces gens, qui comme ceux que l'Euāgile reprend de ce qu'ils estendoiēt leurs Philacteres, & agrandissoient leurs franges,] pour estre tenus pour grands obseruateurs de la Loy, ne pensent iamais se bien releuer que par le raualement d'autruy, ny establir leur autorité sur les Ames, que par le mespris des autres, qui ont peut-estre plus de talent de Dieu pour les gouuerner. Vn Moine appellé Demophile, du temps de sainct Denis Areopagite Apostre de nostre France, ayant chassé à coups de poing, & de pied, vn pauure pecheur penitent, qui s'approchoit, à son auis, indignement des diuins Mysteres, en iugeant de luy cōme le Pharisien de la pecheresse penitente, qui vint baiser les pieds du Sauueur, les lauer de ses larmes, les oindre de ses parfums, & les essuyer de ses cheueux, & apres ce grand scandale, excité par vn faux zele à la face de l'Eglise, & du peuple, s'en vantoit comme d'vn acte heroïque, fut asprement repris par ce S. Euesque de nos Gaules, comme nous lisons en vne docte & elegante lettre qu'il escrit à cét insolent, qui se resiouïssoit en son mal,] & tiroit gloire de sa confusion :] nous apprenant par ce mauuais exemple, & par vn autre non moins notable, de Carpus, Euesque de Candie, auec combien de douceur & de moderation, ceux qui conduisent les Ames, doiuent vser de la soumission volontaire qu'elles leur rendent pour l'Amour de IESVS-CHRIST, qui estant le Seigneur de tous] a bien voulu estre sujet à Ioseph, & à Marie.

Chap. IV.
De ceux qui magnifient à dessein leur condition, soit Pastorale.

Mais voyez vn peu quelle est la malice de l'Amour propre, quand cette imperfection se void descouuerte

d'vn costé, elle se couure de l'autre, & tasche de s'esleuer à l'Empire par vne autre voye, on recognoist bien-tost que celuy qui se prefere aux autres, est en vn tel degré de sottise, qu'il a plus de besoin pour en estre guery, d'Hellebore, que de raison; que si on s'apperçoit de son enuie, & de sa jalousie, il se rend encore plus ridicule; car il n'y a celuy qui ne se mocque de l'enuie de Cain, des freres de Ioseph, de Saül, d'Aman, & de semblables frenetiques; c'est pourquoy il faut la déguiser sous quelqu'autre artifice, ce qui se pratique lors qu'vn Pasteur vient à releuer par ses discours aux Ames qu'il conduit la dignité d'vne Parroisse, à dire que c'est la mere Eglise d'vn fidele Chrestien; que c'est là où il renaist de l'eau & du S. Esprit; que le Pasteur Espoux de cette Eglise, est son vray Pere; que c'est à luy à respondre des ames qui viuent dans les limites de cette Parrosse; qu'il y a obligation d'y receuoir les Sacremens; que l'on y doit assistance; que la Messe Parroissiale a de grands auantages sur les Messes priuées que l'on entend ailleurs; que les Sacremens de Baptesme, de Mariage, & d'Extréme-Onction s'y administrent, comme aussi c'est de là que
l'on

l'on tire le sainct Viatique pour le porter aux malades, & qu'il seroit de plus grande edification d'y receuoir les deux autres Sacremens de Penitence, & d'Eucharistie qu'autre part, à cause du bon exemple que ceux d'vne mesme Parroisse se doiuent les vns aux autres, & mille autres semblables raisons, que ceux qui seruent aux Parroisses peuuent apporter pour le maintien de l'ordre, & de la Police Hierarchique. Encore si l'on en demeuroit-là, & qu'on se contentast des loüanges & préeminences iustement deuës aux Eglises; de cette sorte cela seroit en quelque façõ excusable, quoy que l'Amour propre jouë là son roole assez ouuertemẽt sous le manteau de l'interest d'honneur & de preference, l'homme se cachant sous sa dignité, & sous celle de son Eglise; finesse trop grossiere pour n'estre pas descouuerte. Mais quand on s'escaille, & que passãt les bornes de la bienseance, on vient à declamer contre les personnes & les lieux qui ont des priuileges, & toutes les bandes de secours que le Generalisime l'armée de l'Eglise Militante enuoye pour l'aide & le soustien des Pasteurs ordinaires, & qu'au lieu de leur sçauoir gré de leurs trauaux & assistãces,

E

on les blasme, comme renuersans l'ordre, & troublans l'estat de la Police, & de la Hierarchie ; certes ce choc est trop rude, & fait voir trop ouuertement qu'il y a quelqu'autre motif que le zele des Ames, & de la gloire de Dieu, qui porte à ces paroles de precipitation, & que c'est l'interest honorable qui picque les esprits, dont les langues forment ces plaintes si pleines d'iniustice. Vouloir donc attacher les Laïques à leurs Parroisses, comme des Statuës à leurs niches, des tableaux à leurs enchasseures, des Planettes à leurs Cieux, sans leur donner vne honneste liberté de visiter les autres Eglises ; ce seroit certes sous le manteau de l'ordre de la Police, renuerser l'ordre de la Charité, que l'Espoux sacré a establi en son sacré cellier,] c'est à dire, dans sa paternelle Prouidence.

CHAP. V.

Soit Cenobitique.

Voyons maintenant le reuers de la medaille, & disons, misere par tout,] pour ne dire malheur] auec le Prophete : car si les Pasteurs ne sont pas excusables qui tiennent leurs oüailles si sujettes & renfermées dans leurs parcs, qu'ils ne leur donnent pas la liberté de se repaistre quelquefois en des pasturages de pieté, où elles se peuuent nourrir & engraisser par vne saine doctrine, & vn bon exemple : qualitez qui se trouuent aux Eglises des Communautez bien reformées, de quelle sorte pourrat'on couurir la pratique de ceux qui par vn petit Empire d'autant plus fort qu'il est moins apparent, & d'autant plus serrant qu'il est plus interne, destournent les oüailles de leurs Bergeries, les alienent de leurs Pasteurs, les soustrayent de leurs Parroisses, & par vn art non pas de Thessalie, mais de persuasion, font passer dans leur champ les moissons d'autruy. Mais n'estant pas icy le lieu de parler de l'interest vtile, traittons seulement de l'honorable. Ie veux que le Directeur particulier ne lie point à soy les ames qu'il conduit, qui ne void le destour de l'Amour propre, lors qu'il les entretient dans vne excessiue estime de l'estat Cenobitique en general, voulant par ce grand éclat, effacer celuy du Paſtoral, comme s'il eſtoit moindre? quand il eſt eſtalé auec vne recherche curieuſe & des paroles magnifiques, combien d'Empereurs, d'Imperatrices, de Roys, de Roynes, de Princes de Princeſſes, de Ducs, de Ducheſſes, de grands Seigneurs, & de grandes Dames, ont quitté les pompes du monde pour ſe retirer dans les Cloiſtres ; combien de Saincts, & de grands Perſonnages en ont eſté tirez pour eſtre Papes, Cardinaux, Eueſques ; combien de Martyrs, Confeſſeurs, de Docteurs, y ont eſté eminents en ſaincteté, & en ſcience. Et de là quand il viendra à ſon ordre particulier, que ne dira ſa bouche de l'abondance de ſon cœur? c'eſt vn lieu commun dont on ne peut ſortir quand on y eſt vne fois entré. Tout ce qu'il y a de ſainct, tout ce qu'il y a de pur, tout ce qu'il y a d'eminent, tout ce qu'il y a de bonne odeur] en l'Egliſe de Dieu y eſt ramaſſé, il n'eſt que d'en eſtre, ou au moins d'y eſtre aſſocié, d'en auoir des lettres de filiation, de participer à tant de ieuſnes, de diſciplines, de veilles, de prieres, de mortifications, d'eſtudes, de chants, de predications, de pelerinages, de ſouffrances, & ſemblables œu-

desinteressé.

ures que l'on y exerce, & qui s'y praquent. O quel bon-heur d'auoir liaison auec tout cela, de là pour attirer à cette cordelle, tant de cordons grands & petits, tant de ceintures, tant de Scapulaires, de Rozaires, tant de Tertiaires, ou de Tiercelets; tant de Confrairies, de Congregations, d'associations, qui sont autant de petits surgeons de l'Empire des Ordres, qui estendent leurs pampres iusques à la mer du siecle, & leurs prouins iusques aux fleuues] des familles seculieres.

CHAP. VI.

De l'interest d'honneur des Confrairies, tant Parroissiales que Cenobitiques.

MAis quoy? il semble que vous blasmiez tant de sainctes Confrairies establies pour le salut de tant d'Ames, approuuées par le sainct Siege, & qui font vn si notable fruict par toute la Chrestienté: Helas! ie me blasmerois moy mesme, qui suis, Dieu mercy, & de tres-bon cœur, de la plus grande part poussé à cela par le desir que i'ai d'estre participant de tous ceux qui craignent, & seruent Dieu. Ah! Dieu me preserue d'vne si criminelle & odieuse pensée, non certes, ie n'en reprends pas la chose, ny le bon visage, mais seulement l'hameçon imperieux caché sous ces belles apparences: car, (reseruant icy bas à parler de l'interest vtile) qui ne void que c'est amener l'asnon à l'asnesse, & que ce sont autant de liens dont on se sert pour authoriser, sinon les particuliers d'vn Ordre, au moins l'ordre de ces particuliers, qui tenans le timon de toute la Frairie, menent comme ils veulent, ceux qui sont embarquez dans le vaisseau? Nous parlerons tantost de l'abus des Confrairies, tant des Eglises Parroissiales, que Cenobitiques, qui regarde le profit: icy nous ne parlons que de celuy qui rend, par cette industrieuse pieté, & ingenieuse deuotion, Chefs & Gouuerneurs des peuples, ceux qui par leur condition renoncent à cette charge, & qui neantmoins en estans sortis par la grande porte, y rentrent par ces petites, & souftrayent le gouuernement des Ames à ceux qui par leurs offices en sont chargez & responsables deuant

Dieu, & ses Lieutenans : trauersans ainsi en quelque façon, que ie ne die renuersans l'ordre de la Police & discipline Hierarchique. De cecy ie ne parle point par cœur : car dans la propre Bergerie où i'ay esté mis en sentinelle, i'ay autresfois descouuert des Tiercelets, comme oyseaux de passage, venans de fort loing, faisans leurs rondes, & leurs visites, exerçans en des familles Laïques, & purement Seculieres, sous le manteau de ces filiations, des actes de iurisdiction spirituelle, faisans redre côte des actions, faire des coulpes qu'ils appellent, ordonnans, commandans, en ioignans des Penitences exterieures, faisans mettre à genoux & demander pardon, en la mesme façon que s'ils eussent exercé vne pleine auctorité Cenobitique ; si cela n'est aller au delà de la pantoufle, ie ne sçay ce que c'est. Car estant ainsi, comme il est tres-vray, qu'il n'y a nulle Confrairie dont les Reglemens ou Constitutions obligent à peché veniel, ie dy bien plus, n'y ayant aucune Regle (vne seule exceptée) de toutes celles que l'Eglise a approuuées pour la conduite des Cenobites qui oblige à peché, si ce n'est en la rupture des vœux solemnels &

essentiels, ce qui naist de la proprieté du vœu, qui ne peut estre enfraint, comme l'Apostre nous apprend, sans acquerir la damnation.] Qui ne void qu'encore que l'on soit enrollé sous les estendards de toutes les Confrairies, tant Seculieres, que Regulieres, on n'est point tant obligé à rien, en rigueur de Iustice, ny auecque charge de conscience, n'y ayant autre prerogatiue, sinon que ceux qui ont donné leurs noms en ces sainctes Societez, gaignent toutes les Graces & Indulgences que le sainct Siege a distribuées à ceux qui y seroient enregistrez, en faisant les œuures & les conditions attachées à ces faueurs. Or de vouloir de ces Reglemens qui ne sont que de bien seance, & afin que tout se passe en bon ordre] dans la Confrairie, en faire des loix obligatoires sous peine de peché, & des liens qui vous attachent par dépendance aux Superieurs ou Paroissiaux, ou Claustraux, qui ne void que c'est conuertir la Charité en Iustice, la Iustice en iugement, & le iugement qui est le fruict de la Iustice, comme dit le Prophete Amos, en absinthe.] De là tant d'obseruances qui sont certes tres-sainctes en la deuotion

Clauſtrale, mais qui ſouuent ſont fort ineptes en la ciuile, & qui apportent beaucoup de murmures & de deſordres dans les meſnages; j'en di aſſez pour eſtre entendu de ceux qui me doiuent entendre, il ne faut pas tant moucher, qu'en fin au lieu de purger le cerueau, il en ſorte du ſang.

Chap. XII.

De la mauuaiſe émulation.

ENcores iuſques ici ie trouue tout ſupportable; mais quand on paſſe la ligne, & que pour eſleuer la direction des Cenobites, on raualle, on meſpriſe, on deſcrie celle des Paſteurs, & de ceux qui ſous eux trauaillent dans le Clergé, & dans l'Ordre Hierarchique c'eſt ce qui bleſſe la Charité, c'eſt ce qui offence la Verité, c'eſt ce qui ruïne la Modeſtie. Que les Cenobites loüent les Cenobites, encore paſſe, la reſſemblance eſt mere de l'amitié, l'amitié de l'eſtime, quoi que ce ſoit ramener en ieu le Prouerbe, tiré de ces animaux qui s'entregrattent au mois de May, Que les Preſtrés loüent les Preſtres, & qu'ils magnifient tant qu'ils voudront leur miniſtere,] qu'ils le rehauſſent tant qu'ils pourront, leurs paroles ſeront touſiours infiniment au deſſous de la juſte grandeur de cette dignité, que les Anges meſmes reſpectent, & que le Fils de Dieu a priſe pour ne la quitter iamais.] Mais que ceux-ci ſe gardent bien de meſpriſer ceux qui font profeſſion de l'Eſtat de perfection ; & que celui qui mange, ne deſdaigne pas celui qui jeuſne,] parce que tous ont receu du Seigneur, les vns ainſi, & les autres ainſi,] & tous ſont ſeruiteurs d'vn meſme Maiſtre,] quoi qu'en differentes manieres de feruices : car comme tous les Anges ſont Eſprits ſeruans à la Diuine Majeſté, auſſi ſont tous les Preſtres, tant du Clergé, que les Cenobites, tous Anges viſibles du Seigneur des batailles.] Qu'ils ne ſoient pas ſi peu judicieux de dire de ces Aides, Les Romains viendront, & nous oſteront de nos places?] c'eſt à dire, ceux qui ſont extraordinairement enuoyez, & comme Miſſionnaires du Siege Apoſtolique : comme ſi les Paſteurs meſmes ne tiroient pas leur enuoi ordinaire de cette meſme ſource, veu que toute l'Eglise est fondée sur cette pierre.] Cette émulation ne seroit pas bône, mais pluſtoſt injurieuſe à celui qui tient en terre la Lieutenance de IESVS-CHRIST, qui peut enuoyer des ouriers en la vigne en tel temps, en tel nombre, & de telle façon qui lui plaira, exerçant par eux ſa pleine puiſſance, & ſouueraine authorité. Autrement qui les rebutteroit, rebutteroit en eux celui qui les enuoye ; & chaqu'vn ſçait combien Dauid s'irrita de l'outrage fait à ſes Ambaſſadeurs : & ceux-ci ne ſont pas ſeulement Ambaſſadeurs du Siege de ſainct Pierre, mais encore de IESVS-CHRIST, exhortant les Ames à ſe reconcilier à Dieu.] Mais auſſi d'autre part eſt il à deſirer que les Cenobites, en l'exercice de leur Enuoi, qui n'eſt que de ſurcroiſt, rendent l'honneur à qui l'honneur eſt deub, comme le tribut doit eſtre payé à celui qui a droit de le leuer, & defferans aux Paſteurs, tant Dioceſains que Subalternes, tant aux Preſtres, comme aux autres Eccleſiaſtiques du Clergé, les reſpects que leur rang merite, ſans donner par des termes de meſpris, ou de peu d'eſtime, ſujet d'offenſe] aux vns, & de ſcandale aux esprits foibles.] Qu'ils parent de tant d'Eloges qu'ils voudront la vie Cenobitique, dont il y a de gros volumes, qui en mettent l'excellence, la dignité, l'vtilité, la gloire, l'eminence, la perfection au dessus de tout ce qui est en la terre, iusques sur la dignité des Rois & des Pontifes, qu'ils la haussent, si bon leur semble, par dessus les Anges, disans auecque l'Apostre, Ne jugeons-nous pas les Anges, combien plus les Seculiers,] & les douze Tributs d'Israël ?] Qu'ils produisent leurs Apocalypses, & qu'ils nous fassent voir vn de leurs Patriarches auecque le monde sous ses pieds, auecque toutes ses Couronnes, Thiares, & Mitres: vn autre auecque des Croix, des Crosses, & des Enseignes Pastorales pour son escabeau: vn autre tenant le bras de Dieu comme vn autre Moyse, & l'empeschant de darder sur le monde les fléches ardentes de son courroux par les trois fleaux qui le depeuplent : vn autre soustenant de ses espaules l'Eglise de S. Iean de Latran, Mere & Matrice de toutes les autres, prenant coup à sa ruïne; quoi que le Fils de Dieu ait appellé son Eglise Colomme & Firmament de Verité, qui ne peut ni

desinteressé.

faillir ni defaillir, qu'il lui ait promis l'assistance de son Esprit iusques à la consommation du siecle,] & engage sa parole de Verité, qui demeure eternellement,] que toutes les portes de l'enfer n'auroient aucun auantage sur elle; qu'ils se disent le sel & la lumiere de la Terre, la plus illustre portion du troupeau de IESVS-CHRIST, les Apostres du vieil & du nouueau monde, que le Ciel fondroit, que la terre abysmeroit, que toute la masse de l'Vniuers retourneroit en son premier cahós, sans la science, la conscience, les enseignemens, les trauaux, les austeritez, les prieres & les merites des Cenobites; nous en voulons encore croire plus qu'ils n'en sçauroient dire? on les laissera volontiers dans cette braue estime, dans cette odeur de vie à la vie,] que leur vigne fleurie respande son parfum,] que chaqu'vn coure apres eux en l'odeur de leurs onguents,] & de leurs drogues. Mais au moins que cette exaltation ne vienne pas à deprimer vn Ordre que IESVS-CHRIST a non approuué par son Vicaire general ; mais estably lui-mesme, & où lui-mesme s'est rangé, puis qu'il s'est fait Prestre eternel, Prince des Pasteurs, & Euesque de nos ames. S'ils sont Hebreux, aussi le sont les Ecclesiastiques du Clergé, que par vn mot odieux on appele Seculiers, à peine qu'on ne die Laïques: s'ils sont Israëlites, aussi le sont les Pasteurs, s'ils sont semence d'Abraham, aussi le sont les autres:] Haussons le Texte, & enflons la veine auecque l'Apostre, s'ils sont Ministres de CHRIST, les Pasteurs (sans parler en fol,) le sont encore plus qu'eux, en trauaux dauantage ;] & comment cela ? voyez-le à cet eschantillon, qui trauaille le plus en l'administration des Sacremens ou des Pasteurs, qui en ont sept sur les bras à administrer en tout temps, en tout lieu, à toute heure, par charge, par estat, par obligation de conscience : ou des Cenobites, qui n'en ont que d'eux, encore à l'aise dans leurs Eglises, en leurs tribunaux, en leurs Autels, sans charge, sans obligation, sans aucun deuoir de leur part. Que l'on voye sur ce propos le dixiesme Chapitre, & les deux suiuans de la seconde aux Corinthiens : car il me fasche d'en transporter ici des mots poignants & pteignans qui auroient quelque air d'inuectiue tirez hors de leur tronc, & qui fembleroient amers hors du fleuue impetueux de ce torrent Apoſtolique. C'eſt vne triſte façon de s'auancer vers la gloire en noirciſſant celle d'autrui, comme ſi on ne ſe pouuoit eſleuer qu'en faiſant marchepied des autres. Telle eſt la miſere du monde, qui ne peut auoir de generations que par de precedentes corruptions, ni faire le profit de l'vn, que par le dommage de l'autre. Mais de croire que les vns faſſent tout, & les autres rien; que ceux qui ſont obligez au trauail ſoient ſeruiteurs inutiles,] & que ceux qui n'en ont aucune obligation, portent le poids du chaud & du iour,] mettre le principal en la place de l'acceſſoire, & la lumiere pour les tenebres en appellant le bien mal,] c'eſt ce qui preſſeroit la patience d'vn Iob : appeler les Paſteurs des chiens muets, des mers ſans eau, ballotées des vents, des arbres infructueux, deux fois morts, des eſcumes de mer, des eſtoilles errantes, ſe repaiſſans eux-meſmes,] & autres ſemblables careſſes tirées de ſainct Iude, & finiſtrement appliquées, cela eſt vn peu contraire à la modeſtie. Dire qu'ils ont réueillé les gardes & sentinelles de l'Eglise, à la veuë de l'heresie, tandis que les chiens dormoient, & se comparer aux oysons du Capitole, c'est faire comme le vin nouueau, qui salit son vaisseau en se purgeant par son escume. Appeler des Prestres, surnommez Seculiers, auec vn certain accent de mauuaise grace, faisans leur volonté; comme si vn vœu d'obeyssance solemnelle, fait entre les mains d'vn Prelat au Sacrement de l'Ordre, & dont on ne dispense iamais, n'ostoit pas autant la volonté à vn homme, comme vn vœu fait hors le Sacrement, & dont on peut estre dispensé pour diuerses causes, comme si le renoncement de soi-mesme, recommandé en l'Euangile à tout Chrestien, de quelque condition qu'il soit, dans le Celibat, ou le Mariage, ne nous ostoit pas cette volonté propre, tant blasmée par les Spirituels, qui est le fondement de tout peché, & le seul bois qui nourrit les flammes eternelles. Comme si celui qui conforme sa volonté à celle de Dieu, obeyssant à sa Loy, pouuoit estre appelé propre volontaire; & comme si apres le vœu d'obeyssance proferé entre les mains d'vn

desintereßé.

Superieur, vn homme ne pouuoit plus faire vsage de sa propre volonté, & par vne consequence fort absurde deuenoit impeccable. O Dieu que les enfans des hommes se trompent en leurs balances,] & que leurs iugemens sont sujets à caution, puis qu'ils les pesent en vn poids & en vn poids?] c'est à dire les vertus ou fautes d'autruy en vn poids, & leurs propres en vn autre: iniustes en la rigueur de l'vn, & en la faueur de l'autre. Serrons ce pas assez glissant par ce beau mot de S. Iacques ; Si quelqu'vn presume estre Religieux (par ce nom vous pouuez penser qu'il parle de tous ceux qui sont de la Religion Catholique & Vniuerselle, non de ceux qui appliquent ce nom general & propre à tous les Chrestiens, à des particulieres assemblées) & ne met point de frein à sa langue, il trompe son propre cœur, & sa Religion est vaine : La Religion pure & sans tache enuers Dieu, c'est de visiter les orphelins, & d'assister les vefues en leurs tribulations, & se preseruer de la contagion, & des soüilleures du monde.] Or qui fait cela, sinõ celuy qui au seruice de Dieu dans le prochain est desnué de tout interest de vanité? car c'est ce vent-là qui fait joüer la langue, & qui excite les murmures. Que le Penitent prenne donc garde au choix d'vn Directeur, s'il se prefere à quelqu'autre, s'il le mesprise, s'il en dit mal, ou bien si laissant la personne il esleue sa condition, soit Clericale, soit Cenobitique, s'il prefere son Eglise, sa Parroisse, son Ordre, sa Reigle aux autres, auecque des termes excessifs, ou qui portent rauallement des autres fonctions ou Instituts. Car sans doute vne telle teste a plus besoin d'estre gouuernée que de se mêler de conduire, & il ne fait pas seur en de telles mains : à elle conuient le mot, Medecin gueri toy.

Chap. VIII.

Du vœu d'obeyssance particuliere.

Acheuons ce Caractere de l'interest d'excellence par ce traict, qui est, à mon aduis, comme le plus remarquable, aussi le plus éuitable. C'est lors qu'vn Directeur de quelque condition qu'il soit, Pasteur ou Cenobite, veut embarrasser vne Ame par ses persuasions à des obligations ou vœux d'obeïssance personnelle ou locale: c'est à dire l'attacher à certain lieu, à la direction de certain ordre, voulant sous pretexte de plus grand merite, ou plus ample perfection, la ranger sous des loix qui establissent vn Empire interieur, au prejudice quelquefois de la condition de la personne conduite. De là on vient à cette obeïssance aueugle, loüable peut-estre en quelque cas, (car ie sçay que de graues & saincts Autheurs l'ont loüée, se seruans des exemples d'Isaac, & de la fille de Iephté:) mais dangereuse en plusieurs autres, si l'on n'excepte les choses commandées & deffenduës de Dieu, à qui il vaut mieux obeïr qu'aux hommes,] entant qu'elle est sujette à estre conduite en des precipices, si la guide qui la meine n'est fort asseurée. Ie sçay qu'ici on allegue merueilles, & que l'Escriture semble tonner de toutes parts contre la propre Sagesse, la propre volonté, & le propre mouuement, que ceux qui pensent estre sages en eux-mesmes sont vrayement fols?] qu'il faut estre comme des petits enfans, que l'homme obeïssant parle des victoires;] que l'obeïssance vaut mieux que les victimes,] que le Sauueur s'est rendu obeïssant iusques à la Croix,] que celuy qui chemine simplement, marche auec confiance,] & mille semblables allegations. Mais aussi d'autre part quand on nous recommande de mesler la prudence du Serpent auec la simplicité de la Colombe,] il semble que l'obeïssance n'oste point l'esprit de discernement, qui nous fait rendre à Dieu & à ceux qui tiennent sa place sur nous, vn seruice raisonnable.] Si l'on nous bat les oreilles de ce mot de Dauid, I'ay esté fait comme vn cheual dessous vous, ô Seigneur, & voyla que ie suis tousiours auecque vous] ne pouuons nous pas repartir auec le mesme, L'homme estant en honneur n'a pas connu sa dignité, à raison dequoy il a esté comparé aux cheuaux, & leur a esté fait semblable? Quand ceux qui plongent dans la mer à la pesche des perles descendent dans les cauernes, ils s'y font iour par de l'huille qu'ils ont dans leurs bouches : Pour trouuer la perle de perfection dedans vne obeïssance particuliere, il me semble que l'huille de la discretion y est merueilleusement necessaire pour nous faire voir clair en ce que nous faisons, autrement au lieu de ce faire riche de vertus on court la risque de deuenir comme cet inconsideré de l'Apocalypse, pauure, nud, & miserable.] Vous voyez bien que ie parle icy d'vne obeïssance speciale d'vne Ame particuliere à vn Directeur particulier, non de celle qui se fait dans le vœu solemnel & public de la vie Cenobitique. Car encore que celle cy ait besoin de quelque sorte de lumiere pour connoistre si ce qui est commandé par le Superieur n'est point contre la Loy diuine, en tout ce qui est indifferent pour estre accomplie, elle n'en doit point auoir. Mais l'autre est bien plus en la main de son conseil,] & doit marcher auecque bien plus de precaution, mesmes dans les choses qui semblent indifferentes: & comme si elle cheminoit sur des fleurs où quelque serpent pût dresser des embusches à son talon.] Quoy? dira-t'on, pouuez-vous trouuer mauuais les vœux simples & secrets des obeïssances particulieres qu'ont voüées à leurs Directeurs tant de sainctes Ames, dont les exemples sont rapportez par le B. François de Sales, au quatriesme Chapitre de la premiere partie de sa Philotée.

Dieu mercy ie pense auoir quelque pratique dans ce liure là, & mesme quelque connoissance de l'esprit de ce sainct Autheur : mais à precisément prendre ce lieu il n'en apporte qu'vn de saincte Elizabeth d'Hongrie, qui se rangea sous l'obeïssance du Docteur Conrad auec vne extréme soumission : il ne parle point de vœu. Oüy bien, adiouste-t'il, que saincte Terese outre le vœu d'obeïssance que comme Religieuse elle auoit fait à ses Superieurs, elle en fit vn particulier à vn de ses Confesseurs, ce qui est vne surabondance de pieté, loüable certes en cette grande saincte, mais qui ne le seroit pas peut-estre à vne autre : car dans vn Monastere de filles, quelle Superieure trouueroit bon qu'vne de ses sœurs fist vn semblable vœu d'obeïssance speciale ? Ce qui me fait respondre par cet ancien prouerbe, qu'vne arondelle ne fait pas le Prin-temps, ny vne action particuliere vn exemple general. Disons donc que cette sujection faite par vn ferme propos, ou par vœu peut estre bonne lors qu'elle prouient de la franche, pure, & libre volonté de la personne qui se soumet, sans aucune necessité, precipitation, persuasion, ou induction, tout ainsi que la myrrhe premiere qui sort de l'arbre par forme de sueur, de gomme, & distillation, est beaucoup plus estimée que la seconde qui se tire par incisions, escorchemens & esgratignemens. A raison dequoy le Directeur Spirituel vrayement Desinteressé, non seulement n'exige, ny ne persuade iamais vne telle liaison & obeissance, mais lors que la ferueur la suggere à l'ame qu'il dirige, il espreuue bien long-temps si ce mouuement est de l'esprit de Dieu ou de quelque zele indiscret & immoderé, & ne permet pas inconsiderément que cét attachement se fasse, quelque image de saincteté que porte en soy l'action faicte par vœu : car bien que d'vn costé la bonne œuure reçoiue quelque augmentation de valeur selon tous les Theologiens, c'est vne medaille à deux reuers, & vn couteau à deux tranchans, & de l'autre part il y a souuent du danger & tousiours du soupçon de quelque attache impertinente : & il faut que le Directeur soit comme vne honneste femme, non seulement exempt de tout mal, mais encore sans aucun ombrage : l'integrité de la reputation, ou bien la reputation d'vne parfaicte integrité, estant extrémement necessaire pour seruir Dieu dedans les ames auec vtilité & edification. Ie sçay vne ame qui voulant s'obliger par vœu à faire quelque action de pieté, en fut dissuadée par le B. François de Sales, l'vn des plus saincts & desinteressez Directeurs qui fut iamais ; ce n'est pas qu'il l'empeschast de faire cette action qui deuoit se reïterer tous les iours ; au contraire il l'exhorta de la continuer par vn propos constant, & vne ferme resolution : mais il ne fut pas d'auis que le vœu y fust employé, parce, disoit-il, que les actions votiues, quoy que de leur nature elles soient excellentes, par incidens sont sujettes à de grãds scrupules & embarrassemens. I'ay bien voulu produire le sentiment de ce sainct Prelat, qui ne fut pas tant vn homme qu'vn Seraphim en terre, & qui eut les dons de conseil, d'intelligence & de sagesse en vn degré fort eminent, comme ses escrits le tesmoignent assez. Ie sçay mesme qu'il tint à l'essay de la mortification interieure & de l'humiliation vne grande & saincte ame plus de huict ou neuf ans, auant que de luy permettre vne entiere retraicte du monde, & de se consacrer à Dieu par vn absolu aban-

abandonnement du fiecle, & fi fon efprit acquiefçant, humble, & condefcen-
dant s'il en fut iamais, n'euft point cedé
aux opinions d'vn grand Prelat, la faincte Congregation qu'il a fondée fuft demeurée dans les fimples oblations par
où commença l'Inftitut, fans paſſer dans
les vœux folemnels, en tiltre d'Ordre
fous la reigle de fainct Auguftin. Tant
ce fainct Pafteur eftoit efloigné de l'efprit de contrainte, & de feruitude, tant il
prifoit les facrifices volontaires,] & tant
il eftoit ennemy de cette domination que
quelques Directeurs s'eftabliffent fur les
ames par cette voye fi fpecieufe en apparence, & fi auantageufe par leurs im-
periéufes pretenfions. Ce n'eft point
pour deroger tant foit peu aux prerogatiues des faincts vœux tant prifez dans
l'Efcriture, & par toute l'antiquité : non
certes, & qui le pourroit faire fans fa-
crilege & fans blafpheme? mais neantmoins on en peut dire comme de l'Arche qui eftoit fi faincte, & toutefois il
n'appartient pas à chacun de la toucher
ou de regarder dedans. Les exemples
des Betfamites & d'Oza font redouta-
bles fur ce fujec, & l'encenfoir n'eft pas
mis en la main de tout le monde. Qui

F

le pourra prendre, le prenne, est-il dit d'vn des Conseils Euangeliques, & tous ne conçoiuent pas cette parole] est-il dit sur ce mesme sujet. Et l'Escriture mesme nous auertit de ne voüer pas temerairement, quand elle nous dit qu'il vaut bien mieux ne pas voüer, que de ne rendre pas le vœu, quant il est fait.] Certes le Directeur vrayement desinteressé ne s'establira iamais en creance dans vne Ame par cette voye-là : car comme la jalousie est vne marque d'amour malade, & accompagnée de deffiance & de soupçon ; aussi ceux qui se seruent de ces industries pour attacher des Ames & les obliger à leurs personnes ou à leurs Eglises & Communautez, tesmoignent combien ils se deffient, ou de leur propre conduite, ou de la legereté des Ames dirigées ; ce qui est les desobliger en les obligeant, comme les jaloux haïssent en aymant ; d'autant que leur amour a tous les effects & toutes les marques de la haine.

Chap. IX.

Le lien de la dilection.

LE vray lien des Ames au Commerce sacré dont ie parle, est celuy de perfection,] & celuy de perfection est celuy de dilection : c'est là le parfum attirant] de l'Espoux, parfum qui a toute sa force en sa suauité : c'est là ce lien de charité, ce lien d'humanité dont le Prophete parle, lien qui attache l'agnelet au flanc de sa Mere, & le poussin auprés de la poule, lien bien fort encore qu'il soit bien doux : lien qui attachoit les Apostres au fils de Dieu, lors qu'ils estoient collez aux paroles de sa bouche, comme les petits enfans sur le sein de leurs meres. Seigneur, disoit S. Pierre en cet tendre sentiment, à qui irons-nous, n'est ce pas vous qui auez les paroles de vie , & de vie eternelle ?] L'Ame qui par vn respect accompagné d'vne saincte confiance, cherit son Directeur d'vne amitié douce, mais forte, suaue, sacrée, toute spirituelle , luy est bien plus puissamment liée & soumise, que par tous

F ij

ces moyens que le desir de se maintenir en creance & auctorité fait inuenter à ceux qui veulent commander auec vne gaule de fer] & non auecque celle d'Aaron, toute couuerte de fleurs & de fruicts. Tout ainsi donc que ceux qui nauigent en vn riuage couuert de bancs & descueils gaignent le bord & se sauuent à l'abry dans quelque cale, lors qu'ils voyent leuer le vent; de peur que la tempeste ne les portast contre les rochers cachez sous l'eau malgré toutes leurs industries: Aussi l'ame bien auisée, & qui veut asseurer son salut, doit marcher prudemment] *cauté*) comme dit l'Apostre, & joindre auec vn si iuste temperament sa soumission à son Directeur auec vne hóneste & Chrestienne liberté, qu'aussitost qu'elle verra souffler du costé de celuy qui la conduit, le vent de l'interest imperieux, & qu'il voudra prendre sur elle vne domination odieuse ou demesurée, ou ce qui est le pis, se seruir d'elle comme d'vn marche-pied pour s'esleuer à des pretensions honorables, tantost la priant de le recommander à vn tel Prince ou Seigneur pour le mettre en faueur ou credit, ou le faire arriuer à quelque dignité ou benefice, & de luy rendre l'office de Bersabée enuers Salomon, qui demanda Abisag Sunamite pour femme à Adonias, dont elle fut pour des raisons d'Estat refusée par le Roy: ou bien celuy que Ioseph demandoit de l'Eschanson qu'il suggerast à Pharaon de le mettre en liberté, ou quelques autres semblables pratiques. Aussi-tost dis-je qu'elle s'apperceura de cette humeur interessée, qu'elle se retire doucement & auecque le moindre bruit qu'elle pourra de cette conduite ; parce que c'est vn Prophete qui parle au vent,] selon le langage de Ieremie, & celuy qui seme le vent recueillira le tourbillon & l'orage.] Et le Prophete qui est plein de vent, dit Osee, est cause de beaucoup d'iniquité.] C'est donc le plus seur de se retirer d'aupres de ces Prophetes, qui ne parlent que de la vanité dont ils ont la teste remplie, contre qui Ezechiel en son treiziesme Chapitre declame si amplement, & dont on peut dire auecque l'Apostre, qu'ayant l'entendement obscurcy, ils cheminent en la vanité de leurs sens, & que le tourbillon des tenebres leur est preparé.] Par là vous pouuez iuger comme s'en doiuent tenir loin ceux qui veulent marcher comme enfans de lumiere,] pour aller à la suitte de celuy qui est la lumiere du monde,] qui est toute splendeur, & que les tenebres ne peuuent accueillir.

Chap. X.

De l'interest vtile.

Ais c'est assez parlé, & peut-estre trop pour ceux qui aiment mieux les veritez luisantes que cuisantes, brillantes, que bruslantes, de cet interest honorable, ou plustost ambitieux & impetueux. Tournons maintenant la pointe de nostre discours vers l'vtile, armans nostre style contre ce Renardeau qui ronge les racines de la vigne du Seigneur,] & qui comme ceux de Sansom met le feu dans les moissons, ou plustost qui moissonne là où il n'a pas semé.] Mais auant qu'entrer en cette matiere chatoüilleuse, ie repete encor vne fois (car comme dit le grand Stoïque,) cela ne se dit [*dicitur*] iamais assez, qui ne s'apprend [*discitur*] iamais assez] que ie ne veux toucher aucun particulier, ny mesme aucune condition particuliere, mon difcours s'addreſſant auſſi-bien aux Directeurs qui ſont de l'ordre du Clergé, qu'à ceux qui ſont du Cenobitique. Ce que ie dy, afin que chacun profite en cette leçon, & ne faſſe pas comme les Singes, qui caſſent les miroërs où ils ſe voyent ſi laids, au lieu de corriger leur laideur ; & les Chameaux qui troublent l'eau où ils voyent leur boſſe, leur long col, leur petite teſte, leur corps monſtrueux & diſproportionné, ne pouuans en reformer la deformité. Car il arriue ſouuent que ceux qui diſent les deffauts à la maiſon de Iacob] afin qu'elle s'en corrige, ne reçoiuent que murmures & outrages pour recompenſe de leur bon office, & qu'ils ſont lapidez pour vne bonne œuure:] Ce que l'Eſcriture nous apprend eſtre arriué à pluſieurs Prophetes, & au Fils de Dieu meſme, qui diſoit vn iour aux Iuifs ſur ce ſujet, malheur à toy Ieruſalem, qui tuës les Prophetes que Dieu t'enuoye] quand ils te diſent les veritez preſſantes, & qui te ſont mal-plaiſantes;] Malheur à vo⁹ qui rebaſtiſſez les monuments des Prophetes que vos Peres ont lapidez & maſſacrez.] Mais quelle gloire, ô Ieſus mon

Seigneur, que de souffrir des persecutions & des mesdisances pour vostre nom,] & pour le seruice de cette verité dont vous auez preparé la publication à vostre vie. O Ame vous connoistrez le caractere de l'interest vtile dans le procedé d'vn Directeur à diuers traits, dont voicy le premier.

Chap. XI.

Qu'il porte à la flatterie.

CE mauuais demon (car comme puis-je appeller autrement ce miserable motif) vient de loin, fait ses preparatifs à la sourdine, cache l'hameçon sous l'appast, & est d'autant plus ruzé & cauteleux, qu'il est plus masqué, plus desguisé & moins apperceu. Tantost le Directeur picqué de cét interest vise à son profit particulier & personnel, tantost à celuy de son Eglise ou de sa Communauté ; il faut estre à l'herte & sur ses gardes pour se retenir sur ses voyes, & ne prendre le change. Au premier cas la finesse est moins couuerte, au second elle est plus subtile, par tout, quoi que l'on die, il y a du terrestre plus que du celeste, du temporel plus que du spirituel : l'anguille est sous le roc, le serpent dessous l'herbe. Prenez garde aux discours: car la lãgue a sa racine au cœur, & de l'abondance de celui-ci celle là parle.] Quand cet interest vtile est le maistre ressort, il fait respondre celui qu'il anime en termes doux & gracieux, en vn mot, en flatteries. On excuse les fautes d'vn Penitent, on ne lui parle que de la misericorde de Dieu surnageante sa Iustice,] on met la lumiere pour les tenebres,] on amoindrit le mal, on enfle l'esperance du pardon, on met des oreilliers mollets sous les coudes : c'est la façon de parler d'vn Prophete, quand il reprend ceux qui loüent le pecheur, & qui benissent l'inique ;] ne vous semble-t'il point que vous oyez vn oyseleur joüant des appeaux pour faire venir l'oyseau dans ses filets? Les paroles sont molles comme l'huylle, & neantmoins elles penetrent comme des jauelots,] elles entrent comme l'eau & comme l'huylle dans les os,] c'est vn miel d'Heraclée extrémement doux, mais dangereux, parce qu'il est recueilli sur l'aconit. Il trouble la veuë, & excite vn tournoyement de teste, tous effects de la flatterie; car elle est receuë auecque suauité, elle offusque le jugement, & elle fait tourner les cerueaux les plus fermes; beste domestique, disoit vn Ancien, tres-redoutable. La Baleine pour se nourrir se sert d'vn artifice merueilleux: car estant extrémement pesante, & comme vne montagne mouuante dans le cœur de la mere,] elle ne peut pas aller à la chasse des autres poissons, & en faire sa proye; que fait-elle? elle forme, à ce que l'on dit, d'autres disent qu'elle trouue l'ambre gris, & le jettant hors de sa gueule, cette suaue odeur attire autour tous les poissons qui la sentent de fort loin, qui, amassez autour, seruent de proye à ce grand colosse qui les engloutit. On dit que la Panthere, animal cruel, attire ainsi par l'odeur qui sort de sa peau, les animaux innocens qui l'approchent, & qu'elle les deuore l'vn apres l'autre. Voyez-vous là le procedé du flatteur, dont les paroles emmiellées attirent, par la complaisance, ceux dont il veut sucer la substance. Le dirai-ie, pour trancher en vn mot ce premier traict, tout conseil, ou interessé, ou qui vise à l'interest vtille, m'est suspect; d'autres voyent, & l'excusent comme ils voudront, peut estre qu'ils ont raison, peut-estre que ie n'ai pas tort. Mais i'ai de la peine à me persuader qu'vne si mauuaise cause, comme est la flatterie, puisse produire vn bon effect. Le Directeur desinteressé ne se rauale iamais iusques là de parler vn langage d'Esclaue, aussi n'est-il pas l'homme des richesses ;] estimant tout ce qui n'est point Dieu comme de l'ordure :] ses paroles sont simples & franches, il reprend librement ce qui est reprehensible, sans auoir esgard aux personnes, & sans craindre la face du Puissant,] ni la disgrace humaine ; sçachant que plaire aux hommes n'est pas estre seruiteur de Dieu.] Sa Charité ne deguise iamais le mal : mais comme elle est bonne & veritable ; elle ne peut loüer que la veritable Bonté, encore d'vne façon qui ne puisse donner de la vanité & de la presomption à la personne loüée, parce qu'elle n'est loüée qu'en Dieu, à la grace de qui est rapportée toute la gloire de l'action. Ce n'est pas qu'elle ne sçache releuer le courage des pusillanimes, r'asseurer leurs frayeurs, & affermir leur esperance : mais c'est d'vne maniere si ciuile, si hon-

F vj

neste, si genereuse, qu'il est aisé à juger que toutes ses pretensions sont celestes, & que rien de terrestre ne lui sert de motif.

Chap. XII.

Artifice de la plainte.

DE ce langage sordide & flatteur, il est aisé de couler à vn autre qui n'est pas moins lasche, dont nous ferons le second traict de ce caractere, c'est celui de la plainte. Les paroles de cet air sont pressantes, quoi que mal-plaisantes & importunes. C'est le procedé des femmes, qui ne sont iamais si fortes que quand elles se plaignent, leurs armes sont leurs larmes; mais larmes si puissantes, qu'elles font tomber les armes des mains des plus determinez. Qu'vne crie & pleure dans vne maison, elle en est la maistresse, & il n'y a rien qu'vn mari ne fasse & ne cede pour la faire taire. Vn excellent personnage de nostre temps a fort iudicieusement dit, Que la Vertu n'est plus Vertu quand elle se plaint, & qu'elle est digne de mespris quand elle demande : elle qui ne doit point auoir de salaire, ni de prix hors de soi. Que dirons-nous donc, de ceux qui font gain de la pieté,] comme dit l'Apostre, escriuant à Timothée, sans considerer, que le plus grand gain que l'on puisse faire est d'auoir pieusement ce qui suffit.] Car nous n'auons rien apporté en ce monde, & il est certain que nous n'en pourrons rien emporter ; mais ayans la nourriture, & dequoi nous vestir, nous deuons estre contens de cela. Car ceux qui veulent estre riches, tombent en tentation, & aux liens du diable, & en plusieurs desirs inutiles & nuisibles, qui plongent les hommes en destruction & ruine : car la racine de tous maux, c'est la conuoitise des biens. Iusques ici sont les paroles du Vaisseau d'ellection à vn Pasteur & Directeur des Ames, qu'il exhorte, quelques lignes apres, à fuïr toute auarice, & toute pretension de la terre, & à ne mettre son esperance en l'incertitude des richesses, mais au Dieu viuant, qui nous donne toutes choses abondamment pour en vser.] Et de fait, ô Directeur, de quelque condition que v^{9} soyez, soit du Clergé, soit Cenobite, quel sujet pouuez-vous auoir de faire sonner cette sotte plainte, & pour parler plus doucement, cette sorte de plainte aux oreilles de vostre Penitent.

Chap. XIII.

Contre les plaintes des Pasteurs.

Peut-estre, ô Pasteur! direz-vous que vostre Benefice est de trop petit reuenu; si cela est, pourquoi le receuiez-vous? pourquoi mettiez-vous sur vos espaules vne charge, dont vous deuiez preuoir l'incommodité aussi bien que le poids: est-ce pour auoir Dina que vous vous estes circoncis? est-ce pour auoir à disner que vous vous estes rangé dans le Celibat, & dans la vie Clericale? si vous auez pris les Ordres sur ce tiltre, ou vous en sçauiez sa valeur, ou vous l'ignoriez, en l'vn & en l'autre cas, vous auez offencé l'Euesque qui vous a imposé les mains, à qui vous auez affermé qu'il estoit suffisant pour vostre entretien, autrement il n'eust iamais passé, ou deub passer outre à vostre consecration: Que si vous auez receu le Caractere de Prestrise sous vn tiltre de patrimoine, pourquoi vous plaignez-vous de la pauureté de voftre Benefice, puis qu'en tout cas voftre bien patrimonial peut suppléer à ce deffaut; & alors vous seruirez Dieu purement en voftre Cure, sans intereft, sans salaire, gratuitement vous bataillerez à voftre solde,] vous honorerez Dieu de voftre substance,] s'il eft permis d'appeller ainsi voftre reuenu paternel, comme s'il ne vous venoit pas de Dieu, aussi bien que le reuenu de l'Eglise, puis que toute la terre, & sa plenitude,] eft à celui qui a fait le Ciel & la terre.] Vous serez, peut-eftre, ô Directeur, vn simple Preftre habitué en vne Parroisse, & seruant les Ames sous le Pafteur de cette Eglise-là. Vous n'auez, dites-vous, que ce qui vous vient des liberalitez temporelles de ceux à qui vous rendez des deuoirs spirituels : doncques, mon frere tres-aymé, vous auez surpris l'Euesque qui vous a conferé le Sacrement de l'Ordre: car n'eftant point Conuentuel, vous auez deu auoir vn tiltre patrimonial; que si la preuue en a eftée fausse, ne voyez-vous pas que cette pauureté dont vous vous plaignez eft la punition de voftre fausseté ? ce n'est pas l'homme que vous auez trompé, c'est Dieu,] comme disoit sainct Pierre à Ananie, qui par vn juste Iugement, conuertit vostre douleur sur vostre teste, & fait descendre vostre iniquité sur vostre chef.] Qui est-ce qui vous poussoit dans les Ordres sacrez ? c'est vn Sacrement volontaire, on n'y contraint personne : si c'estoit pour seruir Dieu, & les Ames en Dieu purement, voila vne bonne intention; mais si c'estoit pour viure du bien de l'Eglise, & du seruice des Autels, cette intention est sinistre ; car il ne faut pas Euangeliser pour manger, mais manger pour Euangeliser. A quel propos approcher de l'Autel, qui est le banquet des nopces de l'Agneau, sans la robbe nuptiale de la Charité, dont le propre est de ne chercher point son propre interest ?] Quoi, vous estes-vous fait Prestre pour viure, ou si vous auez voulu viure pour estre Prestre ? Certes c'est bien fait de se faire Prestre pour viure, ouy spirituellement, non temporellement : autrement, par vn ordre renuersé, se seroit faire seruir l'esprit au corps, l'eternité au temps. Non, il ne faut point s'embarquer en vne si saincte vacation, par la vocation & la volonté de la chair & de l'homme,] c'est à dire pour des considerations terrestres, mais par l'inspiration de Dieu: qui fait autrement se trompe soy-mesme & abuse les autres, & l'ordre de la charité n'est point estably en son cœur.] S. Paul estant appellé du Ciel à vn si sainct Estat, aussi-tost, dit le texte sacré, il n'acquiesça point à la chair & au sang.] N'est ce pas vne honte & pour vous & pour l'Eglise de Dieu, ô Prestres, de voir qu'apres auoir receu les Ordres sacrez, vous cherchez aussi-tost quelque condition, ou de Vicaire, ou de Chapelain, ou d'Habitué, ou de Clerc pour gaigner vostre vie d'vne façon presque mercenaire, comme si de vostre sacré ministere vous en faisiez vn mestier prophane? Ie ne veux point dire à quelles indignitez vous raualez vostre dignité, ny comme vous rendez vil vostre ministere au lieu de magnifier,] selon le conseil de l'Apostre. Vous eussiez mieux fait de demeurer Laïque, & de viure du trauail de vos mains, sans faire vn scandale par vostre legereté,] c'est à dire sans apporter vn opprobre à l'Ordre Leuitique en vous jettant dedans ses fonctions, sans vn tiltre legitime, capable de vous entretenir honneſtement, ſans vous abaiſſer à des conditions ſordides, & que ie n'oſe exprimer, pour la reuerence qui vous eſt deuë, & que ie vous porte, & qui eſt le pis, ſans deuotion, ſans inſpiration, ſans vocation d'enhaut, en ſorte que vous venez ſans eſtre appellez, vous courez ſans eſtre enuoyez,] de là vous tombez dans la foſſe de la pauureté que vous-meſmes vous eſtes creuſée. Et puis qui ne ſe rira, dit l'Eſcriture, de celuy qui eſt mordu du Serpent, ſe voulant meſler de l'enchanter ?] Sur ce mauuais fondement que vous-meſmes auez jetté, quelle raiſon auez-vous de vous plaindre de voſtre pauureté, que l'on ne vous reproche auecque plus de iuſtice voſtre intruſion aux Ordres : car de quel autre nom puiſ-je nommer le peu de front de ceux qui ſur des tiltres de patrimoine ou clericaux faux & ſuppoſez obligent vn Eueſque à leur impoſer les mains ? Vous alleguerez peut-eſtre ce mot ordinaire dont vous faites voſtre grand bouclier, que celuy qui ſert à l'Autel doit viure de l'Autel.] Il eſt vray qu'il en doit viure: mais non ſordidement, & honteuſement, comme vous faites, il eſt vray que tout merce-

desintereßé. 139

niare est digne de son loyer, mais les enfans de l'Espoux, tels que vous estes, & dispensateurs de ses adorables mysteres,] doiuent ce me semble prendre vne autre qualité, puisque dans l'Euangile, le Mercenaire est opposé au vray Pasteur, tel qu'est le Directeur pour le temps qu'il repaist vne Ame soumise à sa conduite. Mais ne pressant pas tant, & pardonnant cette premiere faute commise en la racine, c'est à dire en la reception de l'Ordre sacré, sous vn titre legitime ; vsons d'Indulgence, & escoutons patiemment, si l'on nous demande ; Que voulez-vous donc que fasse vn pauure Prestre ; il ne luy est pas permis de labourer quand il en auroit la force, ny de mandier quand il n'en seroit pas retenu par la honte.] Voulez-vous donc qu'il meure de faim dans vne honteuse pauureté, à faute de se plaindre ? Certainement se seroit vn trop iniuste degré de rigueur que celuy qui excluroit le cas de necessité, & trop miserable est la douleur, disoit vn Ancien, qui n'a point de voix pour se plaindre.] Il faut donner cela au ressentiment de la nature, la langue court, dit le Prouerbe Toscan, à la dent qui fait mal, & la calamité est naturellement plaintiue: Voudrois-je empescher que celuy qui se noye ne s'accrochast à ce qu'il peut? L'ancienne Loy ne deffendoit-elle pas de lier les maschoires au bœuf qui trauailloit à battre le bled? Est-il rien de plus equitable que de voir qu'à chacun profite son trauail? le salaire sera à vostre œuure,] dit la parole sacrée, Mes pauures freres, ie serois trop cruel, si ie voulois empescher ce que Dieu & la nature permettent, ce seroit violer tout droit diuin ou humain. Tant s'en faut donc que ie vueille adiouster douleur sur la douleur de vos playes,] comme le Psalmiste parle, n'y affliger l'affligé, qu'au contraire ie trouue fort bon que vous essayez de procurer vostre soulagement par les voyes que le S. Esprit vous suggerera si vous auez son amour & sa crainte. Mais pour Dieu souuenez-vous que vous estes des Phocions & non des Thucidides, qu'en vos souffrances vous deuez tesmoigner de la generosité & de la constance, non de la lascheté, parce que vous n'estes pas des roseaux du desert: mais des Colomnes du Temple,] mais des Clochers esleuez, mais des Tours eminentes, mis en spectacle à

Dieu, aux Anges & aux hommes.] Regardez à la pierre ou au rocher d'où vous auez esté taillez, à la carriere d'où vous auez esté tirez. Souuenez-vous que vous estes citoiens des Saincts lieux, & domestiques de Dieu, edifiez sur le fondement des Apostres & des Prophetes, & establis sur la pierre de l'Angle, qui est IESVS-CHRIST.] Regardez donc l'Auteur & le consommateur de nostre foy,] qui estant riche,] de soy-mesme, & d'vne maison pleine de gloire & de richesse,] ayant en soy tous les thresors de son Pere,] & la plenitude de la Diuinité, habitant en luy corporellement,] a pour l'amour de nous voulu estre pauure, afin de nous enrichir de sa pauureté.] Voyez-vous comme l'Apostre dit qu'il nous a enrichis, non par sa pauureté, c'est à dire en nous cedant ses richesses, mais de sa pauureté, comme s'il disoit que dans cette pauureté nous trouuerons des minieres inespuisables de thresors & de graces? C'est ce que S. Hierosme nous enseigne, quand il dit, Que celuy-là est abondamment riche, qui est pauure auec IESVS-CHRIST,] auecque ce Sauueur tres-aimable, qui dit de soy par la bouche du Psalmiste, Ie suis pauure &

accoustumé au trauail dés ma jeuneſſe:] & encore, ie ſuis mandiant & pauure, mais le Seigneur a ſoin de moy.] Que ſi le chef eſt dãs la pauureté, où eſt ce membre delicat qui voudroit viure dans l'opulence? c'eſt à faire à ceux qui ſont dans le Palais des Roys, dit le plus grand d'entre les enfans des hommes, d'eſtre veſtus ſomptueuſemẽt,] & de viure en delices,] & ſuauité,] non à ceux qui font profeſſion de ſuiure IESVS Crucifié, mourant pauure & nud ſur le Caluaire. Rappellez en voſtre memoire toute la vie & la conuerſation du Sauueur aux iours de ſa chair, vous le verrez dans la pauureté en ſa naiſſance, en ſa vie cachée, en ſa vie labourieuſe, en ſa mort, & meſme apres ſa mort, eſtant enſeuely en vn ſepulchre emprunté: il dit meſme de ſoy qu'il n'eſtoit venu que pour Euangeliſer les pauures,] il les declare heureux,] il prend ſur ſoy les obligations des biens qui leur ſeront faits en ſon nom,] iuſques à vn verre d'eau froide.] Au reſte ce modele de perfection, quoy que ſouuent preſſé de neceſſitez, comme quand ſes Diſciples froiſſoient les eſpics pour en tirer de la nourriture, a t'il iamais laſché vne parole de plainte? au contraire n'a t'il pas dit à ses Apostres, Quand ie vous ay enuoyez par le monde annoncer la doctrine de salut, sans bezace, sans souliers, sans baston, sans bourse, que vous a t'il manqué?] Si vous baissez les yeux sur ceux qui ont suiui ses pas, & qui ont esté apres luy en l'odeur de son exemple, tous ont esté pauures La tres-saincte Vierge, sainct Ioseph, les Apostres, & tant d'autres sainctes ames qui du temps mesme de la naissance de l'Eglise jettoient tous leurs biens aux pieds des Apostres, prattiquans à la lettre ce mot du Sauueur: Si tu veux estre parfait, va, vends tout ce que tu as, donne-le aux pauures, & me suy,] Et ces autres dont le monde n'estoit pas digne qui se retiroient dans les deserts couuerts de meschantes peaux, pauures necessiteux, affamez, miserables, affligez, demeurans dans les cauernes de la terre,] ceux-là n'auoient rien & neantmoins ils possedoient tout,] certes ils possedoient tout, puisque ils auoient Dieu auec eux qui vaut plus que toutes choses,] & sans se soucier de la multiplicité des biens passagers, ils se reposoient en l'vnité de ce Bien souuerain, & eternel, dont Dieu disoit à Moyse, ie te monstreray tout bien en me manifestant moy-mesme à toy.] Celuy-là certes est trop auare à qui ce bien ne suffit de qui tout autre bien deriue & descend.] C'est vn bien & vn thresor que ny la roüille ne peut gaster, ny ne peut estre rauy par les mains des larrons, ny emporté par les embrasemens & les deluges. Celuy qui n'en est pas content ne sera iamais content de rien. En cét esprit Dauid disoit, que veux-je au Ciel & en la terre, sinon vous, ô mon Dieu, la part de mon heritage pour iamais.] O mon Dieu, disoit S. François, vous m'estes toutes choses.] Cherchons ce vray & vnique bien, & tout le reste nous arriuera par accessoire]

Chap. XIV.

En quoy elles sont excusables, & comme legitimes.

PEut-estre que ie m'estends, & m'éleue trop, & que des speculations si tenduës ne seront pas comprises par ceux qui sont pressez des clouds de Diamant de la necessité: car comme celuy qui

desinteressé.

qui est rassasié rejette le rayon de miel,] ainsi que dit le Sage, aussi celuy qui est affamé ne sauoüre pas les discours spirituels, si l'appetit n'est accoisé l'on murmure.] Israël mesme eut la manne à desgoust comme vne viande creuse & legere, quoy qu'elle fut si celeste & admirable. Ie descends donc de ce haut stile, & pour m'accommoder & communiquer aux necessitez des Saincts, & des Oingts de Dieu,] ie veux examiner de plus prés leur plainte. Nous sommes incommodez de la pauureté, à qui voulez-vous que nous ayons recours temporellement, sinon à ceux qui ont recours à nous spirituellement ? l'Apostre ne nous apprend-il pas, que ceux qui sement le spirituel, peuuent recueillir quelque soulagement temporel ?] Pleust à Dieu, mes freres tres-chers, que nous eussions l'esprit de ce sainct Apostre, afin que nous puissions faire & dire comme luy: car alors nous pourrions vser de ses termes, & prendre le testament de Dieu par nostre bouche,] Mais tous ceux qui alleguent ses mots n'ont pas ses sentimens, tesmoin ce que S. Pierre dit de ceux qui abusoient des diuins escrits de ce vaisseau d'election à leur propre

G

ruïne.] Il est vray que sainct Paul se plaint quelquefois de ses angoisses dont il estoit reduit iusques au poinct de s'ennuyer de la vie,] & à s'escrier, Miserable moy qui me deliurera du corps de cette mort:] & encore, ie voudrois estre deslié pour voler à Iesvs-Christ.] Il parle de ses pauuretez, de ses souffrances, de sa nudité, de sa faim, de sa soif, de ses battemens, de ses voyages, de ses perils & trauaux par mer & par terre, de telle sorte qu'il semble gemir sous le faix de tant d'afflictions: cependant releuant sa teste du milieu de ces torrens, il fait comme la palme qui se relance contre le faix, & il se resiouit & glorifie en ses infirmitez & tribulations,] sçachant que la rose de la vertu croist parmy ces espines. Il represente quelquefois sa pauureté & sa disette d'vne façon qui semble accuser d'ingratitude, & de peu de compassion, ceux à qui il a rendu des seruices, & auec des propos qui tiennent de l'air des reproches, mais apres il mesle cela de tant de suauité, qu'il fait comme l'abeille qui détrempe son aiguillon dedans son miel: & donne assez à connoistre combien sa charité est des-jnteressée, & que ce ne sont pas les biens, mais les ames qu'il recherche pour les gaigner à IESVS-CHRIST.] Car il se glorifie en Dieu de ce qu'il sçait abonder, & aussi souffrir la disetre,] qu'il sçait par le trauail de ses mains gaigner ce qui luy est necessaire, non pour sa vie seulement, mais encore pour l'entretien de ceux qui l'accompagnent, pour n'estre à charge à personne, ne se souciant pas d'exiger des fidelles, ce qu'il pouuoit legitimement, & par le deuoir de Iustice, afin, dit-il, que tout se passe honnestement entre nous, comme il est bien-seant à des Saincts. Ce ne sont pas donc des plaintes à proprement parler, que ce que dit quelquefois sainct Paul de ses necessitez, mais ce sont des naïues & franches representations de ses besoins aux fidelles, afin que comme membres d'vn mesme corps, ils aidassent à porter les charges les vns des autres pour accomplir la loy de IESVS-CHRIST,] & ce diuin precepte qui recommande son prochain à chaqu'vn,] precepte, qui oblige sous peine de peché, quand la necessité de celuy qui implore nostre aide est extréme. Si donc le pauure Directeur conuertit des plaintes messeantes en vne simple &

G ij

candide declaration de sa necessité, sans aucun art, & plus encore sans fard, il n'y a point de doute que Dieu qui est le Dieu des cœurs, & qui a non seulement ceux des Roys] mais de tous les particuliers en sa main, ne donne les mouuemens qui seront requis pour le faire assister d'vne franche & libre volonté, par telle ame qui se sentiroit importunée des plaintes, qui ont tousiours quelque image de reproche, & chacun sçait combien le ton reprochant sonne mal aux oreilles qui en sont battuës. Mais pour donner vne indulgence plus grande, & vn plus ample moyen de respirer & de souspirer, à celuy qui est pressé des pointes de la necessité, selon le conseil sacré, donnez de la ceruoise à ceux qui ont l'esprit dans l'amertume,] ie veux seruir comme d'vne main de Sage-femme,]à ceux qui sont en ceste affliction, & leur ayder à enfanter leur douleur. Ie veux donc presupposer que le Prestre qui se plaint soit deuenu pauure par des disgraces assez communes dans les miseres dont le monde est remply, & que le vulgaire attribuë aux reuers de la fortune contraire, bien qu'en effect, ce ne soient que des traicts de la prouidence du Ciel. Ie veux que les embrasemens, les grefles, les deluges, les banqueroutes, les procez, les guerres, les brigandages, & autres fleaux, luy ayant rauy ou gasté son reuenu, soit Ecclesiastique, soit patrimonial, en fin il est reduit à la pauureté; en ce cas ne voulez vous pas qu'il s'en plaigne? & à qui s'en peut-il plus tendrement plaindre, qu'à ceux qui l'abordent pour leur direction interieure? de qui peut-il plus raisonnablement esperer de l'appuy temporel que de ceux qui en attendent de luy vn spirituel? il connoist leurs consciences, pourquoy ne leur fera-t'il pas connoistre ses necessitez? Nous auons desia satisfait à cette obiection en ce que nous auons permis la descouuerte du besoin, pourueu que ce ne soit en façon de plainte, puisque cette maniere est doublemēt iniuste, en ce qu'elle est premierement iniurieuse à Dieu, & secondement à celuy à qui on se plaint: à celuy-cy, car en quoy est-il coulpable de cette necessité, est-ce luy qui a rauy le bien au pauure Directeur? est-ce luy qui l'a reduit dans cette necessité? à celuy-là; car si vn cheueu de nostre teste ne tombe point sans ordonnance,] & s'il a soin des moindres passereaux, n'est-ce pas choquer

G iij

sa prouidence, que de se plaindre de ces euenemens, puisque ce ne sont que des effects de cette premiere cause? Ouy mais il se plaint à l'Ame dirigée, à la façon des mendians, qui representent leurs miseres aux passans, afin qu'ils en ayent pitié, & qu'ils les soulagent de quelque petite aumosne. Qu'ils fassent donc comme ces pauures, qui pour attirer la liberalité de ceux à qui ils representent leurs disgraces, se gardent bien d'vser de plaintes qui ayent aucun air de reproche: car au lieu d'attendrir les cœurs, cela les endurciroit, & ils feroient le contraire de ce qu'ils pretendent.

Chap. XV.

En quoy iniustes.

Mais quand on fait des plaintes du peu de charité qui est au monde, quand on exaggere sa necessité, & que n'estant que mediocre on la despeint comme extréme auec des termes pressans & importuns, qui tesmoignent ou vne grande auidité, ou vne forte impatience de souffrir, ou vne trop lasche desfiance de la Prouidence de Dieu ; cela certes oste beaucoup du credit du Directeur, & de l'edification que l'on doit attendre de sa doctrine & de son exemple. On ne peut nier que la plainte ne se fait que de quelque chose qui nous desplaist, & dont nous voudrions estre exempts. Quiconque donc se plaint de la pauureté que Dieu luy enuoye, tesmoigne que l'estat où Dieu l'a mis luy desplaist, & de cette sorte non seulement il s'oppose à la diuine volonté, mais il est outrageux à la Prouidence, qui ne faisant rien que pour le mieux, tout cooperant en bien à ceux qui sont bons, ne doit par consequent estre controollée par nostre foible prudence. Qui ne sçait que l'aduersité, quoy que desagreable au sens, comme Lia, ne soit esgalement fille de l'Eternel Laban, comme la prosperité qui semble belle comme Rachel, & mesme que celle-là ne soit plus fertile en vertus, & en merites que celle-cy ? Celuy qui n'ayme que Dieu en l'vne & en l'autre fortune est esgalement content de toutes les deux, parce qu'en toutes il peut estre vny à Dieu. La verge de Moyse estoit miraculeuse en sa main, vn Serpent quand elle estoit de-

G iiij

hors. La pauureté hors de la main de Dieu semble horrible, mais considerée en IESVS-CHRIST, & en ceux qui l'ont suiuy & imité de plus prés, elle est toute admirable, toute desirable, c'est la precieuse perle que tant de grands Seigneurs abandonnans les dignitez, les possessions & les delices ont acheté en renonçant à tout. Sainct François l'appelloit sa chere Maistresse: vn Stoïque mesme a bien pû connoistre son prix, l'appellant vn tres-grand bien, mais inconneu à la pluspart des hommes. Les Anciens Philosophes en ont fait autresfois vne telle estime dans les tenebres du Paganisme, que leurs actions sont vne grande honte à plusieurs enfans de lumiere contre qui ces Payens se leueront vn iour en iugement de comparaison. Bien-heureux les pauures d'esprit, dit le Sauueur, car le Royaume des Cieux leur appartient.] Malheureux doncques, dit le Bien-heureux Autheur de la Philothée, les riches d'esprit, car la misere d'enfer est pour eux.]

Chap. XVI.

Consideration sur la Pauureté.

ICy vn peu d'attention, car cette consideration est importante. Pour bien entendre cette doctrine, nous remarquerons auec le grand Cardinal Bellarmin qu'il y a des pauures de trois sortes. Les vns sont pauures d'effect & d'affection ; ce sont ceux que Dieu ayant mis en l'estat de pauureté sans leur choix s'en contentent, & n'ont aucun desir des richesses qui les trauaillent. Tel estoit le sainct homme Tobie, quand il disoit à son fils, nostre pauureté nous suffit.] Et en suitte, encore que nous menions vne pauure vie, nous aurons neantmoins tousiours assez de biens si nous craignons Dieu] Tel Iob, quand priué de toutes ses commoditez il disoit auec vn courage admirable ; Le Seigneur me les auoit données, le Seigneur me les a ostées, son sainct Nom soit benit à iamais.] Il y en a d'autres qui sont pauures en affection, mais non pas en effect, ce sont ceux qui parmy l'abondance des biens n'y mettent point leur inclination, & qui n'ont ny le cœur dans les richesses, ny les richesses dans le cœur : pareils aux Apoticaires, qui ont des poisons sans estre empoisonnez, & qui les possedent plustost comme depositaires & dispensateurs, que comme proprietaires, grandes Ames dit vn Stoïque, & qui vsent des plats d'argent, comme s'ils estoient de terre : & plus grandes que celles, qui contentes en leur reelle pauureté, vsent de plats de terre, comme s'ils estoient d'argent. Tels ont esté ces grands Saincts, qui dans l'affluence des richesses, n'y ont point appliqué leur cœur,] comme Abraham, Ioseph, Dauid, comme sainct Gregoire le Grand, sainct Louys, sainct Edoüard, saincte Elizabeth de Hongrie : & tant d'autres qui ont esté dans les biens de la terre, comme les meres perles dans le milieu de la mer, sans prendre vne seule goutte de l'eau salee, n'ayans leurs cœurs ouuerts que vers le Ciel, comme le nid de l'Alcion. La troisiesme espece de pauures est de ceux qui le sont d'effect, mais non point d'affection ; & qui trouuans la pauureté fascheuse, font ce qu'ils peuuent pour s'en

desinteressé. 155

tirer, & pour deuenir riches, tels, dit l'Apostre, sont sujets à tomber dans les pieges & embusches du diable,] & en des desirs miserables, qui plongent les hommes dans la mort.] Desirs qui tüent les faineants, dit le Sage, qui en sont rongez comme des vers ; & ce sont ces derniers qui ordinairement se rendent importuns par les plaintes continuelles qu'ils font de leur pauureté, prenans le Ciel & la terre à partie. Gens que l'Apostre appele enflez, superbes, conuoiteux, & amoureux d'eux-mesmes plus que de Dieu.] Le dirai-je en vn mot, Ce sont les riches d'esprit, qui peuuent comme les pauures, estre reduits en trois Classes: car les vns sont riches en effect & en affection, ce sont ceux qui au milieu de beaucoup de biens, bruslent d'vne soif ardante d'en acquerir dauantage ; hommes possedez par leurs richesses, plutost qu'ils ne les possedent, affamez & alterez comme des Tantales au milieu de l'abondance; necessiteux dans l'affluence, & qui comme des Sangsuës, disent tousiours apporte, apporte,] Hydropiques augmentans leur alteration par le boire, Serpens qui se repaissent de terre, & qui adorent

G vj

l'or & l'argent, ouurages des mains des hommes,] Et il me semble qu'on les pourroit pluftoft appeller pauures que riches, puis qu'il s'en faut beaucoup que leurs defirs ne foient remplis, & de cette forte ils font difetteux de ce qui deffaut à leur conuoitife, vray riche eftant celuy qui ne defire rien, & qui eft content de ce qu'il a. Il y en a d'vne autre forte qui font riches d'effect, & non d'affection, parce que ne fouhaittans rien plus que ce que Dieu leur a donné, ils ont des threfors dans leurs coffres, mais non dans leurs efprits, prefts de les quitter, ou de les garder felon qu'il plaira à Dieu les reprendre, ou leur en laiffer la garde. Il y en a d'vn troifieme eftage qui font riches d'affection, & non d'effect, ce font ceux qui empliffent l'air de leurs plaintes, & qui importunent les oreilles de leurs doleances, parce qu'ayans l'af-fection toute infectée du defir des ri-cheffes qui leur manquent, ils ne font qu'afpirer, foufpirer, & pretendre vers leur acquifition, mettans leur bien fou-uerain en des chofes dont le mauuais vfage meine beaucoup de mal, auffez au fouuerain mal. Or fi nous voulons eftre vrayement riches, l'Apoftre nous conseille d'aimer les vrayes richesses ;] Mais qui sont-elles sinon les thresors qui ne defaillent iamais ?] Et où se trouuent-ils sinon dans le Ciel, où les desastres & les infortunes n'ont point d'accez ?] C'est-là qu'il faut thesaurifer des thresors, & le Directeur Spirituel qui pretend en amasser autre part monstre qu'il n'est sage que de la sagesse de la terre, non de celle d'enhaut,] à raison dequoy il ne doit pas estre suiuy en vn chemin dont luy-mesme se desuoye. Voyez donc s'il sera des vrays pauures, ou des riches d'esprit dont ie viens de donner les marques, & là-dessus jugez s'il sera interessé ou non. Ce que vous connoistrez par le ton de sa plainte : car s'il est doux & suaue, c'est signe qu'il reçoit cette espreuue de sa fidelité de la main de celuy qui mortifie & viuifie, qui plonge dans les abysmes, & en retire,] mais s'il est aspre, aigre, & pressant, c'est vn tesmoignage que cette visite de Dieu ne luy plaist pas, & mesme qu'elle ne tournera pas, comme dit Iob, à la garde, c'est à dire au profit de son esprit.

Chap. XVII.

Auantages de la Pauureté seculiere.

O Pauure Directeur, que cette plainte vous est dommageable, puis qu'elle vous rauit deux excellens auantages que vous pourriez tirer de cette Pauureté, qui seroient comme du miel de la pierre, & de l'huylle du caillou : car premierement ne vous estant point suruenuë par vostre choix (où il y a tousiours, pour pure qu'en soit l'intention, quelque sorte de proprieté,) mais par la seule disposition diuine, adorable en toutes ses voyes ; ne voyez-vous pas que cette souffrance seroit extremement parfaite, & qui monteroit comme la fumée de la myrrhe & de l'encens en odeur de suauité deuant le Trosne de Dieu : si vous receuiez de bon cœur & d'vne franche volonté ce qui vous vient de cette chere main tousiours aimable, soit qu'elle caresse, soit qu'elle chastie, soit qu'elle donne, soit qu'elle oste; main en qui est nostre sort,] & qui forme

desinteressé. 159

noſtre deſtinee; ſi vous luy diſiez auec le Roy des pauures à ſon Pere Eternel ouy Pere, parce qu'il a eſté ainſi trouué bon deuant vous,] ouy que voſtre volonté ſoit faite, non la mienne,] ſoit fait en moi en la terre, ce que vous ordonnez au Ciel,] vous me donnez ce Calice, & pourquoi ne le boirai-ie pas?] ouy ie boirai ce Calice ſalutaire, & j'inuoquerai voſtre ſainct Nom;] telle que puiſſe eſtre la volonté celeſte, qu'il ſoit fait ainſi] en moi, & ſur moi ? ouy Seigneur: car ie ſuis voſtre ſeruiteur, & le fils de voſtre ſeruante,] & paſſionné adorateur de vos Decrets eternels. Vous m'auez preparé cette pauureté, qui n'a rien d'agreable que la main qui la donne ? ouy ie reçoi cette Lia chaſſieuſe, & la veux aimer pour l'amour de vous, qui l'auez tant aimée pour l'amour de moi: car n'eſt-ce pas pour moi que vous vous eſtes fait pauure; ô mon Sauueur! vous qui auparauant que de prendre la forme d'eſclaue, eſtiez rempli de tant de richeſſes:] L'autre auantage que vous perdez par vos injuſtes plaintes, ô mon frere! c'eſt que vous vous priuez de l'honneur de la plus excellente de toutes les pauuretez: car eſtãt ſeul & ſans aide dans le celibat, de plus n'eſtant lié à aucune ſocieté dont vous puiſſiez eſperer aſſiſtance: (car le frere qui eſt aydé par vn autre, eſt aſſeuré comme s'il eſtoit dans vne forterreſſe, dit le Sage,) vous eſtes plus immediatement dépendant de la Prouidence de Dieu, pouuant dire auec Dauid. Seigneur aydez-moi, car ie ſuis pauure & vnique:] & encore, Ie ſuis ſingulier ; c'eſt à dire, ſeul iuſques à mon dernier paſſage.] & de plus, C'eſt vous, Seigneur, qui m'auez eſtabli dans vne ſinguliere eſperance.] La pauureté des Eccleſiaſtiques du Clergé reduits en neceſſité, eſt vne pauureté vrayement pauure : car outre qu'elle eſt honteuſe (le mot de pauure Preſtre eſtant tourné en vn prouerbe ridicule,) negligée, mespriſée, baffoüée, ſujette aux opprobres & reproches, elle a cela de miſerable d'eſtre deſnuée de ſecours, & abandonnée, cherchãt de la conſolation, & n'en trouuant point,] meſme parmi les amis qui s'en mocquent, s'en rient, s'en gauſſent, & en hochent la teſte. Ceux qui ſont ainſi delaiſſez, n'ont ils pas plus de part aux abandonnemens de IESVS-CHRIST en la Croix, que ceux qui ſont bien aſſiſtez en leur pauureté ? & ne peuuent ils pas dire auec le Pſalmiſte, C'eſt à vous Seigneur, à me receuoir, & à me mettre à l'abri ſous l'ombre de vos aiſles, puis que mon pere, ma mere, & tous mes amis, me quittent,] & s'enfuyent de moi, comme ſi i'eſtois mort, & mis en oubli, non ſeulement dans leur memoire, mais dans l'affection de leur cœur.] C'eſt là le grand auantage que le diuin Autheur de Philothée remarque en la pauureté des Seculiers, ſur celle des Cenobites, en ce que celle-là deshonore, & laiſſe dans des miſeres inexpliquables, & ſans appui de ceux qui en ſont accueillis: mais celle-ci, outre qu'elle prouient de propre eſlection, eſt vne pauureté glorieuſe, honorable, careſſée, reſpectée, ſecouruë & aſſiſtée au dedans, ſoulagée & appuyée du dehors, en eſtime & en vogue dans le monde, & miſe au haut bout, & au premier rang de toutes les pauuretez; n'ayant de ſon coſté rien de recommandable que la prerogatiue du vœu & de la deſapropriation, qui eſt vne qualité plus ſpirituelle & ſpeculatiue, que reelle, materielle, & ſolide: qualité qui lui donne le nom, la ſplendeur & l'eſclat de la Vertu, dont la ſeule ombre eſt digne d'honneur & de reuerence, mais non pas les preſſantes incommoditez, & poignantes ſouffrances, qui ſe reſſentent dans vne pauureté ſeule, abandonnée & neceſſiteuſe : de ſorte qu'ils ont la gloire de la pauureté, & non pas les incommoditez : & les autres ont les incommoditez, non ſeulement ſans honneur, mais encor auec opprobre. Ce qui ſoit dit ſans preiudice de l'excellence de la pauureté voüée dans les Communautez, qui met ceux qui l'embraſſent dans ce haut & triomphant eſtat de la Perfection, tant paranymphé par les Eſcriuains, & de qui l'on peut en quelque ſens dire ce mot de l'Apoſtre, N'ayans rien, & poſſedans tout.

Chap. XVIII.

Contre les plaintes des Directeurs Cenobites.

Qvelque-vns neantmoins de cette condition ne laiſſent pas de former des plaintes, qu'il nous faut maintenant examiner, apres auoir auec vne naïue, chreſtienne, & comme ie croi, charitable liberté, repris celles des Directeurs, qui sont de l'Ordre du Clergé. Mais auparauant que j'entre en cette matiere, qui est d'elle-mesme assez chatoüilleuse ; j'ai besoin de m'establir, par vne distinction que me fournit le non moins docte que deuot Cardinal Bellarmin, en son Liure qu'il intitule des Moines, au Chapitre quarante & vniesme, où il parle des moyens dont les Moines viuent: c'est sa forme de parler, ce sont ses propres termes. Il dit donc, cet excellent & sainct Personnage, Que les Cenobites tirent ce qui leur est necessaire pour la vie de quatre manieres, qui se peuuent reduire aux deux genres de vie Cenobitique ; L'vne, de ceux qui sont fondez & rentez ; l'autre, de ceux que l'on appelle Mendians, & qui viuent de leur queste. La premiere donc de ces quatre manieres est de ceux qui viuent de leur trauail & de leur industrie, vendans & achetans pour tirer de ce profit dequoi se nourrir ; ce sont les propres termes de Bellarmin : La seconde, de ceux qui viuent des biens qu'ils ont apportez à la Cōmunauté, dont se fait vne masse, qui par-apres se distribuë aux freres selon leurs besoins, sans qu'ils ayent rien de propre. La troisiesme, de ceux qui viuent des fondations faites par des personnes pieuses, qui ont donné des reuenus suffisans pour l'entretien d'vn certain nombre de Cenobites. La quatriesme, de ceux qui viuent de la seule mendicité, sans receuoir aucunes terres, heritages, rentes, fondations, ou autres reuenus immeubles, & en fonds. Des trois premieres manieres viuent ceux qui ne font point de queste, & de la derniere, ceux qui ont par leurs Instituts, le tiltre de Mendians. Or aux quatre Chapitres suiuans, celui que i'ai cité, le Cardinal prouue si doctement que les Moines, premierement, ne sont pas obligez de trauailler de leurs mains comme faisoient les anciens Cenobites. Secondement, qu'ils peuuent viure des biens qu'ils apportent en commun; ce qui est sans contredit. Comme aussi, troisiesmement, qu'ils peuuent se nourrir des fondations faites à ce dessein par les Fondateurs des Monasteres. Quatriesmement, que la mendicité estant permise par l'Eglise à certains Ordres, on ne peut la blasmer sans marque d'heresie : refutant au reste toutes les erreurs opposées à ces Veritez, si fortement, qu'apres vn si

desinteressé. 165

exact moissonneur, on ne peut faire qu'vn fort leger langage. Il ne me reste donc qu'à monstrer en ce sujet, que de quelque façon que viue vne Communauté, les plaintes de pauureté que font les Directeurs Cenobites, ne peuuent estre iustes. En la partie suiuante vous en allez voir les raisons.

PARTIE TROISIESME.

Chapitre I.

Raisons opposees aux plaintes Cenobitiques.

DEquoi vous plaignez-vous, ô Cenobites, quand vous dites d'vn accent piteux, que vous estes pauures ? puis que sans vne espece de sacrilege, vous ne pouuez estre riche ni proprietaire apres le vœu de pauureté que vous auez fait. Dequoi vous plaignez-vous, sinon de voſtre choix, & de cette tres-bonne part que vous auez eſleuë de franche volonté ? croyant, comme il eſt vrai, qu'il eſt bon à l'homme d'eſtre ainſi.] Dequoi vous plaignez vous ; eſt-ce d'auoir embraſſé vn conſeil Euangelique, ſi ſainct & ſi propre pour aſpirer à la perfection? ſelon ce qui eſt eſcrit, Si tu veux eſtre parfaict, va, vends tout ce que tu as, donne-le aux pauures, & me ſui.] Helas, ne voyez-vous pas qu'en vous plaignant du conſeil, vous formez vne eſpece de complainte contre le Conſeiller; comme ſi celui qui eſt appelé le Dieu fort, Conſeiller, Prince de Paix, Ange du grand Conſeil,] pouuoit ou vouloit donner des conſeils, qui ne fuſſent pas dignes de celui qui a en ſoi tous les threſors de la Sageſſe & Sciēce du Pere Eternel.] Ou plutoſt, de quoi vous plaignez-vous, ſinon de vous meſmes, qui vous repētez du bien que vous auez fait ? ainſi qu'vn pecheur qui ſe repentiroit de ſon mal : dequoi vous plaignez-vous, ſinon de vous eſtre chargez d'vn fardeau que voſtre peu de ferueur & de courage vous fait trouuer trop peſant ? encore que le Fils de Dieu l'appelle ſuaue & leger,] l'ayant lui-meſme porté ſur ſes eſpaules

desinteressé. 167

tout le temps de sa vie. O Dieu, non vous ne vous plaignez pas d'vne si saincte ellection : car ce seroit mettre sa bouche contre le Ciel,] & vouloir corriger les œuures de Dieu, qui toutes sont parfaites, & sans repentance:] encore qu'il soit dit, Que Dieu voyant l'homme tant ingrat, fut touché d'vne douleur interieure de cœur, & se repentit de l'auoir fait.] Mais peut-estre vous gemissez sous les pointes des incommoditez temporelles qui vous pressent. Quãd S. Benoist, pour surmõter vne tentation, se jetta tout nud dans les espines, & S. François se roula sur la neige, pour vne semblable ; n'eussent-ils pas eu bonne grace de se plaindre, l'vn des piqueures des ronces, l'autre de la froideur de la neige ? & celui qui se plongeroit dans vne riuiere pour se baigner, auroit-il raison de se plaindre que l'eau le moüillast ? Ie n'ai pas encore ouy dire que le jeusne saoule, ni que la paureté enrichisse : les roses ne naissent que parmi les espines, & il n'y a point de iour qui n'ait sa nuit. Toute Vertu consiste en action, & en action difficile & penible : si la pauureté voüée est vne Vertu, comme personne n'en doute, ne faut-il pas cõme la Chasteté & l'Obeïssance, & la Patiéce,

& l'Humilité, & toutes les autres Vertus, qu'elle ait vne souffrance ou vn trauail attaché à son exercice, autrement quel merite y auroit-il à la pratiquer? Or l'action propre de la pauureté vertueuse, c'est de souffrir patiemment & joyeusement les necessitez, les besoins, & les disettes? Heureuse la pauureté, disoit vn grand Stoïque, si elle est joyeuse ; mais ie me trompe, poursuit-il, elle n'est pas pauureté, si elle est allegre & contente.] Quoi, ô Cenobite! auriez-vous bien cette pensée de vouloir auoir la gloire d'vne pauureté honorable, sans en ressentir les incommoditez? Ignorez vous que les Couronnes ne s'acquierent que parmi les combats legitimes?] & voudriez-vous cueillir celle de la Pauureté, sans vous picquer aux pointes des necessitez? Est-ce pour estre Soldat delicat que vous vous estes enroollé sous l'estendart de la Croix? Vous imaginez-vous donc que c'estoit assez d'honorer Dieu de vos lévres,] & de lui sacrifier des paroles] solemnelles sans vous mettre dans la pratique? Celui qui voüe chasteté, se doit-il pas resoudre aux tentations sensuelles? & s'il les ressent, comme S. Paul, doit-il pas auoir recours à la grace;

afin

afin que sa vertu se perfectionne dans son infirmité ?] Celui qui promet obeïssance, ne doit-il pas estre prest à souffrir mille contradictions & repugnances en soi-mesme,] pour acquerir la parfaite resignation & mortification, & l'entier renoncement de sa volonté: & donc celui qui voüe la pauureté aura t'il pour rien, c'est à dire sans endurer, cette precieuse perle? n'est-ce pas pour l'acquerir, & pour son amour, qu'il a renoncé à toute la substance de ses biens? (car ie parle ici des Prestres Cenobites, que ie suppose auoir renoncé à quelques possessions dans le siecle, non à ceux qui n'ayans rien gaignent plus, qu'ils ne quittent en se jettans dans les Cloistres:) & apres cela, dequoi se plaint-il, s'il sent les douleurs de cette circoncision volontaire, ne lui pourroit-on pas en quelque maniere dire comme à Saphira, Il t'estoit permis de garder le tien, & de faire comme ce jeune homme de l'Euangile, qui se retira dans ses biens, ne pouuant digerer le conseil de perfection: mais apres auoir mis la main à la charruë, de regarder en arriere, c'est ce quel'on ne peut faire sans se declarer inepte à la cõqueste du Ciel.]
Peut-estre, mon frere, que voº attendez

dés cette vie ce centuple que le Sauueur promet à S. Pierre, à ses disciples & à ceux qui laisseront tout pour le suiure,] mais ne voyez-vous pas que cette intention seroit impure & trop mercenaire de ne vouloir donner l'aumosne que pour l'esperance de ce centuple, & à ce conte y a-il vsurier & auare qui ne fust liberal & qui ne donnast volontiers cent pour vn? Que si vous-vous plaignez en regrettant ce que vous auez laissé, c'est encore pis, car c'est vne espece de reproche faite à Dieu, à qui l'on n'a rendu en la personne des pauures que ce que l'on auoit receu de luy; car qu'auons-nous de temporel, de corporel, de spirituel que nous n'ayons receu?] & si nous l'auons receu de luy que luy donnons-nous? ne sont-ce pas des ruisseaux qui retournent naturellement à la mer d'où ils tirēt leur origine?] Et puis qu'a-il que faire de nos biens?] si nous pouuons appeller nostre cette petite portion de l'vniuers, qui est tout à luy, dont il nous permet l'vsage, aussi l'Espouse qui estoit toute à son Amant, de corps, de cœur, & d'affection, confesse-t'elle qu'ayant donné toute la substance de sa maison pour l'amour qu'elle luy porte, elle pense n'auoir rien fait,] seroit-il bien possible qu'vn Nazareen Euangelique, vne ame consacrée à Dieu par vn vœu si sainct, peust parmy la manne du desert de la vie Cenobitique, regretter les oignons & les marmites de l'Egypte? vouluft sallir ses pieds apres les auoir lauez? reuestir sa tunique apres l'auoir despoüillée? C'est vsurper les mesmes paroles de Iob, mais auec vn sentiment bien contraire, qui me donnera que ie sois comme en mes iours passez, lors que ie lauois mes pieds dans le beurre, & que la pierre me couloit des ruisseaux d'huille?] C'est imiter ces vaches qui pēserent renuerser l'Arche qu'elles trainoient, lors que les voix de leurs veaux frapperent leurs oreilles. Que si parauanture, ô Cenobite, vous estiez pauure dans le siecle, & qu'esleué dans l'estude par vostre Communauté vous soyez paruenu à l'estat de Prestrise sous le tiltre de pauureté, & puis employé par vos Superieurs à la Direction des ames deuotes à vostre Ordre? quel sujet auez vous de vous plaindre du tiltre qui vous a honnoré du Caractere que vous portez & que vous n'eussiez pû obtenir dans le siecle par le deffaut des moyens?

H ij

Est-ce que les incommoditez de la pauureté vous semblent moins supportables dans le seruice de IESVS CHRIST, que dans celui du monde ? Regardez, regardez celui à qui vous vous estes donné, regardez vostre Capitaine, & jugez si vous estes plus pauure, & plus incommodé que lui : c'est vn joug qu'il porte auec vous ; & il ne seroit pas joug, si vous n'estiez deux à le porter : car la grace ne manque iamais à celui qui ne manque point à la grace. Grace qui fait pourrir ce joug (c'est vn mot d'vn Prophete qui veut dire adoucir) à la face de l'huylle ; c'est à dire par la suauité de l'Onction. Possible que vous voudriez auoir l'honneur de la pauureté, & les mesmes commoditez qu'ont les riches : inegalité d'esprit, qui ne peut tomber en vne personne de bon sens : car c'est vouloir le triomphe sans victoire, la victoire sans combat, le combat sans peril, & le peril sans peine. Il n'y a point de vertu sans trauail, de gloire sans vertu, de recompense sans merite, d'honneur sans charge : & la maxime du droict nous apprend, que celui qui reçoit quelque auantage, doit aussi prendre part aux incommoditez qui y sont attachées : on ne peut receuoir

desinteressé.

vn heritage sans se charger des debtes, autrement ce seroit imiter ces enfans à qui l'on donne du miel sur du pain, & qui jettent le pain apres qu'ils ont leché le miel. Oserois-je dire ici vne parole libre du Prophete Amos, pourquoi non? c'est Dieu qui parle, & ses Iugemens sont vrais, & justifiez en eux-mesmes;] voicy ce que dit l'Oracle, Escoutez cette parole, Vaches grasses qui habitez sur la montagne de Samarie, qui faites tort aux necessiteux, & frustrez les pauures : qui dites aux Grands & aux Seigneurs, apportez, & nous boiuons : Le Seigneur a juré par son Sainct, Que voici les jours qui viendront sur vous :] & vn peu apres, Et vous aurez agacement de dents en toutes vos Communautez, & necessité de pain en toutes vos Maisons.]

Chap. II.

Du trauail des mains.

MAis examinons de plus prés, ô Cenobites, vos quatre moyens de viure, que Bellarmin remarque, & voyons si en chaqu'vn d'eux vous auez juste occasion de plainte. Quant au premier, qui regarde le trauail des mains, si vous dites que c'est vn vieil office qui n'est plus en vsage, & que cela estoit bon en ce temps-là ; c'est à dire aux jours de ces charbons ardans, dont nous ne sommes plus que les cendres : Ie voudrois bien sçauoir si nous pretendons à vn autre Paradis que celui où tendoient ces bons anciens Cenobites, qui trauailloiēt de leurs mains, & mangeoient leur pain en la sueur de leur front :] ou bien si nous auons receu quelque Euangile nouueau, qui nous promette le Paradis à meilleur marché qu'à eux, qui l'ont acquis auec violence :] & pour parler auec sainct Paul, en labeur, en trauail, en veilles, en faim, en soif, en jeusnes, en froidure, en nudité,] en pauureté, en angoisse, en misere, en affliction,] comme morts, & toutefois viuans.] Ou si nous auons receu quelque Indulgence, ou Priuilege, qui nous releue de cette peine, & qui nous exempte de ces trauaux ordinaires, comme nous sommes soustraits à la Puissance & Iurisdiction des Ordinaires. Vous direz auec le docte Cardinal, que cela estoit bon, & pratiqué en ces vieux Monasteres, tant de l'Egypte, que des autres parties du monde, où viuoient en commun plusieurs, non centaines seulement, mais milliers de Moynes en commun, selon le rapport des Histoires, qui estoient tous Laïques, excepté leur seul Superieur, qui pour la reuerence de sa dignité Sacerdotale estoit appelé Abbé, c'est à dire Pere: mais de puis que le Sacerdoce a commencé à se multiplier parmi les Moynes, l'vsage du trauail des mains s'est non seulement diminué, mais aboli parmi les Prestres, adioustons, & encore parmi les freres Laïcs, qui, à l'imitation des Peres, ont quitté le labeur des mains, pour vacquer à la saincte contemplation, à l'Oraison de quietude & de recueillement, où ils font des merueilles: parce que le sainct Esprit, qui est la mesme simplicité, se plaist à se communiquer aux esprits simples. Cependant ie m'en rapporte à ce que dit sur ceci sainct Augustin en vn liure entier du trauail manuel des Moynes, & les plaintes qu'il fait de ce manquement, au Chapitre trente-vniesme du liure premier des mœurs de l'Eglise, dont ie ne dirai que ce traict. Il n'est nullement à propos qu'en cette vie (il parle de la Cenobitique) où les Senateurs (c'estoiēt les plus

H iiij

grands Seigneurs de la Republique Romaine) deuiennent laborieux, & trauaillent, les Artisans soient oysifs, & sans rien faire : & où se rendent les Seigneurs des Villages, en quittant leurs biens, leurs delices, & leurs Seigneuries ; là les Villageois qui estoient leurs sujets, viuent delicatement :] à vostre aduis, ce Sabat delicat] est-il pincé d'vne main delicate ? Non, non, dit-il au mesme liure, il ne faut pas vacquer de la sorte ; mais plutost monstrer aux hommes par vostre trauail, que vous n'auez pas choisi ce genre de vie, pour passer vos jours en faineantise & oysiueté, mais plutost pour entrer au Ciel par la porte estroitte,] qui est celle des souffrances, & des labeurs ; autrement cette parole de l'Euangile frappera vos oreilles, Que faites-vous ici tout le iour sans rien faire?] & cette autre, Paresseux va à la fourmi,] & que cette petite beste fasse vne hôteuse leçon à ta lascheté : apprens le mesme de l'Abeille, & sçache qu'il est ordôné, Que celui qui ne trauaille point, ne mange point.] Du temps que la Manne tomboit sur Israël, quiconque estoit negligent de se leuer à la pointe de l'Aurore, pour ramasser sa portion, jeusnoit

desinteressé.

ce iour-là. Le grand Patriarche sainct François n'appelloit-il pas freres mousches, ceux d'entre ses compagnons qui vouloient viure du trauail des autres, sans y contribuer du leur ; à la façon des bourdons, qui veulent durant l'Hyuer se repaistre du labeur des abeilles ? Si donc vn Cenobite estoit dans vne Communauté, qui n'estant point mandiante par Institut, & Priuilege, n'eust autre moyen de viure que du trauail des mains, ne seroit-il pas injuste ne voulant pas trauailler, de former des plaintes de sa necessité, n'auroit-il pas raison de lui demander, pourquoi il auroit choisi ce genre de vie, s'il ne le veut exercer ? Et vn Artisan seculier qui sçauroit vn bon mestier, & souffriroit la faim pour ne vouloir exercer son Art, & y appliquer son labeur, ne donneroit-il pas plus de sujet de mocquerie que de pitié, s'il se plaignoit de son incommodité, ayant les bras, la santé, & la force pour s'en garantir en faisant son ouurage ? Mais c'est peut-estre inutilement que nous formons ces raisons, puis que ce moyen de viure n'estant plus en vsage parmi les Cenobites, il n'y a plus de Monasteres (exceptez ceux des Mendians,) qui

H v

n'ayent leur vie asseurée par le second ou troisiesme moyen ; c'est à dire, par les biens apportez, ou amassez en commun, ou par les fondations des personnes pieuses.

Chap. III.

Des Cenobites fondez, & si leurs plaintes sont iustes.

SI donc vn Directeur Cenobite est dans vne Maison, dont l'Institut est de viure de reuenus, de l'vne ou de l'autre de ces façons, quel sujet peut-il auoir de se plaindre de sa pauureté particuliere, puis qu'en vne famille Conuentuelle bien reglée, la dispensation des biens communs se distribuë aux particuliers par vne si exacte Iustice, que chacun a ce qui lui fait besoin pour la nourriture, & le vestement, & pour toutes les autres commoditez de la vie ? Que si le Directeur se plaint de sa Communauté, & de ses Superieurs, comme n'en receuant pas ses iustes necessitez ; ne void-il pas que comme Cham il découure la honte de ses Peres, & de sa Maison, &

que cette plainte donne plutoſt occaſion de ſcandale, que ſujet de s'édifier? Et de croire qu'il y a ou des partialitez, ou des particularitez odieuſes, n'eſt-ce pas effaroucher les Ames, plutoſt que les appriuoiſer, & les eſcarter plutoſt que les attirer? n'ont-elles pas raiſon de dire en elles-meſmes, que ces gens-là ordonnent bien leur Communauté, & puis ils conduiront bien les autres? Celui, dit l'Apoſtre, parlant d'vn Paſteur, qui ne ſçait pas regler ſa famille, ni ranger ſes domeſtiques, comme pourra-t'il preſider à la Maiſon de Dieu, & la policer?] Et quels conducteurs ſont ceux-là, qui ne ſçauent pas ſe conduire eux-meſmes? Mais repliquera-t'on, c'eſt de la pauureté de la Maiſon qu'ils ſe plaignent, non de la leur particuliere. O femme de Ieroboam, pourquoi te deſguiſes-tu?] Non, non, nous chaſſons de haut vent, nous connoiſſons les houruaris; nous nous ſçauons garder du change, nous parlerons tantoſt des plaintes ſpecieuſes que les Paſteurs & les Cenobites font de la pauureté de leurs Parroiſſes, & Conuents: ici nous ne touchons que celles de la Perſonnelle, qui a d'autant plus mauuaiſe grace en la bouche d'vn Cenobite,

H vj

qu'elle semble rendre à la propriété, vice si detesté par tous les Ascetiques, qu'autrefois on desnioit la sepulture Chrestienne à ceux qui en leur mort s'entrouuoient atteints, estans jettez en celles des Asnes.] Car en fin que veut-il ce Cenobite, que pretend-il par cette plainte, sinon estre soulagé en son particulier de la necessité dont il se dit pressé, sous le pretexte de la pauureté de la Maison où il se trouue? & ne lui pourroit-on pas demander, pourquoi il a quitté ses biens dans le monde, dont il pouuoit viure sans importuner personne, pour se mettre dans vne Maison incommodée, dans vn Ordre qui doit estre fondé, puis qu'il n'est pas du rang des Mendians, & fondé selon les deux manieres dont nous traittons? S'il a sceu ces incommoditez durant son Nouiciat, pourquoi y faisoit-il profession; & y ayant fait profession, pourquoi en tesmoigne-t'il du repentir par ses plaintes? si on lui a celé ces necessitez pressantes de la Maison, ou de l'Ordre, a-t'on traitté de bonne foi auec lui; est-ce de la sorte que l'on fait venir les oyseaux sur le poing pour les chapperonner, & que l'on fait entrer les poissons dans la nasse? On est si soigneux de connoistre vn Nouice, & de sonder le fonds de son Ame, & tous les ressorts de son interieur: pourquoy donc les Profez se cacheront-ils d'eux auec tant de soin, & ne leur feront-ils voir clair dans toutes les particularitez de la Communauté? faut-il faire profession pour apprendre ce que c'est d'vn Profez? Encore de la reception de l'habit de Nouice à la priuation, il y a quelque retour au monde; mais apres vne profession solemnelle, il n'est pas temps de dire, Ie ne sçauois pas, ie ne pensois pas, ie ne connoissois pas, car il faut demeurer en cette sentinelle, & ne s'en releuer point que le grand Capitaine ne sonne la retraitte à l'heure de la mort: quiconque descend de cette Croix Reguliere, où l'on est attaché auec les clouds des trois vœux, ne peut estre Fils de Dieu, il y faut mourir, pour viure à iamais, car qui n'y perseuere iusques à la fin, ne peut trouuer de salut.] Toute plainte donc qu'vn Directeur Cenobite, d'vn Institut qui doit viure de fondation, & de rente, peut former, ne peut estre de mise, puis qu'elle taxe la Communauté d'iniustice en la distribution des necessitez, ou elle tend à la particularité, ou proprieté, ou elle accuse l'inconsideration de celuy qui se plaint, en ce qu'il s'est luy-mesme jetté dans le labyrinthe où il se trouue embarrassé.

Chap. IV.

De celles des Directeurs Mendians.

LE Cenobite Mendiant a encores moins de subiet de se plaindre de sa pauureté particuliere, puis qu'il ne pouuoit ignorer celle de la Communauté où il se rangeoit, qui n'ayant rien d'asseuré que ce qui est le plus ferme de tout ce qui est stable, sçauoir l'infaillible Prouidence de Dieu, ne peut permettre, ny donner à ceux qui se rangent sous sa banniere que ce que la queste ordinaire peut apporter, Celuy donc qui voudroit tirer quelque secours ou soulagement particulier d'vne Ame dirigée, ne seroit il pas en quelque façon proprietaire, & iniurieux à la Communauté, de qui seule il doit attendre ses besoins, & non des per-

desinteressé.

sonnes de dehors, & par des voyes qui estans secrettes, ne peuuent estre qu'indirectes, & reprehensibles? Aussi dira-t'il, que ce n'est pas de sa particuliere disette dont il se plaint, mais de celles de ses Freres, & de toute la Communauté. Voila comme le fils d'Adam se couure tousiours de fueilles de figuier, & comme l'amour propre & particulier se cache sous l'ombre d'vne Societé. Mais Adam où estes-vous? dites-moy fils du vieil homme, n'estes-vous pas l'vn de ses Freres-là, & celuy que vous cherissez le plus de toute cete petite & pauure Communauté? si celle-cy est à son aise, n'auez-vous pas tout ce que vous desirez? le salut de la Republique n'est ce pas celuy des particuliers? quand le vaisseau sa sauue du naufrage, ceux qui sont dedans perissent-ils? ceux qui traffiquent en commun de ce qui est dedans, n'ont-ils pas leur part du profit quand il est arriué au port? C'est ce qu'il nous faut maintenant examiner, sçauoir si ces plaintes sont iustes que font les Pasteurs, & les Cenobites, de la pauureté de leurs Parroisses, & de leurs Monasteres. Comme ceux-là vont les premiers à la processiõ, pour la venerable antiquité de leur Ordre, ils auront aussi la prééminence en la reprehension, veu mesmes que les Pasteurs Diocesains ont vn peu plus de puissance, & de iurisdiction sur les Pasteurs qui leur sont subordonnez ; car quant aux autres, encore qu'ils ne soient pas hors le sein, ils sont neantmoins hors l'enceinte de la Hierarchie ordinaire, ne releuans par leurs exemptions que de l'auctorité du Chef de l'Eglise ; attachement que sainct Bernard compare à la belle disposition de cét homme dont les pieds seroient immediatement colez à la teste, sans l'entremise des autres membres du corps ? racourcissement tel que les pinceaux des peintres non moins subtils que les inuentions des Poëtes, n'en ont point encore rencontré de si admirable. Cette pensée estant d'vn si grand Sainct, ie croy que le rapport que i'en fai, ne peut estre pris de mauuaise part, que de ceux à qui la lumiere fait mal à la veuë.

Chap. V.

De celles des Pasteurs sur la Pauureté de leurs Eglises.

OR à quel propos quelques Pasteurs en la direction des Ames qui leur sont commises, se rendent des importũs à representer la pauureté de leurs Eglises, si cen'est pour auoir part aux cõmoditez qu'ils desirent y faire donner; N'est-il pas plus honneste, & plus conuenable à la dignité d'vn Pasteur, de representer tout simplement, & sans forme de plainte, les besoins de son Eglise, soit en ornemens, soit en bastimens, soit en luminaire, soit en la fondation de quelques Chappelles, ou Seruices, ou Confrairies, faisant voir tout doucement aux oüailles, que la Parroisse est leur Mere, & que les enfans bien nais, & auantagez des biens de la fortune, n'ont pas d'honneur de laisser leur Mere pauure, nuë, & en necessité, sans venir aux exclamations, aux reproches, aux inuectiues : car cela tesmoigne qu'il y a quelque interest particulier, comme la foif & l'empreſſement à boire, quand ce ne ſeroit que de l'eau, monſtre quelque ſorte de fiévre: Si les remedes anodins & ſuaues des remonſtrances douces & benignes, faites en termes de Verité cordiale, & de Charité non feinte,] ſont inutiles, à cauſe de la durté des cœurs,] apres la Charité, qui ne va iamais ſans Longanimité & Patience, marche la Iuſtice, qu'il ſe pouruoye à l'Eueſque, pour ordonner les choſes neceſſaires pour ce regard, & que l'Eueſque, ſi le peuple eſt de dure ceruelle,] demande l'aide du Magiſtrat pour l'execution des Ordonnances qui regardent la neceſſité du ſeruice de Dieu, & l'entretien des lieux Sainéts, & des Ornemens ſacrez. Le meſme ſe peut dire de l'entretien, & de la nourriture des Paſteurs, qui eſt deuë par toute Iuſtice, & Diuine & humaine: & qui peut eſtre demandée doucement, paiſiblement & tranquillement, par les voyes qui ne peuuent eſtre hayes que par ceux qui maudiſſent le iour,] & qui engendrans l'iniquité, enfantent l'iniuſtice:] A cela ſont deſtinez les Dixmes, & aux Parroiſſes où il n'y en a point, comme ſont celles des Villes, il y a d'autres droits ordonnez pour l'entretien des Pasteurs, qui doiuent estre receus auec humilité, & debonnaireté, comme il est bien seant à ceux qui repaissent le troupeau de Dieu, non pour vn gain sordide,] ainsi que parle S. Pierre, mais franchement & amiablement.] A quoy faire donc emplir l'air des plaintes, qui ne peuuent estre exemptes du soupçon d'auarice, encore que possible ie cœur de la langue qui les profere, ne soit point infecté de ce mal? Ie ne dy pas que ce ne soit vne saincte & salutaire institution que celle des Confrairies, & dont il arriue des grands biens aux Ames, estant vn puissant aiguillon pour la pieté? mais quand vn Pasteur s'en sert pour en tirer de l'auantage, & enfler son reuenu, qui ne void que ce ruisseau degenere de la pauureté de sa source, & que l'intention de l'establissement de ces deuotes assemblées, ne bat nullement à ce dessein? Il y a vne sorte d'Aiman blanc qui repousse le fer, qui est attiré par celuy qui est noir. Le Directeur qui aura la vraye Charité, qui est l'aiman des cœurs, rejettera bien loin tous ces interests, qui vont à l'vtilité plutost à la sourdine qu'à la trompette. Car quant aux autres abus des Confrairies des

Parroisses, qui principalement à la campagne, portent aux banquets, & autres dissolutions de la bouche ; comme si le Royaume de Dieu estoit le boire & le manger, & non joye & paix au Sainct Esprit,] ie n'en parle point icy, puisque nommer ces desordres c'est assez les blasmer, & reprendre les Pasteurs & Directeurs de telles assemblées, qui au lieu de reprendre aigrement de telles despenses, non moins odieuses que vicieuses, ils y prennent part, authorisans par leurs exemples, ce qui deuroit estre destruit par leur parole.

CHAP. VI.

De celles des Cenobites sur la pauureté de leurs Communautez.

Voyons maintenant si les plaintes que font les Directeurs Cenobites, aux oreilles des personnes qu'ils conduisent, ont quelque air plus raisonnable quand ils parlent de la pauureté de leurs Communautez, que quand ils

desinteressé. 189

traittent de leurs incommoditez particulieres. Le diray-je (pourueu que ie n'irrite point les abeilles, selon l'ancien Prouerbe,) encore moins: ce mot est court, mais vray, & en voicy les preuues. Souuenons nous tousiours de la distinction des Cenobites, qui viuent de fondation, & de ceux qui tirent leur nourriture de leurs questes, & qui pour ce sujet sont appellez Mendians, parce que cette difference est fort considerable. Quant à ceux-là, si leur fondation est ancienne & bien establie, il est tout euident qu'ils ne se peuuent plaindre de la pauureté, si ce n'est que le desreiglement soit dans la Communauté; desreiglemēt qui fait comme l'Anatheme de Saül, & d'Acan, que rien ne prospere: Que peut-on dire à ceux-là, sinon qu'ils se reforment, & alors tout leur abondera, selon cette infaillible promesse du Sauueur, Cherchez le Royaume de Dieu, & en suitte tout vous sera adiousté ?] Ouy, mais ce sera vne Communauté bien reformée, mais la fondatoin sera nouuelle, & par consequent assez debile: cet argument semble sans replique, & cependant c'est le plus foible de tous, & celuy dont la plainte est la moins receuable. Car si toutes les Communautez s'establissent, ou des biens que ceux qui y viennent y apportent, (ainsi qu'il se pratique aux nouueaux Monasteres de filles) ce qui a fait si grand, & si riche l'Ordre de sainct Benoist, & les autres fondez, ainsi que remarque le docte Bellarmin, de qui ie sui icy pas à pas la doctrine, au chapitre quarante-troisiesme du liure des Moynes. Ou s'ils se forment sur des fondations des personnes grandes, & riches, dont la pieté bastit & dotte des Monasteres tous entiers; ce qui est fort commun en Italie, & en Espagne; de la France ie n'en sçay rien: pourquoy se plaignēt ces gens icy de ce que leurs Maisons nouuelles ne sont pas fondées? Mais si ceux qui y viennent n'apportent rien, pourquoy les receuez-vous, si vous n'auez ny le moyen de les nourrir, ny la faculté ou permission, ny de l'Eglise, ny du Magistrat, de viure de queste? pourquoy mettez-vous le chariot deuant les cheuaux? sont-ce pas les hommes qui doiuent establir & dotter les Maisons, & non pas les Maisons dotter les hommes? Ceux qui n'ont pas dequoy viure dans le monde, & qui honteux de demander, & paresseux à trauail-

desinteresé.

ler, disent qu'ils n'y peuuent faire leur salut, doiuent-ils trouuer leur vie toute preste, en ce païs que vous appellez hors du monde, dans les lieux les plus peuplez des grosses Villes & en des Maisons où ils n'apportent rien que la part d'Alexandre en ses conquestes, l'esperance.

Chap. VII.

Zele peu iudicieux de quelques Cenobites, en la multiplication de leurs Maisons.

MAis ne faut-il pas sauuer des Ames qui se perdroient dans le siecle, & se fier en la Prouidence de Dieu? O les beaux mots! ô la belle teste! disoit le Renard de la fable, en ayant trouué vne de marbre, mais elle seroit biē meilleure si elle auoit de la ceruelle; que le zele indiscret, & sans science, fait de fautes en pensant faire des œuures heroïques! Ce n'est pas vn bon mesnage, disent les Villageois, que de nourrir des Paons, car bien qu'ils mangent les araignées, & les souris, purgeans les maisons de ces vermines, ils sont d'ailleurs de plus grands maux, car ils des couurent les toits, & effrayent les Pigeons domestiques par leurs cris. Il en est de mesme du zele peu iudicieux, il fait quelquefois par hazard de petits biens, mais il fait d'autre part mille impertinences, & cause mille embarrassemens. Plongeant au sujet dont ie parle, ceux qui se pensent tirer du siecle, pour ne vacquer qu'à Dieu, en des soucis cuisans, en des negociations seculieres, que l'Apostre deffend à ceux qui sont dediez à Dieu,] & à mille intrigues, que i'aime mieux voiler d'vn ingenieux & charitable silence, que de les mettre en veuë par mon discours. Mes chers freres, oyez S. Pierre, qui vous deffend de marcher en vostre ferueur :] & Dauid qui vous dit, Que l'honneur du Roy de Gloire aime le iugement ?] & n'ayez point de honte d'apprendre vostre leçon en vostre conduite exterieure du sexe plus infirme, puis que mesme dans les voyes interieures de la Theologie Mystique, nous apprenons tant de saincts enseignemens des femmes & filles d'eminente pieté, dont Dieu a choisi l'infirmité pour confondre la force, & l'ignorance pour rabbatre rabbattre l'orgueil, enflé de la science des plus doctes, à qui il a caché ses secrets, & les a releuez à ces simples Ames, dont les escrits nous rauissent. Or voyez donc comme font les filles Conuentuelles, qui comme vous, commencent leurs Ordres, leurs Reformes, leurs Familles, leurs Communautez. Regardez ces Vierges prudentes, & comme elles marchent la lampe à la main; c'est à dire auec consideration, & bonne conduite : elles ne reçoiuent parmi elles aucune fille qui leur puisse estre à charge, & qui n'ait vne dotte capable de l'entretenir : mais de l'autre classe, qui est de celles qui portent beaucoup plus qu'il ne faut pour leur vie, & qui aident à bastir, à fonder, à orner, à establir, le nombre est bien plus grand ; auec cela ce ne sont que Fondatrices, Bienfactrices, & autres menus suffrages, qui mettent incontinant, auec leur bon mesnage, leurs Maisons en cet estat appellé plus heureux, qui est de donner plutost que de receuoir,] & d'estre plutost vtiles qu'à charge à la Republique. Cet exemple est domestique à vos portes, sur vos yeux, il n'est pas tiré de loin : ce sont des petites fourmis, apprenez leur œconomie,

I

Ainsi ont fait les anciens Cenobites, qui ont vescu de fondations : car ils ne receuoient aucun entr'eux qui n'apportast dequoi s'entretenir, si la Maison estant fondée d'ailleurs, n'estoit capable de receuoir quelque esprit eminent en pieté, ou en sçauoir, mais desnué des biens de fortune. Consultez les Vierges prudentes, & proposez leur vne fille d'or quant aux vertus, & à la deuotion ; mais sans argent, & sans patrimoine, n'ayez pas peur qu'elles trouuent que sa vocation soit asseurée, elles vous fourniront pour ne l'admettre pas entr'elles, autant d'excuses que vous voudrez, & elles ne craindront point que cette ame fragile, selon son sexe, ne se perde dans le monde, & elles vous diront merueilles de la confiáce en la prouidéce de Dieu. D'autre costé presentez-leur vne fille fort riche, mais d'vn esprit farouche, & coquilleux, ô ! elle ne manquera pas de vocation : quel merite à fendre cette dure ceruelle ; sus qu'elle entre seulement, elles en ont bien rangé d'autres, elles lui feront volontiers les œuures de Misericorde Spirituelles, pourueu qu'elle leur fasse les Temporelles. Ainsi conduisent-elles leurs affaires sans estre

desinteressé.

à charge à personne, & sans faire de grandes entreprises, qui apres donnent du nez en terre, quãd on imite cet indiscret bastisseur repris en l'Euangile, qui commença à edifier; mais prit si mal ses mesures pour la despence, qu'il ne pût acheuer, s'exposant ainsi à la risée de ses voisins. Il y a vn Ordre sainct & venerable de Cenobites, qui fait profession d'vne grande solitude, & qui a plus long-temps duré en la vigueur de sa premiere rigueur, qu'aucun autre qui soit en l'Eglise de Dieu; celui-là marche à pas de plomb dans les establissemens des Maisons nouuelles, & iamais n'y enuoye vne Colonie, ie veux dire vne Communauté, que la Maison ne soit toute bastie, & fondée pleinement, tant pour l'entretien des Cenobites, que des bastimens, aymans mieux auoir peu de Conuents bien reglez, & bien dottez, qu'vn tas de petites Maisons, qui dissipent la discipline Claustrale & Conuentuelle; force commencemens, & la consommation de nulle fin. Artifice du mauuais esprit, qui tasche par là, comme Pharao, de faire perir les Israëlites, en ordonnant qu'on jettast leurs enfans dans les courans des eaux: & comme Xerxes,

I ij.

de faire tarir le fleuue Gindes en le partegeant en diuers ruisseaux. Et à dire la verité, rien ne porte plutost à sa decadence la police d'vn Ordre de Conuentuels, que la multiplication démesurée des Maisons: car s'il est malaisé de former de bons sujets, dont la soumission soit entiere, il est beaucoup plus malaisé de rencontrer de bons Superieurs, qui doiuent estre comme les os, les nerfs, & les soustiens du corps: & puis l'experience fait voir, que dans les petites Communautez, l'obseruance se relasche facilement. Adjoustez que ce desir de s'estendre en nombre de demeures, fait que l'on reçoit des hommes pour les remplir, sans beaucoup de choix; plusieurs esleus, peu d'appelez: laissant à part les inutiles, les incapables, les tiedes, qui ont d'aussi bonnes dents que les autres, mais n'ont ni bras, ni langue, pour trauailler corporellement, ou spirituellement, & cependant font autant de despense que les ouuriers de la vigne, & souuent plus: car comme la roüe du chariot la plus mal-graissée, est celle qui fait le plus de bruit, aussi ceux qui ont moins d'onction de grace, sont ceux qui se plaignent dauantage du traittement, &

desinteressé.

comme le Prophete dit d'Israël, s'ils ne sont rassassiez : voila le murmure.] Me seroit-il permis de dire à ces Messieurs, (encore que les Ordinaires n'ayent rien à voir sur eux, ni rien à leur dire : car c'est à eux de remonstrer aux autres,) mais seulement par charité fraternelle, & en la mesme façon que ie desirerois receuoir d'eux vn bon aduertissement pour la correction de mes deffauts, selon le precepte que le Seigneur IESVS nous a donné, de corriger doucement ceux qui s'escartent de leurs bornes, & de receuoir de bon cœur la mesme grace, quand vne autre nous aduertira de nostre detraquement.

CHAP. VIII.

Remonstrance sur cela, & aduis.

ME sera t'il, dis-je, permis de leur representer, qu'il leur seroit bien plus expedient de croistre par les racines, que par les branches ; c'est à dire, de s'estendre dans l'exercice des Vertus, plutost que dans la multiplicité des establissemens, & de ne laisser point la bonne part de Marie, pour le tracas, l'empreſſemẽt, & le trouble de Marthe; trouble inſeparable de tant de nouuelles miſſions, & carauannes? Non, la perfection d'vn Ordre ne conſiſte pas en la quantité des hommes, & des Maiſons, mais en l'exacte obſeruance des Regles, & de l'Inſtitut. Si le nombre faiſoit l'excellence, le ſiecle l'emporteroit ſur ceux qui s'en retirẽt: car il y a touſiours beaucoup plus de Laïques ſeculiers, que de ceux qui quittent le monde. Vne armée moindre en multitude, mais bien ordonnée, eſt plus forte qu'vne grande, où le deſordre met tout à l'abandon, & en confuſion. Mais qu'eſt-il beſoin d'employer beaucoup de penſées, ni de paroles, pour la preuue d'vne verité toute euidente, & que l'experience rend palpable? Non, non, au Tribunal de Dieu vous ne rendez pas ſi grand compte de n'auoir dilaté voſtre Inſtitut, & multiplié vos demeures, que de celui des Vertus mal cultiuées, & de beaucoup d'autres imperfections, qui noꝰ font vne continuelle guerre. Et puis où il n'y a point d'eſcoutant, dit le Sage, qu'eſt-il beſoin de reſpandre du diſcours?] la paſſion de ſe multiplier ſpirituellement eſtant ſi vehemente en des esprits zelez, que celle de Dieu inspira dans la nature par ces paroles, Croissez, & multipliez, n'est point si ardante : car l'autre est d'autant plus pressante, qu'elle a vn pretexte plus specieux, pour auancer la gloire de Dieu dans le salut des ames, en lui amenant beaucoup de seruiteurs, dont ceux qui en sont vne fois éprits, ne se peuuent desfaire, dautant qu'ils penseroient perdre toute leur perfection. Non, la passion que les peres des corps ont pour l'auancement de leurs enfans, de les bien loger & pourueoir de toutes leurs necessitez, & de faire leurs Maisons, n'a rien de cõparable à celle des Peres & Superieurs des Cenobites, pour estendre, multiplier, aggrandir, enrichir, bastir, magnifier, & faire fleurir leurs benits Instituts : & Dieu vueille, disoit vn ancien Pere de Cenobites à ses freres, qui le pressoient de rebastir le Monastere, & le faire plus ample, qu'en aggrandissant nos cellules terrestres, nous ne racourcissions les demeures qui nous attendent en la Maison du Pere celeste.] C'est en vain opposer des raisons & des paroles à vn torrent, qui ne peut estre arresté par aucunes digues. Allez doncques au nom de Dieu,

I iiij

nos tres-chers freres, allez, vous esten-dant tousiours en auant,] ne retournez iamais en arriere,] non plus que les oy-seaux du Prophete, montez tousiours, ou descendez, comme les Anges sur l'Es-chelle de Iob, sans vous arrester en vo-stre mouuemēt: ie vous di, de bon cœur, comme les freres de Rebecca lui dirent quand ils l'enuoyerent par Eliezer, pour estre l'espousèd'Isaac; Vous estes nostre sœur, croissez en mille milliers.] Que vos Ordres fleurissent de plus en plus, que vos freres multiplient, & surpassent en nombre les estoilles du Ciel, & le sa-lut de la mer.] Si n'est-il pas bien asseuré que multipliāt les gens, la gloire de Dieu en soit plus magnifiée :] puis que l'expe-rience que vostre passion vous fait mes-connoistre, nous fait voir que vous vous ruinez spirituellement, par où vous pen-sez vous establir temporellement, que la prudence de la chair obscurcit celle de l'esprit, comme la Lune éclipse par l'op-position de la terre; & que pensant auan-cer la gloire de Dieu par la multiplica-tion, vous la diminuez par l'inconside-ration. C'est, à mon aduis, le sentiment du sainct Esprit, qui par la bouche de l'Eglise, son vrai Oracle, nous apprend au dernier Concile Oecumenique, Que la multiplicité des nouueaux Instituts met tant d'enfans sur la mammelle de la pieté Chrestienne, qu'elle en tarit. Ce qui soit dit auecque la reuerence deuë au sainct Siege Apostolique, qui ne fait rien en cela que meurement, sainctement, & pour de justes necessitez: car qui lui peut dire pourquoi faites-vous ainsi?]veu que le Souuerain Pōtife luy tenant le gouuernail seul du vaisseau de l'Eglise vniuerselle, il en connoist mieux les besoins qu'aucun des Pasteurs particuliers, qui ne sont appelez qu'en vne part de la sollicitude, nullement à la plenitude de puissance & authorité absoluë reseruée à lui seul. Or pour reprendre mon premier propos, dont cette digression, qui ne sera pas inutile, touchant la multiplication des Maisons de Cenobites, semble m'auoir vn peu destourné : ie di que si ceux qui font de nouuelles fondations se plaignent de leur pauureté, leur plainte ne peut estre justifiée par leur inconsideration, qui leur fait entreprendre auecque temerité, des outrages où ils se prennent d'vn si mauuais biais, qu'il ne se faut pas estonner, (quelque confiance qu'ils alleguent en la prouidence de Dieu,) s'ils y reüssissent si mal, qu'en fin leur harpe se change en plainte,] ainsi que parle Iob, & leur voix en l'accent de ceux qui pleurent:] Que faudroit-il donc faire pour faire tarir les plaintes en leurs bouches, & satisfaire à cet appetit irremediable, de fonder des Maisons, & faire de nouueaux establissemens ? A cela ie leur dirois, qu'ils interrogeassent leurs anciens Peres] Cenobites, & ceux qui les ont deuancez en de pareils desseins, & ils leur répondroient, Suiuez nos pas, allez apres les traces de nostre exemple, ne receuez aucun parmy vous qui n'apporte à la Communauté dequoi s'entretenir, comme on ne reçoit aux Ordres sacrez aucun Prestre sans tiltre, (ie parle ici des Cenobites viuans des rentes,) ou bien ne prenez point de nouuelles Maisons qu'elles ne soient dottees suffisamment par des Fondateurs, & n'y receuez pas plus de gens que ce qu'en peut nourrir le reuenu de la fondation ; comme vous voyez que dans les Eglises Cathedrales & Collegiales, il n'y a des places de Chanoines ou Prebendiers, qu'autant que les rentes des Chapitres en peuuent entretenir. Que si quelques-vns se presentent

desinteressé.

pour estre freres Seruans, n'admettez que ceux qui sçauent quelque mestier, & qui de leur art & de leur trauail, pourront gaigner leur vie en seruant Dieu, & la Communauté: de cette sorte rien ne vous manqueroit, & vous n'auriez pas sujet de vous plaindre.

Chap. IX.

Ferueur indiscrete.

MAis allant ainsi, direz-vous, on n'auanceroit gueres. Car les Fondateurs & les fondations sont rares, plus rares ceux qui apportent en venant dans les Communautez, dequoi s'y entretenir; & puis ce seroit lier les mains à la Prouidence, & l'assujettir à l'humaine Prudence, qui est vne folie deuant Dieu. Ie ne sçai pas certes si cette Prudence est vne folie, mais ie sçai bien que l'indiscretion & la temerité ne sont pas des traits de sagesse; & puis l'exēple des filles que i'ai mis en auant, & qui fait vn si grand nombre de Monasteres par tout, & tousjours bien fondez, au moins auecque le temps, nous fait voir à l'œil, & toucher au doigt que leur conduite est pleine de seureté, & de benediction. Encore si vous, qui estes transportez de zele, auiez le don des miracles, & de multiplier les pains au desert comme le Fils de Dieu, ou l'huille & la farine comme le Prophete, ou de faire tomber la manne comme Moyse, vous auriez grande raison d'assembler beaucoup de gens sans songer à leur nourriture : mais dereceuoir beaucoup de personnes, & puis qu'elles deffaillent en chemin, n'ayans pas dequoi manger,] & puis crier au secours, & se plaindre, n'est-ce pas plutost accuser vostre indiscretion, que prouoquer les autres à la pieté de vos miseres, vous voyans tombez en la fosse que vous vous estes creusée. Vous demandez en commençant, ou plutost vous commencez en demandant, & estes-vous si ignorans Logiciens, que vous ne sçachiez pas la nullité de l'argument que l'on appele Petition du Principe ; Vous criez, Prouidence, Prouidence, vous vous proposez de marcher sur les aisles des vents, ou bien sur les eaux, comme S. Pierre, & aussi tost qu'il vous manque quelque chose en vne Maison, où vous n'auez rien, où vo9 n'apportez rien ; vous criez,

Seigneur sauuez-nous, & vostre debile foy tesmoigne les doutes par ces doleances. Ne voyez-vous pas, quand se vient à l'effect, la foiblesse de vos protestatiõs; & comme S. Pierre, que vous faites de grandes propositions de confiance que vous executez assez mal? Le Satyre de la fable la premiere fois qu'il veid du feu le trouua si beau qu'il y courut pour l'embrasser, mais il y grilla sa peau & sa barbe: La guerre est si douce, dit l'ancien prouerbe, à ceux qui ne l'ont pas experimentée. Les enfans d'Efren faisoient des merueilles à tirer de l'arc aux buttes, mais au camp ils batailloient des talons deuant leurs ennemis. Au commencement d'vn Institut ce ne sont que lampes de feu & flamme, ce ne sont que feruueurs, ce n'est que courage, allons nous autres, & mourons auec luy] disoient les Apostres qui se mirent en fuitte à la prise de leur maistre. Ainsi chantent nos noueaux establisseurs, Allons seulement, commençons, osons, que ne pouuons-nous en celuy qui nous fortifie ?] quand il nous tueroit nous espererions en lui] quand il a enuoyé ses Disciples sans sac, sans baston, sans besace, sans souliers, en la dispersion des nations, ... leur a-t-il manqué à ? toute est ...

par les esleus de Dieu,] tout est à nous si nous sommes tous à Dieu,] soit à la vie, soit à la mort,] au pis aller, la terre nous peut manquer pour viure, mais non pas pour mourir. O les belles resolutions! pourueu que les effects y correspondent, mais quand vn S. Pierre à la voix d'vne simple chambriere change de note, quand apres tant de braues protestations on décend dans les plaintes, alors on peut dire auec le Prophete, comme s'est changé l'or & la bonne couleur desteinte.] Et quelle pitié de voir les pierres du Sanctuaire dispersees par les carrefours,] & ces vaillans d'Israël armez de tant de glorieuses propositions de souffrir, courans par les ruës & par les maisons, pour auoir du soulagement en leurs necessitez, & estourdissans de leurs gemissemens les oreilles des personnes qui se font remises à leur conduite spirituelle, pour estre par leur assistance tirez du labyrinthe, où ils se sont embarassez par leur imprudence. Car s'ils n'eussent point couru comme à l'auanture, ny combattu comme escrimans en l'air,] mais pensé serieusement s'establir, non sur des fondations d'esperance, plustost fonduës & morfonduës, que bien fon-

dees, s'ils n'eussent pas jetté leurs fondemens, comme dit l'Apostre, sur le foin
& la paille :] paille, dit le Psalmiste ; le
joüet du vent] & le symbole de la legereté. Delà naissent ces plaintes qui font
assez de bruit & fort peu de fruict, & qui
leur ostent la gloire que l'on donne à Salomon d'auoir basty le Temple du Seigneur sans faire entendre le son des
mrateaux, ny des scies, ny d'aucun autre ferrement,] Les Anciens Cenobites n'ont pas ainsi fait en leur temps, car
ils marchoient à pas de plomb en leurs
commencemens ; ils entreprenoient
peu de Monasteres, encore dans les bois,
& les solitudes, en des lieux retirez du
commerce des hommes, qu'ils n'auoient
garde d'importuner, puis qu'ils les
fuyoient, & là viuans du trauail de leurs
mains & de leur mesnage, comme aussi
des biens que ceux qui se rangeoient parmy eux apportoient à leurs Communautez, ou bien des offrandes & legs
volontaires que les fideles Laïques leur
donnoient pour estre recommandez à
leurs prieres, ils ont par la suite des
ans amassé cette prodigieuse multitude de biens qui seruent maintenant à
entretenir la pompe & le luxe des

Commendataires & des grands, qui ne trouuent rien de si gras ny de si delicieux que le pain du Crucifix, donnans en proye aux oyseaux & aux chiens, afin que ie ne die rien de pis, ce qui a esté recueilly & destiné à la nourriture des Saincts.] Ceux-là dans leur bon mesnage trauailloient sans se plaindre, mais les nouueaux fondateurs de nostre temps sans trauailler s'imaginent qu'il suffit de demander, & de se plaindre si on ne leur baille ce qu'ils desirent : prenans à partie le Ciel & la terre, & crians contre l'ingratitude du monde, qui ne sçait pas estimer ny reconnoistre comme il faut les grands & notables seruices qu'ils luy rendent. Plainte semblable à celle des Pedans, qui enflez d'vn peu de sçauoir dans le petit empire de leurs classes, ne font qu'accuser l'aueuglement de leur siecle, qui ne sçait pas faire estat de leur merite & les esleuer aux dignitez de la Republique, & leur donner part au gouuernement. Voila pour le regard des Cenobites qui par leurs instituts doiuent viure de reuenus, & de rentes, ou de leurs trauail, & qui n'estás pas fondez en acte, mais seulement en puissance, ont vn si pressant desir de l'estre, que pour leur inquietude ils ne laissent pas en repos les ames qui se rangent sous leur Direction, iusques à ce qu'ils en ayent tiré les fondations, les bien faicts, ou les soulagemens qu'ils pretendent. Si ces plaintes sont iustes, d'autres le voyent ; de moy ie confesse la foiblesse de ma veuë & de mon esprit à voir & conceuoir leur iustification. Car s'il y a rien au monde qui doiue estre gratuit & des-interessé, c'est la conduite des consciences.

Chap. X.

Plaintes des Cenobites Mendians, & leur examen.

PArauenture que nous trouuerons plus de Iustice dans les plaintes que peuuent faire les Cenobites Mendians qui se meslent de la fonction de Directeurs. Car puis que toute leur nourriture n'est assignée que sur la mendicité, s'ils ne trouuent pas là dedans le soulagement qu'ils doiuent esperer en leurs necessitez, que peuuent-ils faire sinon se plaindre, afin d'esmouuoir au moins par là quelque compassion dans les esprits, & changer les cœurs de pierre en cœurs de chair tendres & sensibles ? Mais ils me pardonneront si ie leur dy que par là ils font tout le rebours de ce qu'ils pretendent, parce que faisans profession ouuerte, & par leurs discours, & par leur vie, de se remettre de tous leurs soins à la Prouidence diuine, ils defont par leurs plaintes ce qu'ils edifient par leurs actions, imitans les Lyons de Lybie, qui pour faire perdre leur trace effacent de leurs queuës les marques que leurs pattes impriment sur le sable. Et puis en disant d'vne façon souspirante, & comme reprochante, que la Charité est bien refroidie, cela donne sujet au monde d'examiner si c'est l'actiue ou la passiue, c'est à dire, si c'est la leur ou celle des Seculiers, dont ils frequentent leurs portes. Car comme il n'y a charbon si amorti qui ne se r'enflamme par le voisinage d'vn qui soit ardent ; aussi la Charité des Cenobites, quand elle est veritable, excite celle du peuple, qui de toutes les reigles de droict n'en entend aucune si bien que celle cy ; ie donne afin que tu me donnes, ie faits bien, parce que tu me prouoques à bien faire. Ceux qui cher-

desintereßé.

chent vrayement Dieu ne manquent iamais d'aucun bien.] La manne tomberoit pluftoft du Ciel que la neceſſité les accueillit: le iuſte n'eſt iamais delaiſſé, il n'eſt iamais reduit à l'extremité de la difette. Ceux qui font charitables enuers les ames, trouuent affez de bonnes ames charitables enuers leurs corps. Mais comme Dieu aime celui qui donne l'aumofne ioyeufement,] il cherit auſſi celui qui pour fon amour fouffre auec allegreffe les neceſſitez infeparables de la mendicité, à l'imitation de Iob, dont il eſt efcrit, que parmi tant d'eſtranges & de diuers abandonnemens iamais vne feule parole ne fortit de fa bouche qui tefmoignaſt du mefcontentement.] Quoy? voudrois ie donc ofter vne chofe fi naturelle comme eſt la plainte lors que l'on fent quelque incommodité? Ie ne fuis pas ennemy de la nature iufques à ce poinct, & ce feroit abufer de la raifon que de la vouloir (hors les matieres de la foy) armer & bander directement contre le fens. Sainct Paul permet bien aux plus parfaits de pleurer mediocrement & tendrement fur les morts,] Le Sauueur mefme nous en ayant donné l'exemple, lors qu'il fremit, & jetta des larmes sur la mort du Lazare: mais il faut neantmoins tousjours que la raison soit la Maistresse, & parmy les plus furieuses tempestes il ne faut iamais abandonner ce timon. Toutesfois au sujet dont ie traicte, il semble que i'aurois droict de l'interdire, puis que l'incommodité qui la fait naistre, n'est ny fortuite, ny impreueuë, ny necessitée, mais recherchée, mais embrassée, mais choisie volontairement & deliberément; car ie vous prie, le Cenobite qui se jette dans vne compagnie de Mendians, ne sçait-il pas bien qu'elle n'est fondée que comme la terre, dont la masse est balancée sur son propre poids au milieu de l'air? Que la Communauté à qui il est lié par sa profession, & qui s'est obligée de le nourrir, & entretenir sain & malade, n'a aucun reuenu asseuré: que ce qu'elle demãde aux gens du siecle, qui ne sont obligez par aucun contract, ny par aucun deuoir de Iustice enuers elle, si ce n'est au cas qui oblige tout Chrestien d'aider son prochain en l'extréme necessité. De qui donc se doit plaindre celuy qui n'a rien, & à qui rien n'est deu, si on ne luy donne rien? A qui s'addressent ces reproches, sinon à luymesmes, estans comme des crachats lancez contre le Ciel, qui retombent sur le visage de celuy qui les y pousse? Mais playes, dit Dauid, se sont enuieillies à face de mon indiscretion;] connoissant que sa perte ne venoit que de luy-mesme:] qui ne sçait que se despoüiller long-temps auant que s'aller coucher, n'est pas pour entrer chaudement dans le lict? Ce n'est pas (helas! non) que ie reprenne la saincte mendicité des Ordres approuuez par le sainct Siege: car c'est assez que cet Oracle parle pour faire que i'acquiesce humblement, disant auecque les Escoliers de cet ancien Philosophe, il l'a dit. Mais si vn Prophete s'est autrefois donné cette licence respectueuse de dire à Dieu, Seigneur vous estes iuste! & toutesfois ie vous diray choses iustes, en vous faisant vne demande raisonnable;] pourquoy ne nous sera-t'il permis sans sindiquer cette sacrée mendicité de Cenobites, auctorisée par l'Eglise, de dire que comme il n'y a rien de si bon, ny de si sainct, en l'estat de la nature, & de la grace, dont on ne puisse mal vser, soit par mauuaistie, soit par imprudence: il peut aussi arriuer que ceux à qui cette permission est donnée en fassent vsage, autrement peut estre que ne l'entend ce siege infaillible, qui a trouué bonne leur façon de viure. Car comme les Cenobites qui viuent de fondations & de reuenus, s'enueloppent dans les necessitez, quand ils s'establissent en certains lieux sans les reuenus suffisans pour leur entretien, ou ruïnent leur discipline, quand ils multiplient en sorte les Maisons, qu'ils ne puissent fournir à les peupler en sorte de bons sujets & de bons Superieurs, que les Reglemens & Obseruances y soient gardées selon leur rigueur auecque vigueur. Aussi les Cenobites Mendians peuuent dissiper l'esprit de leur Institut par la mesme multiplication, & lors qu'ils font des demeures en des lieux si pauures, qu'ils n'en puissent tirer les soulagemēs qu'ils esperent pour leur vie, ou bien lors qu'ils y reçoiuent tant de Freres, que les villes ou bourgs, qui les admettent peuuent pouruoir honnestement à leur entretien.

Chap. XI.
Digression sur les Freres Laïques ou Seruans.

PRincipalement quand ils rangent parmi eux vn grand nombre, ou de

Freres Laïques, ou de Freres du Chœur, qui ne sont pas propres à seruir les Ames: car quoi que d'ailleurs ils puissent estre fort vertueux, & faire des prieres & des exercices fort vtiles au dedans, & estre esleuez à des hauts degrez de contemplation, si est-ce que le monde, qui n'est pas si subtil ni si speculatif, n'a pas tant d'esgard aux choses interieures, qu'aux actions exterieures, & comme il n'a des yeux qu'en la teste, il ne croit des hommes que ce qu'il en void, ou en oyt, disant auecque cette Seruante de l'Euangile, Ta parole te manifeste.] Et à dire la verité, puisque ces Instituts se disent establis pour seruir d'aides à ceux qui gouuernent ce que l'Apostre appele, (*Opitulationes, Gubernationes,*) & mesmes prennent tiltre de Coadiuteurs des Pasteurs Diocesains; Ie ne voi pas à quel propos ils admettēt & reçoiuent ceux qui n'ont pas les talens, pour faire des fonctions Clericales de la Predication, & de l'administration des Sacremens. Car de dire qu'ils reçoiuent de la jeunesse qui semble auoir disposition à cela, & qu'ils l'instruisent à ce dessein, & cependant que quelquefois le succez frustre leur attente, & ceux qu'ils estimoient propres se rendent inhabiles à ces actions, si bien

qu'ils demeurent comme superflus & supernumeraires, ne seruent qu'à chanter & à faire les autres menus offices du Couuent, cela seroit plus excusable si ces maisons dont ie parle icy estoient rentées, & capables sans estre à charge au public de nourrir de leurs reuenus surabondans, ceux qui ne seroient propres qu'aux exercices de Marie, & à la solitude: Mais il est à croire que ceux qui ne viuent que d'aumosnes & mandient de iour en iour, ne les demandent gratuitement, que pour le seruice charitable qu'ils rendent aux peuples, moissonnans le temporel de ceux à qui ils distribuent leurs trauaux spirituels. Et quand aux Freres Seruans, ie ne comprends pas en ce genre de vie à quoy en sert le grand nombre, puisque ne pouuans iamais, pour leur incapacité, aspirer au Sacerdoce, ny aux fonctions Clericales, ny mesmes au seruice du Chœur, il semble que le droict de demander l'aumosne ne leur soit acquis, que parce que l'Eglise l'approuue en le souffrant, ou le souffre en l'approuuant: veu qu'ils ne peuuent selon l'vsage de la commune raison recueillir là où ils ne sement rien.] Que si l'on allegue pour
leur

leur iustificatiō qu'il y en a de cette qualité parmy les Cenobites rentez, on peut respondre qu'ils y sont comme seruiteurs (à raison dequoy ils portent le nom de Seruans) qui se contentent de leur nourriture & de leur vestement, & d'estre entretenus tant en santé qu'en maladie par la Communauté, à qui ils se donnent & s'offrent (d'où en quelques lieux ils ont le nom de freres Oblats.) Ce qui n'est pas semblable parmy les Cenobites mendians qui n'ont pas droit d'auoir des seruiteurs aux despens du public, estant vne chose qui seroit trouuée estrange dans le monde, si vn homme reduit à la mendicité, auoit plusieurs valets qui allassent chercher ses necessitez par les maisons, tandis qu'il s'occuperoit à estudier ou à contempler. Les pauures impotens ou aueugles ont bien quelquefois d'autres pauures qui les conduisent, les portent ou les trainent, mais la necessité de ces personnes miserables, monstre assez que s'ils se font guider par d'autres, dont ils empruntent les yeux & les espaules, c'est eux-mesmes en personne qui questent & mandient, & non des valets ou des Procureurs. Porter le tiltre de glorieux de man-

K

dians & ne mandier iamais, & comme l'abeille boit la rosée qui tombe sur les fleurs; Boire & manger la sueur des pauures freres seruans qui trottent sans cesse par les crotes, qui ont la bouche dans la poussiere, dont l'ame est attachée au paué,] & qui courent par les maisons,] pour chercher la nourriture de leurs Reuerences; à vostre auis est-ce estre du rang de ceux que ce grand Sainct, de qui la Seraphique charité merita les marques des fletrisseures du Fils de Dieu, appeloit freres Mousches? Mais tandis que ces pauures là ils vont & viennent comme les Moucherons ou Nymphes, à la cueillete des fleurs par la ville, ou par la campagne, comme sur vn païsage, les meres abeilles sont dans la ruche qui composent les rayons de miel des exhortations publiques & priuées, par où s'inspire la pieté & la vertu dans les ames dirigées. Cela est vray, & puisque l'Eglise le trouue bien ainsi, qui le peut trouuer mauuais, s'il ne veut monstrer la perte de son sens commun, en contredisant au commun sens de tous les fideles? Possible neantmoins quelque bon Cenobite goustera t'il cette raison sans preiudice de ses

desinteressé.

droicts, de ses priuileges, & de son repos. Est-ce assez pour se dire mendians de ne viure que d'aumosnes apportées sans les aller quester, estre assez de ne se nourrir que de choses demandées, sans auoir l'humiliation de les demander. Il est vray que les Roys, les Princes, & les Grands du monde exigent leurs reuenus par leurs Officiers, Receueurs, Thresoriers, Intendans, Argentiers, Facteurs, & plusieurs personnes riches & de grande qualité, reçoiuent bien leurs rentes par leurs propres mains. Les Cenobites mesmes qui viuent de fondations, ramassent ce qui leur est deu par leurs Procureurs ou Courriers qui sont des Peres Graues & de Marque, ne s'en rapportans pas tout à fait à des Freres Conuers s'ils ne sont d'vne fidelité fort esprouuée, & d'esprit intelligent pour negocier. Ie ne sçay pas s'il y a quelque priuilege secret, & qui me soit inconnu dans les Societez mendiantes, qui les releuent à ce poinct, de faire chercher leurs necessitez par ceux qui ont moins de droict de les demander. Car s'il se trouuoit quelque esprit pointilleux (il y en a assez dans le siecle) qui demandast à vn Frere Questeur;

Mon Frere pour qui me demandez-vous l'aumosne ? il faudroit qu'il respondist en paroles de verité, & d'vne charité non feinte.] C'est en partie pour moy, en partie pour des saincts personnages seruans à l'Autel, à la Chaire, au Confessionnal, au Chœur, à la Direction des Ames. Et si ce Pointilleux repliquoit, Mon frere vous vous portez fort bien, vous estes fort & puissant, vous eussiez bien pû gaigner vostre vie de vostre trauail, ou en seruant dans le monde, & puisque vous ne rēdez aucun seruice spirituel, à quel propos me demandez-vous vn secours temporel pour vous ? Si c'est pour d'autres, ie m'esmerueille qu'ils estiment si peu le bien qu'on leur fait en leur donnant leur vie, (bien qui n'est point si petit que des trente parts des hommes, il n'y en ait les vingt-neuf, qui vont, qui courent des hazards, qui trauaillent iour & nuict en toutes façons pour la gaigner) qu'ils ne prennent pas la peine de demander eux-mesmes, en nous enuoyant seulement leurs Seruans comme des Appariteurs : Il faut qu'ils fassent peu d'estat des choses & des personnes du siecle ; ce sont les Dieux forts de la terre puissamment esleuez,] & tellement engloutis de la science d'enhaut, qu'ils ne se souuiennent plus des necessitez d'icy bas. Allez, faites-les desdendre de ce Thabor, que ie sçache à qui ie donne mon bien, & s'ils sont si vtiles aux ames qu'ils visitent la mienne, ie les receuray comme Prophetes, mais leurs valets, & leur baston, c'est ce que ie ne connoi point, & qui ne fait ni miracle, ny impression en moy. C'est ainsi que quelque esprit penetrant pourroit renuoyer ces bons freres par fins de non receuoir. Peut-estre pourroient-ils dire que leurs Maistres ne sont pas de telle humeur que de desdaigner leur profession de Mendians, & que pour honorer cette glorieuse mendicité, ils vont quelquefois en personne à la queste, & possible aussi leur pourroit-on repliquer, que cela est si rare, que cōme vne Arondelle ne fait pas le Printemps, des actes si peu vsitez ne peuuent pas former de grandes habitudes. Cela n'arriue gueres plus souuent que les Eclypses du Soleil ou de la Lune, qui rauissēt les ignorās en admiration, & font regarder le Ciel aux ames les plus attachées à la terre. Et puis qui sçait les intentions de ces actions que nous deuons toussiours prendre en la meilleure part, & ne faisir point le tison par où il brusle : car puisque toutes celles des hommes sont, disoit Epictete, comme des medailles à deux enuers, & vases à deux anses, qui nous asseurera si ces humiliations si rares sont vrayes ou feintes, faites simplement ou à dessein, puisque l'Euangile nous fait connoistre qu'il n'y a point de vertu qui ne soit contrefaicte par quelque vice, & que l'on peut ieusner, faire l'aumosne, & d'autres semblables actions pour estre veu des hommes plustost que de Dieu ? Par le train commun, neantmoins on discerne aisément, parmy ceux qui viuent de queste, ceux qui ont choisi la tres-bonne part de Marie, en se tenant en repos, & dans la saincte oysiueté, aux pieds du Sauueur, de ceux qui sont enuoyez dans le tracas, & les embarassemens de Marthe, & que c'est à la vie actiue des freres Conuers, de nourrir la contemplatiue de ceux du Chœur, qui sont comme les Cherubins, & Seraphins de la plus haute Hierarchie. Que si quelqu'vn attaquoit encore ces bons freres, & leur disoit, Mes amis, ie voy bien que vous ressemblez aux abeilles qui amassent des fleurs, & font du miel, mais non pour elles, aux brebis qui portent des toisons, pour vestir les autres, aux bœufs qui labourent vn champ, dont la moisson ne sera point pour eux, aux oyseaux qui font des nids, non pour leur vsage? Venez-ça, si vous fussiez demeurez dans ce monde immonde, sur la teste de qui l'on ramasse toutes les inuectiues qui sont dans l'Escriture, comme les maledictions estoient jettées anciennement sur le Bouc emissaire que l'on chassoit au desert. Eussiez-vous bien voulu (puis qu'il semble que vostre condition vous appeloit à la seruitude) seruir vn Maistre qui vous eust obligez, estant pauure d'aller chercher sa vie & la vostre par vostre voisinage de la ville & des champs, & qui peut-estre au retour de là vous eust traittez aussi liberalement que le bon Maistre de l'enfant prodigue? Mais de grace, respondez en bonne foy, & sans desguisement; que si vous dites que vous seruez en ce pays dehors du monde où vous estes (ie n'entends pas celuy que Platon imaginoit dans le plus bas des planettes) par vne intention bien plus pure, & pour vn salaire bien plus eminent; puisque, comme ce Peintre ancien, vous ne trauaillez que pour l'Eternité, l'Apoftre commandant aux feruiteurs des perfonnes Seculieres, de rendre feruice à leurs Maiftres, non comme à des hommes, mais comme à Dieu,] leur ouure la porte à purifier leurs intentions, & à les rendre auffi droites que les voftres. Et apres tout, ces Maiftres que vous feruez hors du monde en qualité de Laïques & de Seruans, quoy qu'ils alleguent toute l'Efcriture; pour vous monftrer allegoriquement, tropologiquement, anagogiquement, (termes qui vous font fort connus) qu'ils font des Anges,] & des Dieux, & que vrayement Dieu parle par leurs bouches.] & que c'eft de là que vo⁹ deuez prendre la loy,] & apprendre la fcience des fainéts,] fi eft-ce que ce font des hommes, & qu'ils mourront,] & feront iugez comme les autres hommes,] & oftées les ceremonieufes & magnifiques excellences de vos vœux, ie ne voy pas que les autres feruiteurs qui font en fujection dans le fiecle, ne puiffent prendre leurs Maiftres pour des Dieux en mefmes fens, puifque leur auctorité fur eux reprefente celle de Dieu. Que fi vous dites que ces hommes que Dieu a mis fur vos teftes, & qui vous ont ap-

desinteressé.

pelez dans les liens,] vous font l'honneur de vous tenir pour freres, & pour enfans d'vne mesme Communauté: On respondra que les gens de bien, & qui viuent Chrestiennement dans le monde, ne tiennent pas leurs seruiteurs pour des esclaues: mais, comme dit le grand Stoïque, pour d'humbles ames, ou plustost pour freres en Iesvs-Christ, appelez à mesme beatitude. Car ils sçauent que c'est à eux que s'addressent ces paroles Apostoliques; Vous Maistres soyez benings enuers vos seruiteurs, relaschans les menaces; sçachans que leur Seigneur & le vostre est au Ciel, & que deuant luy il n'y a point d'esgard à l'apparence des personnes.] Que si vous voulez entendre le precepte que le mesme vaisseau d'eslection donne aux seruiteurs qui veulent rendre leur deuoir Chrestiennement voicy ses diuines paroles. Seruiteurs obeïssez à vos Maistres selon la chair, auec crainte & tremblement, en simplicité de cœur comme à Christ, Non point seruans à l'œil, comme voulant plaire aux hommes, mais comme serfs de Christ, faisans d'vn grand courage la volonté de Dieu: seruans de bonne affection comme au Seigneur, & non point

K v

aux hommes, sçachans qu'vn chacun receura du Seigneur, le bien qu'il aura fait, soit serf ou franc.] Voyla comme les bons & fidelles seruiteurs qui sont dans le monde, & qui ont la pieté & leur salut en recommandation, se comportent en leur deuoir, estans sujects en toute reuerence à leurs Maistres non seulement aux bons & modestes, mais aussi aux difficiles,] selon l'enseignement de Sainct Pierre. Et ne faut pas demander où sont les seruiteurs de cette taille, car outre que ceux qui sont dans cette obseruance, ou ne connoissent pas eux-mesmes leur propre vertu, ou s'ils la connoissent, la cachent tant qu'ils peuuent par humilité; il est certain que Dieu dans la corruption du siecle, tant exagerée par ceux qui l'ont quitté, faisans le loup, tantost plus grand, tãtost plus petit qu'il n'est, selõ l'humeur où ils se rencõtrent. Dieu se reserue tousjours en tous estats plusieurs milliers d'hommes qui ne flechissent point les genoux deuant l'Idole du vice. Ouy, ouy, le Deluge n'est pas si grand ny si vniuersel qu'il ne se sauue tousiours plusieurs ames de ce desbordement du monde, & le Paradis n'est pas tousiours si ouuert à ceux qui en sont sortis pour se jetter dans les Cloistres, qu'il n'en demeure quelqu'vn hors de la porte, Mais quoy, au contraire de ceux qui luy ont fait vne glorieuse banqueroute, il est si descrié qu'il semble que tout ce qui demeure en cette Babylone, & ne s'enfuit aux montagnes du haut estat de perfection, aille à sa damnation. Opinion non seulement iniuste & erronée, mais qui seroit vne heresie si elle estoit soustenuë opiniastrement, comme le dit fort bien le B. François de Sales en la premiere Partie de sa diuine Philothée. Ne nous dictes donc point, ô bon frere Seruant, que c'est la peur de vous damner dans le monde, & le desir de vous sauuer dans le Cloistre, (que vous appellez Religion comme s'il n'y auoit de la Religion que là dedans) qui vous a reduit en l'estat de seruitude volontaire où nous vo' voyós, seruitude, qui pour IESVS-CHRIST, est plus excellēte que le Diademe des Roys. Ne dites point que vous ne pouuiez faire vostre salut au monde, si vous ne nous distinguez le corporel du spirituel, car pour cettui-cy ce seroit vne impieté de dire qu'on ne l'y pûst faire, mais pour l'autre si c'est la faim qui vous a chassez

K vj

de ce lieu, pour trouuer vostre vie dans vne pieté questueuse, qu'il est permis de parler ainsi, queustueuse ie ne sçay pas si ce motif vous rēd loüables au Seigneur,] & si ce n'est point faire ce que dit S. Paul lucre ou profit de la pieté.] Peutestre que ce mot en touchera quelques-vns de cette sorte dans la prunelle de l'œil, qui, Grands, Nobles & Riches dans le monde, & manquans de litterature pour entrer dans la puissance,] dignité du Sacerdoce, ont quitté biens & honneurs pour se charger d'vn sac Cenobitique, en qualité de freres Laics, se iettans dans vn Cloistre, non pour estre seruis, mais pour seruir,] & seruir en ieusnes, veilles, faim, soif, froid, nudité,] & autres incommoditez que l'Apostre nombre; & seruir pour le pur amour de Dieu, ayans la volonté libre & sans aucune necessité,] ny spirituelle ny temporelle. Messieurs, (car vostre condition presente ne m'empeschera point de respecter vostre qualité passée,) ie sçay que non seulement vostre intention, mais vostre action est saincte, genereuse, Chrestienne, heroique, loüable, & digne d'vn centuple, & d'vne recompense eternelle : car qui pourroit n'admirer en vous vn si grand changement de la droicte de Dieu] pour qui vous vous estes rendus de grands petits, de releuez raualez, & pour parler auec sainct Paul, de sages fols,] de Nobles ignobles, & comme la balieure du monde?] Mais pourtant ie ne voy pas (hors la permission de l'Eglise, dont il ne faut non plus rechercher de raison que d'vn article de foy:) que tout cela vous acquiere plus de droit de demander pour vous ny pour les autres, quoy que quelques-vns tiennent que ceux qui ont donné tous leurs biens aux pauures, selon le conseil de l'Euangile, ont droit de demander l'aumosne aux riches & à ceux qui les peuuent soulager: Car si cela estoit, qui ne void qu'vn Prestre particulier, ou comme vous l'appelez Seculier, donnant aux pauures son tiltre patrimonial, ou renonçant à son benefice, auroit droit de faire la queste, & d'exiger son entretien de ceux à qui il le demanderoit? Et non seulement vn Prestre particulier, mais tout Chrestien Laique & Seculier puisque les conseils sont generalement donnez à tous les Chrestiens, de quelque condition qu'ils soient, qui les peuuent pratiquer selon leur vacation, encore qu'ils ne soient voüez que pour les Clercs & & les Cenobites. Or ie vous prie, cét homme particulier auroit-il pas bonne grace d'aller demander sa vie de cette sorte, donnez moy l'aumosne que vous me deuez, pource que i'ay distribué tout mon bien aux pauures, & ne me suis reserué que le droict de demander mes besoins? On dira que cecy n'est permis qu'à ceux qui sont rangez dans les Communautez, & on demandera quelle auctorité ont par l'Euangile, & quelle prerogatiue en cecy, les Communautez sur les Particuliers? & si c'est vne chose plus seante, & qui soit moins à charge au public, de quester pour cinquante bouches que pour vne, & vne qui questera pour elle-mesme, par elle-mesme; non par vn seruiteur; Mon frere ie vous dy que quand vous aurez quitté les Comtez, les Marquisats, & l'Empire mesme, comme fit Charles cinquiesme, pour vous faire questeur de Communauté, hors le droit & la faculté que l'Eglise vous donne, vous n'en auez point de demander, ny pour vous, ny pour les Reuerends qui vous enuoyent à la queste: non pour vous, puisque vous ne trauaillez pour le public, ny corporellement, ny spirituellement : non pour les autres qui doiuent eux-mesmes mendier s'ils veulent auecque Iustice porter le tiltre de Mendians. Vn Notaire, vn Aduocat, vn Procureur, vn Iuge, vn Medecin, vn Artisan ne prenant rien de ses trauaux, & seruant au public gratuitement, auroit-il droit d'enuoyer son valet demander ses necessitez par la ville ? & qui le croiroit quand il diroit que son Maistre fait toutes ses fonctions pour rien ; ne luy repliqueroit-on pas, Dictes luy qu'il viue de son art, & qu'il n'ait point de honte d'en receuoir le salaire. Et puis ce Seruiteur n'auroit-il pas plustost fait de dire à son Maistre, Monsieur puisque vous ne me nourrissez que de cela mesme que ie trouue, i'auray plustost fait de me pouruoir pour moy seul, que de porter vne double charge, en me nourrissant, & vous aussi, de mon trauail. Que si l'on repart que ceux qui employent les freres Laïcs à la queste, trauaillent de leur costé à l'estude, pour vacquer à la Predication, & à la conduite des ames, & qu'ainsi vn frere aide l'autre,] d'autant qu'on ne donne à ceux qui demandent qu'en

Le Directeur Spirituel

leur consideration? Voicy vn entortillement admirable, ceux qui demandent, demandent pour ceux qui ne demandent pas, & ceux qui ne demandent pas, demandent pour ceux qui demandent. Sur quoy il faudroit sçauoir si ceux qui ne demandent pas mangent de mesme par, ou pour ceux qui demandent, ou si ceux qui demandent, ieusnent par, ou pour ceux qui ne demandent pas, ou les vns & les autres mangent par Procureur ou en propre personne. Mais il est impossible que ceux qui estudient, meditent, chantent ou contemplent pour s'employer par apres aux fonctions Clericales, & au seruice des ames par la Predication & l'administration des Sacremens, fassent eux-mesmes la queste, c'est pourquoy il est necessaire qu'ils la fassent faire par d'autres, qui n'ayēt pas ces talens. Ie confesse certes que cela est impossible, & mesme qu'il est necessaire qu'ils fassent demander leur vie par d'autres. Mais ie demande s'il estoit necessaire qu'ils embrassassent l'impossible, & par quelle necessité & contrainte ils y ont esté portez : car ne pouuans ignorer qu'ils ne pouuoient & mandier, & en mesme temps exercer leurs talens d'es-

desinteressé. 133

prit que Dieu leur a donnez pour le seruice des ames, pourquoy se sont-ils faits Mendians par Estat & Profession? ou bien embrassant cette qualité ont-ils entendu s'y ranger pour mendier par autruy ou par eux-mesmes? Possible dirat'on que les Prophetes ont eu leurs seruiteurs, ce qui est fort commun en l'Escriture & que celuy qui receuoit le seruice, auoit le mesme merite que s'il eust receu le Prophete.] Plus, qu'en la Hierarchie de l'Eglise les Euesques ont pour aides, assistans, & coadiuteurs les Prestres, & les Prestres pour seruiteurs les Diacres, qui à raison de cela sont appelez Ministres. Car le sainct Concile de Trente dict, que la saincte Hierarchie est composée des Euesques, Prestres : & Ministres, par ceux-cy, entendant les Diacres. Nous voicy bien, doncques chaque Mendiant Cenobitique aura vn seruiteur comme vne ombre inseparable de son corps, parauanture est ce pour cela qu'ils ne vont que comme les Disciples deux à deux] & cette combination Cenobitique sera dressée peut-estre sur le modele de la Hierarchie, ô! que cela est bien pris. L'Euesque a le Prestre, pour assistant & le Prestre le Diacre, mais c'est aux fonctions du sainct Autel, aux diuins Offices, & aux autres Ministres sacrez, non pas au seruice de la vie commune : car qui a iamais ouy dire (si ce n'est par abus & prophanation ce qui doit plustost estre detesté que ramené en exemple) qu'vn Prestre soit seruiteur, ou, pour m'exprimer mieux valet d'vn Euesque, & vn Diacre valet d'vn Prestre, pour luy aller chercher & apprester sa viande, pour faire son iardin & sa chambre, ballier sa maison, & autres actions basses, telles que font les freres Laics dans vn Cloistre pour le seruice de leurs Reuerences ? Que si vn Euesque est assisté à l'Autel par les Prestres, & le Prestre par le Diacre, s'ensuit-il que le Directeur ou Predicateur Cenobite, ne puisse chanter au Chœur sans auoir auprés de soy vn frere Lay, ny prescher, ny confesser, sans vn frere Lay à ses costez ? Le Prestre qui assiste (car c'est ainsi qu'il faut dire & non qui sert) l'Euesque à l'Autel, le Diacre, & le Sousdiacre qui assistent le Prestre aux diuins Offices, n'ont-ils pas leur part dans l'Office, mesme, ainsi que les sainctes ceremonies, & l'ordre du chant, soit de l'Epistre, soit de

desinteressé.

l'Euangile, soit d'autres parties, le fait assez connoistre? mais quelle part a, ou peut auoir le frere Laïc au Sermon que fait ou à la Confession qu'administre le Predicateur ou Confesseur Cenobite, si ce n'est d'aller à la queste pour luy? comme qui diroit, le Prestre est ordonné pour seruir l'Euesque, ou le Diacre le Prestre, à quoy? pour luy aller chercher & luy apprester à manger. Ie tire de cecy que vouloit auoir multitude de seruiteurs en l'Estat de pauureté, & de pauureté voüée, & de pauureté parfaicte, & de pauureté mendiante ; c'est vne Theologie dont l'intelligence est reseruée à ceux qui sont dans la pratique ; auoüant ingenuëment icy mon ignorance, & que ma theorie & speculation ne peut penetrer dans ces mysteres : & que ces secrets de Cloistre me sont des lettres closes, & closes de plusieurs sceaux:] & beaucoup moins les trauerser auecque la veuë. Neantmoins puisque dans l'escole sans preiudice de la Foy, on peut disputer en diuerses parts sur les poincts de nostre croyance, & apporter des raisons en des choses qui sont au dessus de tout entendement, & qui ne seroient plus creuës, si elles estoiët sceuës par des demonstrations semblables à celles des sciences humaines, d'autant que la foy & la veuë sont incompatibles, la raison fondée sur l'experience, dict vn Pere ancien, ostant le merite de la foy, qui est selon l'Apostre, des choses inuisibles, & qui n'apparoissent point: Pourquoy ne pourrons-nous pas exercer nostre Ratiocination sur ce qui n'est nullement de la foy, mais sur quelques poincts ou dispositions de Police & discipline Ecclesiastique, qui sont comme des loix mortelles, c'est à dire sujettes à changer, & à estre diuersifiées selon les temps & les occurrences; principalement en l'Estat Cenobitique où nous voyons tant de variations & de nouueautez. Continuons donc auec moins de doute, mais auec cette Charité qui chasse la crainte, à faire encore quelques considerations sur la condition de ceux que l'on appelle Freres Seruans dans les Compagnies qui font profession de Mendicité. I'ay fait voir que soit qu'ils fussent riches, soit qu'ils fussent pauures au monde, auant que de s'y ranger, ils n'auoient autre droict de quester que celuy que leur donne l'Eglise en consideration, comme ie pense, du ser-

desinteressé. 237

uice qu'ils rendent aux Prestres Cenobites, qui font les fonctions clericales selon leur Institut ; de sorte que sans les croire Papes, on les peut appeler seruiteurs des Seruiteurs de Dieu, ou seruiteurs des Prophetes.

CHAP. XII.
S'ils sont exempts du trauail des mains.

Mais c'est vne question qui n'est pas petite, de sçauoir, si l'Eglise leur permettant de quester, tant pour eux, que pour ceux qu'ils seruent, les dispense de trauailler de leurs mains, & de viure de leur trauail, ou de ne viure que de quéste. Que l'on ne pense point que ie vueille sujet de noise, cherchant icy, selon cét ancien prouerbe, maille à partager, & des nœuds en vn jonc : car il est icy question de leur conscience, & par consequent du bien de leurs ames. Ie sçay que S. Thomas dans les Opuscules qu'il a escrites pour refuter les obiections de ceux qui de son temps s'esleuerent & escriuirent contre l'Institut des

Cenobites Mendians, s'echauffe bien fort, pour monftrer que les Mendians ne font point obligez comme les anciens Anacoretes & Cenobites, de trauailler de leurs mains: doctrine qui a efté receuë auecque applaudiffement, & prefque canonifée, ou renduë Canonique comme vn oracle diuin, par ceux qui l'ont fort exactement pratiquée, par vn fabat tres-delicat.] Mais quand ce bon & angelique Sainct rend raifon de cela, & de cette exemption de trauailler des mains pour tirer fa vie de ce labeur, il ne l'applique qu'à ceux qui adminiftrent les Sacremēs, qui prefchent & enfeignent la Iuftice aux autres,] prefuppofant que ce trauail beaucoup plus excellent que le manuel, merite bien peu s'il ne donne la vie à celuy qui l'exerce. Encore ny luy, ny Bellarmin qui a fuiuy fa doctrine au liure des Moines au chapitre quatriefme, ne veulent point que eux là mefmes qui font les fonctions de la Predication, & de l'adminiftration des Sacremens, puiffent rien demander, comme leur eftant deu par iuftice ou equité, mais feulement par pure charité, comme c'eft par pure charité, & non par obligation (fi ce n'eft celle de leur institut) qu'ils rendent aux ames ces bons offices. D'où ie tire ces argumens, que si entre les Mendians, il n'y a que ceux qui trauaillent spirituellement au seruice des ames qui soient exempts du trauail des mains, & qui puissent demander leur vie, encore par simple charité, non par aucun droict de iustice, que dira t'on de ceux qui ne font aucunement ces fonctions, comme font plusieurs d'entre les Mendians, mesmes qui sont Prestres, & qui n'ont aucune capacité, ny talent pour cela, ny ne les peuuent faire, comme sont les freres laics que le seul nom de Laïques, monstre assez estre nullement de l'Ordre Ecclesiastique. En conscience ceuxlà seront ils exempts de trauailler de leurs mains, & de soulager leur vie de leur trauail, ayans & la santé, & la force, & l'industrie pour œuurer, Possible dirat'on que le trauail mecanique & des mains comme messeant aux Prestres, leur est en quelque façon interdit, & par consequent que ceux qui entre les Cenobites portent ce caractere, en sont exempts, encore qu'ils ne fassent pas les fonctions clericales. Car la difference est fort notable, qui est entre les Prestres particuliers, non Cenobites, & les Cenobites : car ceux-là ont ou doiuent auoir vn tiltre Ecclesiastique ou patrimonial suffisant pour les nourrir, sans trafiquer ou exercer des arts mecaniques: mais les Prestres Cenobites n'en ont point d'autre que celui de leur pauureté & mendicité, qui n'a esté approuuée par l'Eglise, qu'autant que leur Institut les applique & destine au seruice des ames, & au soulagement des Pasteurs, tant en l'administration des Sacremens, que de la parole de Dieu. Voyent donc ceux qui ne vont point à la queste, ny ne font les seruices de la Maison, comme les Freres Laïcs, ny ne confessent, ni ne preschent, ny n'assistent les ames, en vertu dequoy ils boiuent & mangent la sueur & le trauail, tant des freres Laïs, que des Predicateurs & Confesseurs de leur Maison, & si le Seraphique Fondateur des Mineurs, ne les eust pas faits de l'ordre des freres Mousches. Ie ne dy pas tant cecy pour les reprendre, que pour les aduertir de penser au compte qu'ils rendront d'auoir vescu en la terre des Saincts] du trauail des autres, & d'auoir embrassé vne Profession & vn Institut qu'ils n'exercent nullement:

desinteresé.

nullement : & d'estre du nombre des enfans d'Efren, qui faisoient belle monstre, mais qui ne sçauoient pas combattre.] Qu'ils se souuiennent que Dieu hait la paix de ceux qu'il a destinez à la guerre, & que tout arbre (tesmoin le figuier, maudit par le Sauueur,) qui ne porte point le fruict conforme à son espece, est en danger d'estre tranché & reduit en cendre.] Et ce n'est pas assez de porter vn habit de Mendiant pour paroistre Predicateur, Confesseur, Directeur, c'est par les effects que l'on connoist la cause, & par le fruict la plante. Ce n'est pas mesme assez de porter des fruicts, s'ils ne sont sains & entiers, non pas tarez & vereux, ou semblables à ceux qui croissent sur le riuage de la mer morte, qui ont bien l'escorce & l'apparence des fruicts, mais au dedans ne sont remplis que de poussiere, de vent, & de fumée. Possible ceux à qui ie parle se mocqueront-ils de l'aduis charitable que ie leur donne ; mais Dieu, de qui l'on ne se rit pas impunément,] se pourroit bien rire vn iour de leur perte,] en leur faisant rendre raison de leur negociation,] & leur demandant des fruicts, selon leur genre ;] c'est à dire des fruicts

L

de predication, direction, & seruice des ames, selon l'Institut dont ils ont fait profession, & tiré leur nourriture & leur entretien. Les petites abeilles ont bien ce jugement de chasser de leur ruche ces mousches paresseuses qui veulent bien manger du miel, mais qui n'ont pas l'industrie d'en faire. Mais le mal est apres la profession Cenobitique, que l'on ne peut pas enuoyer hors de la ruche du Cloistre, ceux qui sont inutiles, & ces ventres gras,] qui n'ont ni dos ni pieds pour aller à la queste, ni langue ni esprit pour parler & instruire; en vn mot, qui n'ont ni bouche, ni esperon, & qui ne sont bons qu'à faire nombre, & à consommer les biens de la terre, qu'ils occupent,] comme cet arbre de l'Euangile, infructuesement. Car quant aux pauures Laïes, ie n'ignore pas qu'ils trauaillent beaucoup, & peut-estre non moins qu'Israël, sous les Maistres des ouurages du Roy d'Egypte? parce que la subtilité dont se seruent auantageusement les doctes sur les ignorans & les simples, pour leur faire porter des faix qu'ils ne voudroient pas toucher du bout du doigt,] ne nous est pas inconneuë, & nous sçauons assez

desintereßé. 243

que tout homme qui trauaille de quelque façon que ce soit, est digne de loyer. Nous auons mesme pitie de ces pauures questeurs, quand nous leur voyons porter les pechez que le peuple rachete par aumosnes,] comme de pauures bestes de charge: & peut-estre plus de compassion que ceux-là mesmes qui les employent, & pour qui ils trauaillent, seulement ie cherchois leur justification dans le droict qu'ils pouuoient auoir de demander leur vie, sans estre dans le labeur des autres hommes; & ie ne croi pas qu'ils la puissent trouuer autre part que dans le bon-heur qu'ils ont d'vser leurs jours, y estans attachez par les clouds des vœux, au seruice des Anges du Seigneur des Armées,] qui sont les Prestres Cenobites, occupez à l'administration des Sacremens, à la distribution de la parole de Dieu, & au seruice des ames en l'ayde des Pasteurs. De cette façon ils sont Coadiuteurs temporels de ceux à qui l'Eglise n'a donné le droict de mandier sans trauailler des mains, qu'en qualité de Coadiuteurs Spirituels des Pasteurs, les obligeant par leurs Instituts qu'elle a approuuez, au secours des

L ij

Pasteurs ordinaires, comme estans des troupes de renfort dans l'Eglise Militante. Soyez doncques bien humbles & ayez de bons sentimens de vous mesmes,] ô Freres Seruans, reconnoissans que n'estans ni ne pouuans estre admis aux Ordres sacrez, soit par le rang que vous tenez entre les Cenobites, soit pour vostre incapacité aux Lettres, vous n'estes que des Freres Laïques, & seruiteurs des Prestres de vos Ordres : bien que l'on die qu'en quelques-vns de vos Instituts, ceux de vostre degré peuuent estre Superieurs des Maisons, des Prouinces, & mesme porter la qualité & l'auctorité de Generaux, en respect, & à la consideration de quelques-vns de vos Fondateurs & Instituteurs, que leur grande & profonde humilité a empeschez d'aspirer à la dignité de la Prestrise, Souuenez-vous qu'en cette qualité de Seruans vous mangez en quelque maniere le pain de ceux que vous seruez, puisque c'est par eux & pour eux, que vous auez droict de le mendier, & en cette maniere, comme fait le vrai baume, prenant le dessous de toutes les liqueurs ; pratiquez ce mot de sainct Paul, Soyez sujets & soumis à toute Creature

pour l'Amour de IESVS-CHRIST.]
Aduisent aussi les Prestres Mendians &
Cenobites, qui ont les talens requis par
leur Inſtitut, d'eſprouuer les eſprits, les
vocations, & les capacitez, pour n'admettre parmi eux à la profeſſion tant de
perſonnes qui n'ont nullement les qualitez requiſes en ceux de leur vacation,
qualitez qui ont fait approuuer leurs
Ordres, & auſſi de ne multiplier parmi-eux les Freres Laïcs & Seruans, qu'autant que la ſeule & ſimple neceſſité leur
fera connoiſtre auoir beſoin de ces aides.
Ce que ie di, non tant pour la charge
du public, qu'ils éuiteront par ce moyen,
que pour la deſcharge de leurs propres
conſciences. Car à quel propos, pour
trois ou quatre, ſept ou huict Predicateurs & Confeſſeurs Cenobites, qui ſeront dans vn Conuent, faudra-t'il que le
public porte le poids de cinquante, ſoixante, cent bouches quelquefois qui y
ſeront, tant en Freres Laïcs, qu'autres
qui ne font que chanter au Chœur, &
quelquefois (ce qui n'eſt que trop vray
& trop commun) auec ſi peu d'edification, que leur ſilence ſatisferoit dauantage.

L iij

Chap. XIII.

Des Freres du Chœur entre les Mendians.

Le chant est bon, il est vrai, mais ce n'est que leur accessoire, ce n'est par la base & le fondement de leurs Instituts : il a esté admis pour la consolation en Dieu par la Psalmodie de ceux qui seroient lassez du trauail de l'estude, de la Predication, & de l'administration des Sacremens. Ce n'est pas que la diuine loüange ne soit vne fonction Angelique, & qui demeurera aux Bienheureux dans le Ciel, où ils loüeront Dieu en sa Maison au siecle des siecles,] dit le Psalmiste. Mais ce n'est pas la principale fonction de ceux qui se disent obligez par leurs Instituts aux actions Clericales. Et que ces Chantres ne nous alleguent point, que par ce partage de Cenobites de Chœur, & de Cenobites de Chaire & de Confessionnal, leurs Ordres sont semblables à cette Sulamite du Cantique, où l'on ne voyoit. que Chœurs de combat-

tans, que battaillons de Choriſtes :]
& cet exemple ſi rechanté, ce chou
recuit tant de fois, des mains de Moyſe eſleuées tandis que Ioſué combattoit. Car pour renuerſer ces excuſes
ſpecieuſes ſur le viſage de ceux qui ſe
couurent de ſes ſacs moüillez ; Ie leur
demande ſi en vne bataille ou combat
il y auoit cinq cens trompettes qui ſonnaſſent la charge, à cinq ou ſix champions qui ſeuls joüaſſent des mains, ne
ſeroit-ce pas vne choſe ridicule ? Et ſi
Ioſué, auec tant de milliers d'Iſraëlites,
euſſent leué les mains vers les lieux
ſaincts ;] c'eſt à dire vers le Ciel, comme
Moyſe, Moyſe ſeul euſt-il auecque l'eſpée ſurmonté l'armée des Amalechites?
L'Oraiſon eſt bonne, il eſt vrai, elle fait
des miracles, ou pluſtoſt elle obtient que
Dieu en faſſe; mais c'eſt en ceux qui ſont
deſtinez à la vie Contemplatiue. Ceux
qui par leur vocation ſont appelez au ſeruice du prochain, ne ſont point attachez
principalement à la Pſalmodie, Ce n'eſt
pas que ie la blaſme entre les Cenobites Mendians, ah! non: (car qui peut
trouuer mauuaiſe vne choſe ſi ſaincte?)
mais ie di que ce n'eſt pas leur premiere
& maiſtreſſe fonction. Ce que fait bien

L iiij

voir la plus sçauante compagnie d'entre tous les Cenobites, & à qui sans enuie on ne peut desnier la gloire des Lettres & de la Pieté ; qui se consacrant à toutes les Fonctions Clericales, pour l'honneur de Dieu, & le seruice du prochain, a quitté la Psalmonie au Chœur, non à juste tiltre seulement, mais auec vtilité. Ie ne reprends donc point ni l'vsage & le seruice du Chœur, ni la mendicité, mais j'aduertis seulement ceux qui en font profession, de ne faire pas le principal de l'accessoire,& l'accessoire du principal, en remplissant leurs Maisons (qui doiuent estre comme des Tours de Dauid, & des Arsenacs pleins d'armes, d'espees, & de boucliers,] & des retraittes d'hommes adroits] à la guerre spirituelle contre les vices & l'erreur, garnis du glaiue de l'Esprit, qui est la parole de Dieu,]) de personnes inutiles à leurs Ordres ; & qui ne sçachans que chanter, seroient mieux logées dans les Maisons fondées & contemplatiues, destinées à l'exercice de la Psalmodie.

PARTIE QVATRIESME.

CHAPITRE. I.

On peut mal user des meilleures choses.

IL y a bien de la difference entre blasmer vne chose, & le mauuais vsage, ou l'excés que l'on y peut commettre par inconsideration. Ce Spartain fit mal qui fit arracher toutes les vignes du territoire de Lacedemone, il deuoit plutost corriger l'abus que l'on pouuoit faire de cette liqueur qui resiouyt le cœur de l'homme.] Le manger est vne chose & bonne & necessaire, mais le trop nuit à la santé, & surcharge l'estomac. On peut vser d'vne espée en bien & en mal, le Magistrat s'en sert pour la Iustice, vn meschant pour meurtrir. Il n'y a rien de sainct qu'vn prophane ne tourne à mal, jusques à la diuine Escriture, qu'à raison de cela on ne remet pas sans conderation entre les mains du vulgaire, le Diable mesme l'alleguant ¡ pour tenter le Saũueur ; & plusieurs au rapport de sainct Pierre, destournans dés ce temps-là les Epistres de sainct Paul, de leur vrai sens.] Combien est-il plus facile de malvser des Instituts, qui comme les ruisseaux clairs en leur source, s'alterent, & se troublent tousiours par le progrez ? Ce qui est destiné à vn sṽage, est par le cours des années insensiblement diuerti à vn autre, & j'ai veu des priuileges fort authentiques, donnez sur des causes legitimes, à des Cenobites fort bien viuãs, pour les exempter de la violence d'vn Pasteur Diocesain, dont la vie estoit de peu d'edification, seruir vn siecle & demi apres aux Cenobites de la mesme Maison, fort vicieux & desreglez, contre vn Ordinaire de grande vertu, & de saincte conuersation. Cela n'est il pas tout à fait contre l'intention du sainct Siege, qui n'ayant eu pour visée, que de deffendre le pauure & l'innocent, de l'insolente domination d'vn Puissant, abusant de son auctorité, ne l'eut iamais de soustenir le desordre contre vne puissance legitime, & ordonnée de Dieu. Il n'y a rien de plus sainct que les nouueaux Instituts des Communautez, soit fondées, soit Mendiantes, que Dieu suscite de temps en temps en son Eglise, comme autant de rondes qu'il enuoye sur les murailles de la Hierusalem Militante,] & comme autant de prouins dont il renouuelle sa vigne, en lui redonnant par ces nouuelles plumes, qui l'embellissent, & enuironnent de varietez,] la jeunesse de l'Aigle.] Et cependant le sainct Esprit parlant par le Concile de Trente, comme preuoyant que de là il pourroit arriuer du desordre par la misere humaine, en deffend la multiplicité, ainsi que nous auons remarqué cy-dessus. Et d'abondāt, pour monstrer que principalement la multiplication des Compagnies Mendiantes pourroient apporter & de la foule au public, & de la confusion entr'elles, il permit aux quatre Ordres des Mendians qui estoient lors, de receuoir des rentes; grace qui fut receuë de tous, excepté de l'Ordre des Mineurs, dautant que la pauureté Mendiante estoit le fondement, & comme la base de leur Regle. Ce qui est si bien pratiqué, que par l'Italie, & l'Espagne, presque tous les Couuents de ceux que nous appellons

L v j

Mendians, sinon ceux que nous auons nommez, ont des fondations & des reuenus asseurez. Mais depuis le Concile il s'est esleué vn si grand nombre de nouueaux Instituts, tant de fondez que de Mendians, & tant de nouuelles Reformes, Dieu le permettant ainsi, pour assister son Eglise, diuersement attaquée, & agitée par de nouuelles troupes, que nous auons compté iusques à vingt cinq Ordres (sans ceux qui nous sont inconnus) des seuls Mendians : Ordres tous differents, & qui ont presque tous des Generaux à part. Quant aux autres Ordres de Cenobites, qui viuent de rentes & d'heritages, & qui ont des Generaux à part; ie n'en sçai pas precisément le nombre, mais peut-estre qu'il n'est pas moindre que celui des Mendiãs, & ceux-ci sont beaucoup moins à charge au public; parce que leurs Maisons viuent de leur trauail, & du mesnage de leurs biens, comme les autres familles de la Republique, & ils en supportét les charges comme les autres Citoyens, selon les occasions des necessitez qui se presentent : encore qu'en leur particulier les Cenobites, par la desapropriation, soient aussi pauures, & dans le mesme

estat de perfection pour ce regard, &
pour celui des vœux, que les Mendians.
Ie sçay que Dieu & la Nature, ou plustost
Dieu par la Nature, adioustons & par
l'Eglise, ne fait rien qui ne soit vtile,
neantmoins comme nous voyons des
automnes dont les fruicts ne respondent
pas à l'abondáce des fleurs du Printemps
qui les a precedez : & comme les vignes
jettent beaucoup de pampres qu'il faut
esbourgeonner pour faire profiter le rai-
sin : aussi dans les meilleurs desseins, &
qui viennent de Dieu, les affections humaines qui se iettent à la trauerse, en-
gendrent quelquesfois des surcroissan-
ces, qui les font paroistre comme ce Colosse bigarré du Roy d'Assyrie, où il y
auoit peu d'or & d'argent, meslé auec
beaucoup de cuiure, de fer, & de terre: &
dont la cheute causee par vne petite
pierre, fait cognoistre que ce qui parois-
soit si luisant, & si haut n'estoit que poussiere, & que cendre. Combien y a-t'il de
choses en la Nature qui nous semblent
inutiles, & qui seruent neantmoins à
beaucoup de choses que nous ne sçauons ? il y en a mesmes que nous tenons
dangereuses & nuisibles, comme les poisons, les animaux farouches, les gresles,

& les orages, qui seruent à la Prouidence à beaucoup de bons vsages. Ce qui est la mort d'vn animal, est la nourriture d'vn autre ; les mousches mesmes, & les vermisseaux seruët de pasture aux oisillons, & cette grande varieté de creatures embellit extrémement la face de l'vniuers, & annonce la gloire & la grandeur de son ouurier.] Que sçauons-nous si celui qui est plus que Salomon & Assuere, ne veut point nous desployer les merueilles de sa magnificence, en l'agreable multiplicité de tant d'Instituts Cenobitiques, ainsi que monstre bien amplement le bon Platus en son second liure du bien de l'Estat appellé Regulier ? Si cela est, comme il y a grande apparence, n'est-ce pas à nous à admirer cette disposition plustost qu'à la controoller ? Qui sçait si Dieu ne permet point cette multiplication des Ordres Mendians, principalement de celui que l'on appelle Seraphique, l'Eglise disant en l'Oraison de son sainct Instituteur, que Dieu par ses merites remplit l'Eglise de temps en temps de l'enfantement de quelque nouuelle lignee, pour exercer la liberale Charité des donneurs par la quantité des demandeurs, qui disent auec sainct

Auguſtin, donnez-moy la terre, & receuez le Ciel en eſchange.] Vous penſez que cela ſoit à charge? nullement, ſi ce n'eſt comme les plumes chargent les oiſeaux, mais ſans ce faix ils ne ſeroient pas legers, & ne pourroient pas s'eſleuer en l'air. Receuoir les Prophetes de Dieu, n'eſt ce pas receuoir ce Dieu meſme, qui a dit, Ce que vous ferez aux plus petits de ceux-ci, monſtrant les pauures, c'eſt à moy que s'addreſſe le bien fait.] Et puis quand il n'y auroit autre raiſon, ſinon que Dieu le permet, & l'Egliſe l'approuue, qui ne mordra la terre ſous cette auctorité; qui demandera des raiſons apres cette volonté, comme ſi cette volonté n'eſtoit pas la raiſon meſme? Raiſon Diuine infiniment au deſſus de toute humaine raiſon. Auſſi n'ay-ie pas aduancé tout ce que i'ay produit pour choquer cette auctorité, ſçachant que ce rocher eſt vn briſant, qui fait faire naufrage à tous les vaiſſeaux qui le heurtent, & que c'eſt vne tres-folle temerité, & vne audace trop preſomptueuſe, de vouloir eſleuer ſon iugement ſur ce qui eſt ordonné par ce ſupréme Tribunal,] ce ſont les termes veritables d'vn Pere de l'Egliſe. Mais seulement i'ay voulu sonder si ceux qui vsent de cette faculté de mendier qui a esté donnée à leurs instituts, se tiennent dãs les termes qui leur ont esté prescrits, & s'ils font les fonctions en consideration dequoy ils ont obtenu ce priuilege. Cecy est de fait, dequoy l'on peut disputer; l'autre de droict, qu'il faut reuerer, d'autant que celui qui sonde la Majesté est opprimé de la gloire.] Or comme vn fleuue quelque profond que soit son lict, enflé des pluyes de l'hyuer, ou des neiges fonduës, qui au Printemps coulent des montagnes, sort de ses bornes, & se respand par les campagnes, ou s'il ne fait grands rauages,] il y fait tousiours des lauages, & y laisse du sable ou du limon. Aussi les Societez Cenobitiques, de quelques grandes graces que le sainct Siege lés fauorise au commencement de leur Institution, vont tousiours les aggrandissant par le progrez, & s'accroissans par la suite du temps, plustost en nombre d'hommes qu'en Vertu. Il arriue souuent que les faueurs qui ont esté faictes aux saincts & dignes personnages, qui ont eu les premices des l'esprit,] & qui en ont bien vsé, passent à leurs successeurs, qui sont bien heritiers de leur ha-

desinteressé. 257

bit, non de leurs habitudes, de leurs regles, & de leurs maisons, non de leur obseruance, & de leur capacité : & ainsi ce qui a esté fait pour les bons & vtiles, sert abusiuement aux mauuais & inutiles. Ce que nous lisons en la Chronique d'vn Ordre excellent que ie ne veux pas nommer ; car comme en vn temps de grande contagion les Cenobites chantoient les Litanies aupres du tombeau de leur Bien-heureux Fondateur, & repetoient plusieurs fois, ô nostre sainct Pere, priez pour nous ; vne voix sortit de ce sepulchre, qui respondit à ces Cenobites, assez esloignez en leurs mœurs de la sainctetè de leur Institut, Ny ie ne suis vostre Pere, ny vous n'estes mes enfans; par où il leur reprochoit le manquement de leur obseruance, & combien ils estoiēt descheus de la premiere Charité de ceux qui auoient establi leur Ordre, qui auoit autrefois esté si florissant.

Chap. II.
Origine & Institut des Médians.

CAr il est vray que les assemblees des Mendians, comme des Compagnies d'elite, & s'il faut ainsi dire, des troupes de volontaires, & de caualerie legere, ont esté admises en l'Eglise, (qui auparauant n'auoit approuué que des Cenobites fondez) pour y prescher & administrer les Sacremens, par l'enuoy & la permission, & pour l'aide & le soulagement des Pasteurs : c'est là le but principal de leurs Instituts, & non de chanter, ou de s'occuper au seruice du Chœur, en quoy ils ne sont pas tant necessaires aux Pasteurs, ny à la conduite des Ames, puisque tant d'autres Cenobites, viuans de fondations, s'y exercent si loüablement. De sorte que si maintenant parmy eux, pour vn Predicateur & Confesseur, il s'en trouue trente, tant Choristes que Freres Laics, mesmes parmy des plus reformez; qui ne voit qu'en cela ils passent les limites de l'intention de l'Eglise, qui n'a iamais esté de nous enuoyer tant de Chantres, de qui l'on pourroit dire ce que le Spartain dit du Rossignol : Tu n'es qu'vne voix, & rien plus. Et de fait, de ces quatre Ordres principaux qui portent le tiltre de Mendians, il y en a trois, dont deux ont la regle de sainct Augustin, qui ne parle nullement de mendicité : encore moins celle de sainct Basile, dont il y a tant de Cenobites en Orient, qui viuent de leurs poſſeſſions ou rentes, ou du trauail de leurs mains. Le premier donc qui leua en l'Egliſe l'eſtendard de la mendicité, ce fut ce grand & Seraphique Sainct Fondateur des Mineurs, qui fut en cela contredit, & au dedans de ſon Ordre qui fut criblé, & diuiſé deſia de ſon temps par ceux qui voulurent viure de fondation, & ceux qui demeurerent en l'obſeruance de la lettre rigoureuſe de cette ſaincte Regle, qui lui fut donnée du Ciel, comme à vn autre Moyſe, ſur le mont Aluerne, à ce que diſent les Chroniques. Le Fondateur des Preſcheurs, qui eſtant de l'Ordre de ſainct Auguſtin, qu'ils appellent des Chanoines Reguliers, leua la banniere de la Predication contre les Albigeois, & grand amy du Seraphique Inſtituteur des Mineurs, eut de la peine à trouuer bonne cette mendicité, iuſques à ce qu'il euſt veu reluire l'eſclat de la Diuine Prouidence à ce celebre Chapitre des Nattes, ſi bien deſcrit dans les admirables Chroniques des Mineurs, où tant de milliers de

Religieux viuoient des aumoſnes que de tous coſtez on leur apportoit, ſans qu'ils les demandaſſent: miracle comparé à celuy de la multitude, nourrie au deſert par les pains que multiplia le Sauueur. Car alors le Bien-heureux Fondateur des Preſcheurs voyant le grand aduantage de la mendicité ſur toutes les rentes & reuenus, renonça, non tant à ceux qu'il auoit) d'autant que ſon Ordre commençant encore, n'en auoit pas beaucoup amaſſé) qu'à ceux qu'il pouuoit auoir: pour faire ſuiure à ſes ſectateurs vn meſme genre de vie que celuy des Mineurs. Les Hermites de S. Auguſtin & ceux de S. Baſile, ſous le titre de la Montagne d'Elie, ſuiuirent cette trace, & ainſi ſe formerent en l'Egliſe ces quatre Communautez mendiantes il y a enuiron quatre ſiecles: dont il y en a trois qui n'ont point commencé leur Inſtitut par la mendicité, mais ſeulement par imitation de celle des Mineurs, qui les derniers en la datte du temps, quant à l'Inſtitution, ont eſté les premiers en la pratique de la mendicité, qui iuſques alors n'auoit point eſté en l'Ordre Eccleſiaſtique. Cette nouueauté arma certains eſprits, eſpris d'vn zele amer, ſans diſcretion, & ie dirois encore sans science.] mais ils n'en auoient que trop, non de celles des Sainɔts, fondee en la Charité qui edifie,] mais de celle qui enfle,]& qui fait pecher ceux qui la possedent, & les fait condamner par leur propre iugement.] Ceux-cy escriuirent contre ces saincts Instituts des inuectiues venimeuses, pleines de bile & d'animosité, contre qui sainct Thomas escriuit ces Diuins Traitez, qui seruent d'espée & de bouclier, ie veux dire d'arme offensiue & defensiue à tous les Mendians. L'auctorité, la Doctrine, & la Pieté de ce grād Sainct, qui fut à dire la verité, plustost vn Ange qu'vn homme, rendit infame les noms des Autheurs de ces Satyres, qui auoient fait comme les Geans des Poëtes, qui s'enseuelirent sous les montagnes qu'ils auoient entassees. Car il renuersa leur douleur & leur iniquité sur leurs testes auecque tant d'efficace,] qu'il trancha sans resource les testes à cette Hydre fermant la bouche pour iamais à tous ces mesdisans par son Opuscule treisiesme, & les deux qui suiuent: dont il tira depuis les belles resolutions qu'il apporte touchant la mendicité Cenobitique, & le trauail des mains en la question cent quarre. vingt-sixiesme de sa seconde seconde. Or tant s'en faut que ie touche à cette cenobitique mendicité, & à cette exemption du trauail des mains, si bien soustenuës, & par tant de raisons & auctoritez, & que quand ie serois mauuais iusques à ce poinct (dequoy Dieu me preserue) que de les vouloir heurter ou reprendre, certes ie ne voudrois pour rien du monde choquer ny blesser la Charité fraternelle. Mais reprenant le mauuais vsage d'vne bonne chose, d'où sortent ces plaintes iniustes, de quelques Directeurs Cenobites, ie ne croy pas offencer vne condition toute saincte, & qui n'est pas coulpable des deffauts de quelques particuliers, qui se seruent mal du bon-heur qu'ils ont d'y estre rangez: se plaignans mal à propos des souffrances de quelques incommoditez inseparables de la pauureté mendiante, qui par vn silence modeste leur tourneroient à merite deuant Dieu, & à gloire deuant les hommes.

Chap. III.

L'objection des robustes qui mandient, refutée.

OR dans ces beaux ouurages de S. Thomas que i'ay citez, i'ai fait vne remarque dont ie diray icy en passant vne parole. Il rebat assez souuent, principalement en l'Opuscule quinziesme, l'objection tirée de cette loy du Code, qui est faite contre les robustes Mendians : nœud que ce grand & incomparable esprit pouuoit trancher d'vn reuers, comme le Gordien le fut par Alexandre, & cependant il s'en demene, il s'en empresse comme s'il luy donnoit de la peine à demesler. Il se rétracte en la question de sa Somme que i'ai cité en l'article cinquiesme, où il se fait voir, comme par tout ailleurs, meilleur Philosophe, & Theologien que Iurisconsulte : Car cette loi ne parlant que de ces Quaimans casaniers, qui forts, vigoureux, & pleins de santé, aiment mieux gaigner leur vie à demander, qu'à trauailler, la faineantise leur faisant essuyer toute honte, & leur faisant preferer vne grasse oisiueté à vn honneste labeur, qui ne voit que la Iustice publique a interest de chastier ces sangsuës, qui par leurs artifices tirent à eux les aumosnes, qui seroient mieux appliquees au soulagement de ceux qui sont vrayement pauures, & dans vne pressante necessité? Or quelle comparaison peut-on faire (si ce n'est par vne malice noire & iniurieuse) de ces frippons, qui sont comme les rats & la vermine des Republiques, auec la sainėteté de ceux dont l'Eglise approuue la pauureté volontairement voüee & mendiante, en consideration des grands seruices qu'ils rendent aux Pasteurs, en instruisant & conduisant par maniere d'aide & de secours les Ames des fideles? Quelle effronterie seroit-ce d'appeller faineant celui qui coopere à l'art des arts, qui est la pasture des Ames, art comme le plus difficile, aussi le plus laborieux & perilleux de tous les autres? Or comme l'orgueil de ceux qui haïssent le vray bien, monte tousiours,] ce n'estoit ny aux freres Laics, ny à ceux du Chœur simplement que s'attaquoient ces diffamans aduersaires des Mendians, mais ils s'en prenoient par fureur plus que par raison,

raison, aux Predicateurs, & Confesseurs de ces saincts Ordres, coadiuteurs en cela des Pasteurs, Ordinaires deleguez pour cela par le Sainct Siege. Cela n'estoit-ce pas imiter le mastin qui mord la pierre, non celui qui la ruë, s'addressans aux enuoyez, non à celui qui les enuoye, dont l'eminence est trop esleuée pour este sujette aux atteintes de personnes si basses, & qui estoient dans les obscuritez entre les morts du siecle?] Et ce qui est de plus considerable, c'est que ces excellens, & tres-vtiles Instituts, estoient lors en leur naissance, & comme des jeunes plantes qui n'auoient point encore accueilli de mousse. Tous ceux qui y estoient admis, n'ayans les premiers Chrestiens, qu'vn cœur & vne ame,] & vne mesme pretention, jointe à la capacité de seruir les Ames, & soulager les Pasteurs en leurs charges, dont le faix seroit redoutable aux espaules des Anges.] Comme donc eussent-ils enflé leurs poulmons, & crié hautement, s'ils eussent veu ce qui est arriué depuis, des flottes de Freres Seruans, & de Choristes, meslez parmy si peu de Predicateurs & Confesseurs, que l'on peut dire qu'en ces armées, le bagage, & la suite

(que les Latins appelent du nom d'empeschemens) surpasse infiniment celuy des Champions.

Chap. IV.

Deux passages de S. Augustin, & vn exemple notable.

COmbien fortement-eussent-ils entonné ces passages de S. Augustin au liure des ouurages des Moines, (à qui S. Thomas, tant en l'Opuscule 15. qu'en sa Somme, en la question citée en l'article 5. donne de si belles interpretations) dont le premier est du Chapitre 22. où cette Aigle des Docteurs parle ainsi: Plusieurs d'vne condition abiecte & seruile dans le siecle, viennent à cette saincte profession du seruice de Dieu, (il parle du Monachisme) quittans la vie rustique, & de païsan, ou les boutiques des artisans, & les trauaux mecaniques, dont il n'apparoist point, s'ils sont venus par vn bon propos de seruir Dieu, ou bien pour fuir vne vie pauure, penible, & laborieuse, & pour estre vestus & nourris sans rien faire, & de plus honnorez de ceux dont ils estoiēt mesprisez & foulez aux pieds auparauant. Ceux-là se peuuent-ils iustement excuser du trauail des mains, en estans conuaincus par leur premiere vie qu'ils gaignoiēt en la sueur de leurs visages?] & au Chapitre 25. S'ils ne veulent trauailler, qu'ils ne mangent point; car la Pieté ne doit pas estre cause que les riches s'humilient, afin que les pauures deuiennent orgueilleux,] Ie confirmeray ce discours de S. Augustin par vn exemple notable que i'ai appris de la bouche mesme d'vn docte & deuot Cenobite, d'vn Ordre fort reformé, qui menant auec soy en sa visite vn compagnon (car il estoit lors Prouincial) qui auoit eu l'honneur dans le siecle d'estre Laquais, & puis Cuisinier d'vn Gentilhomme de marque, ami & Bien-faicteur de l'Ordre, où il fut receu à la priere & recommandation de son Maistre estant vn iour arriué en vne Ville Episcopale, où il y auoit vn Conuēt de l'Ordre, aussi tost il fut inuité par l'Euesque à manger, selon la bien-seance & l'hospitalité tant recommandée aux Prelats : & quelques iours apres l'Archidiacre, qui estoit la premiere dignité en la Cathedrale, apres celle de l'Euesque, & grand amy de l'Or-

M ij

dre, le pria encore à sa table, où ayant esté fort bien & honorablement traitté, il n'y eut que le frere Conuers, qui en sortit mal-content, murmurant à son Prouincial contre l'arrogance, & l'inciuilité de l'Archidiacre, qui faisoit, disoit-il, le petit Prelat, & ne luy auoit pas fait plus d'honneur que Monsieur l'Euesque, parce que l'Archidiacre ayant mis auec beaucoup de respect Monsieur le Prouincial en la premiere place, auoit pris la seconde pour soy, & n'auoit donné que la troisiesme au venerable Frere, en lui disant, Mon Frere mettez vous là, se plaignant de la grossiereté de l'Archidiacre, qui n'auoit pas eu l'esprit de recõnoistre la valeur & le merite d'vn cenobite reformé, tel qu'il estoit ou pensoit estre. Ie ne veux point amplifier par paroles l'amplitude de cette vanité, qui parle assez d'elle-mesme, puisque n'ayãt changé que d'habit, & non de condition, parce que de valet de pied estant deuenu questeur hors du conuent, mestier qu'il n'exerçoit pas à cheual, comme vous pouuez croire, & au dedans estant employé au ministere de la cuisine, il se plaignoit qu'vn Archidiacre inciuil, ne l'auoit pas traitté en Euesque. Le Prouincial m'a dit qu'il

desinteressé. 269

lui laua la teste d'vne forte lexiue, mais peut-estre lauoit-il de ces animaux à qui ces lauemēs profitent de peu. Ie n'apporte point l'exēple de cét impertinent pour en tirer autre consequēce, que de la confirmation des paroles de S. Augustin cōtre les pauures superbes, qui font gloire de ce que les riches prennent pour humilité. Car comme nous sçauons qu'il y en a plusieurs qui s'en font accroire, & qui leuēt les cornes dans les communautez, qui eussent esté dans le siecle le rebut & la balieure du monde, & l'abiection mesme abusans insolemment de la saincteté de leur habit & de leur profession; nous n'ignorons pas aussi qu'il y en a vne infinité d'autres, qui, soit qu'ils ayent beaucoup laissé, soit qu'ils n'ayent rien quitté, portēt la Croix de I. C. auec tant de douceur, d'humilité, & de modestie, qu'ils peuuent dire auec le Psalmiste, qu'ils ont mieux aimé estre abiects en la maison de Dieu, qu'estre grands & riches parmy les tabernacles des Pecheurs.] Mais veyons vn autre passage de S. Augustin au mesme liure des Ouurages des Moines, au chapitre 28. cité par S. Thomas en l'Opuscule, & en l'article que nous auons marquez. Le tres-rusé aduersaire de

M iij

noſtre ſalut, a diſperſé çà & là ſoꝰ l'habit de Moines vne infinité d'hypocrites qui rodent par les Prouinces, qui tous demandent, tous exigent l'entretien d'vne grace & profitable mendicité, ou le prix d'vne feinte & contrefaite ſainĉteté.] A cela le grand S. Thomas reſpond ce qui eſt tres-vray, que S. Auguſtin ne blaſme que ceux qui veulent par la mendicité viure à leurs aiſes ſans trauailler. Or les Cenobites qui preſchent & adminiſtrēt les Sacremēs, trauaillent aſſez pour auoir droiĉt, au moins par Charité, de demander humblement leur vie; ce qui eſt encore tres-juſte, & tres-veritable.

Chap. V.

De la mendicité des freres Laïcs, & des Choriſtes.

Mais ſi cela a lieu pour les Freres Laïcs, & ceux qui ne ſe tuent qu'au Chœur, c'eſt dequoy il ne parle point, & c'eſt ce qu'il ſeroit bon de ſçauoir, eſtant aucunement probable que l'Egliſe n'a pas eu intention en enuoyant des aydes aux Paſteurs, à qui elle permet la mendicité, de la permettre encore à vn grand nombre de gens, qui ne rendent aucun seruice aux Ames, & qui d'ailleurs pourroient viure, estans sains & robustes, de leur trauail, ou de leur bien. Sainct Thomas adiouste, que trois causes peuuent auctoriser la mendicité, & la rendre legitime, mesme dans le monde. La premiere, l'humilité ; ce qu'il prouue par l'exemple de ceux qui grands & riches, pour faire penitence, & pour s'humilier font vœu de faire des pelerinages en demandant l'aumosne. La seconde, l'vtilité, comme quand on fait la queste pour faire vn pont, ou vne Eglise pour l'vsage public. La troisiesme, la necessité, comme quand vn homme est reduit à telle extremité par son desastre, qu'ayant perdu tous ses biens, & ne pouuant viure du trauail de ses mains, il est contraint d'auoir recours à la Charité d'autruy. Et pourquoy, dit-il, en ces trois cas, ce qui est permis aux seculiers ne le sera-t'il pas aux Cenobites Mendians ? Cela certes combat puissamment pour céux qui ont quitté leurs honneurs, & leurs biens dans le siecle, pour viure en humilité & pauureté dans le seruice de Dieu, & pour les Predicateurs, & Directeurs des Ames, qui font par leurs instructions des ponts pour aller au Ciel, & qui edifient les murs, c'est à dire les murs de la spirituelle Ierusalem] Mais voyent ceux qui sont plus penetrans que moy, si cela conuient à ceux qui ne quittent rien, qui ne sçauent rien, & qui ne seruent point les Ames. Et quant au cas de la necessité, outre qu'il n'est point sujet aux loix ordinaires, il se doit entendre de la necessité inuolontaire, car autrement il n'y a nulle necessité de se mettre volontairement en estat de necessité. En somme il n'est pas question de sçauoir si l'exemption du trauail des mains donnée aux Cenobites qui seruent les Ames, auec la permissiõ de mendier, sont de bonnes choses, car la seule approbation de leurs Instituts faite par l'Eglise, ou par son Chef, le monstre assez: mais seulement si ceux qui portent le mesme habit, & ne font point cette fonction, doiuent iouïr de ce priuilege Cenobitique, & au lieu que les seculiers de quelque qualité qu'ils soiët, ont permission de trauailler, & non pas celle de demander, s'ils sont en estat de pouuoir viure de leur labeur, sçauoir si les Reguliers qui ne sont point employez au seruice des Ames, & qui d'ailleurs sont robustes & sains, ont pouuoir de demander sans trauailler. Et ne faut pas dire qu'ils trauaillent en seruant ceux qui trauaillent ; car il faudroit auparauant qu'ils prouuassent que ceux qui trauaillent au seruice des Ames, ayans fait vœu de pauureté & de mendicité ont droict de se faire seruir, & de faire demander leurs besoins par leurs seruiteurs, ce que nous auons balancé cy-dessus, & de plus qu'ils monstrassent que l'Eglise leur eust donné droict de viure du trauail de ceux qui vacquent à l'instruction & à la direction du peuple. De permission expresse de cela, ie n'en sçay point, qu'elle le souffre, ie le voy, & c'est ce qui m'arreste, & ce qui fait que, comme en matiere de foy, ie rends mon entendement captif, & reduits ma raison en seruitude.] Possible dira-t'on que dans les Communautez fondees il y a quantité de Freres Laïcs, Oblats, Conuers, Seruans (qu'on les appelle comme l'on voudra,) qui viuent du seruice qu'ils rendent à ceux du Chœur. Et par exemple particulier, ils tiennent par ancienne tradition en l'Abbaye où sainct Bernard estoit Superieur, que du temps de ce grand personnage (l'vne des plus grandes lumieres qui ait paru en l'Eglise depuis les Apostres) qu'il y auoit sept cens Cenobites, trois cens du Chœur, & 400. Freres Laics, ce que l'on recueille mesme du nombre des Chaires ou formes qui sont dans le Chœur, pour ceux qui vacquoient à la Psalmodie, & aux Diuins Offices, & quatre cens qui sont dans la Nef de l'Eglise, où se rangeoient les Conuers. Mais il y a vn grãd Chaos, & vne extréme difference en ce fait, entre les Cenobites fondez & les Mendians: car ceux-là viuent du leur, soit du mesnage de leurs deuanciers, soit de ce qu'ils ont apporté à la masse de la Communauté, soit de leur trauail propre, soit de quelques donations, ou legs pieux faits par de grands Seigneurs, ou des personnes riches: ils font valoir leurs terres, cultiuent leurs possessions, exigent leurs rentes, & en somme sans estre à charge, ny au public, ny aux particuliers, ils viuent comme les familles priuees dans le monde, de ce qu'elles ont de reuenu, en cas de guerre, de famine, ou de peste, de tempestes, d'embrasemens, de brigandages, & de tant d'autres pertes & malheurs dont cette vie est pleine, ils jeusnent, souffrent, & portent ces desastres sans autre assistance que de leurs amis ou parens : sans estre sur les bras du public. A Clervaux, mesmes dont nous auons pris l'exemple, on peut dire que les reuenus qui y sont viennent plustost du trauail & du mesnage des Cenobites, tant Conuers que de ceux du Chœur, que des liberalitez des Grands, qui certes y ont donné quelque chose, mais vne partie fort esloignee du Tout. Car alors les Freres Seruans trauaillans sans cesse, sans aucune proprieté, ny particulier interest, ieusnans & se mortifians sans cesse, & ne visans qu'au seruice de Dieu & de la Communauté, cette vnion estoit capable d'amasser dequoy acquerir vne Prouince, s'ils n'eussent trauaillé selon le conseil de sainct Paul pour soulager les necessiteux,] à qui ils auoient plus de soin de faire des aumosnes qu'à accroistre leurs possessions. Ceux mesmes qui estoient honorez de la dignité de Prestrise, n'estoient pas exempts des ouurages des mains, comme il est aisé de recueillir de plusieurs Homelies de sainct Bernard, qu'il tranche souuent au milieu d'vn discours, à cause de la cloche qui appelloit au trauail des mains la communauté des Choristes. Et dans la regle mesme de sainct Benoist il est dit que le scapulaire (qui estoit commun aux Prestres comme aux Conuers) est vne espece d'habillement propre pour le labeur des mains. I'adiouste à tout cecy que si vn Conuent fondé a des reuenus suffisans pour nourrir ses Conuentuels, ils n'ont nulle obligation de trauailler corporellement, non plus que les Seculiers qui sont riches; les Conuers satisfaisans à leur deuoir en seruant les Prestres, & les Choristes au leur, en faisant l'Office, puis que leurs Instituts & leurs Fondateurs ne les obligent qu'à la retraite, à la closture, à la solitude, au silence, à l'oraison & contemplation, nullement au seruice des ames, ny aux fonctions Clericales. Il n'en est pas ainsi des Cenobites Mendians, qui, outre qu'ils font estat d'vne pauureté plus estroite, puis qu'elle passe iusques à la cōmunauté, qui ne peut posseder aucun immeuble, sont encore obligez par leurs Instituts au seruice du public, par l'administration de la parole de Dieu, & des Sacremens en l'aide des Pasteurs, & en consideration de cela ont permission de demander leurs necessitez, pourueu que le peuple n'en soit point surchargé, ce qui peut arriuer par le nombre superflu des Freres Conuers, & de ceux qui ne seruent qu'au Chœur, pourquoy principalement ils n'ont pas esté establis en l'Eglise. Au reste, en cas de trois fleaux de peste, de guerre, & de famine, quand ils ne trouuent pas leurs necessitez aux maisons des particuliers, ils ont recours au corps des villes qui les ont receus, pour estre entretenus aux despens du public, où ils trouuent vne liberale assistance. Voyent maintenant par cette conference si ceux qui ne seruent qu'au Chœur parmy les Mendians, comme aussi les Freres Conuers qui ne seruent qu'à quester pour les Predicateurs & Confesseurs de leurs Ordres, satisfont par ce seruice au fondement de leurs Instituts, & à l'intention de l'Eglise qui les a approuuez, ou s'ils ont quelque obligation de trauailler, ie di pour gagner au moins vne partie de leur vie, du trauail de leurs mains, au temps qu'ils ne sont pas employez à ces seruices. Car posé le cas qu'vn Frere Seruant n'allast à la queste qu'vn iour de la semaine, & se reposast les six qui restent, satisferoit il à sa Regle ou au commandement de Dieu, qui ordonne que l'on trauaille six iours, ne destinant au repos que le septiesme? Et si le Choriste apres sept heures que l'on donne ordinairement au sommeil, en donne trois ou quatre au chant du Chœur, que deuiendront les treize qui restent des vingt-quatre du iour? quatre heures de Psalmodie alternatiue, en demandent-elles vingt pour respirer? Quant aux Predicateurs & Directeurs des ames, il n'en est pas de mesme, d'autant que, selon la promptitude ou pesanteur des esprits, il y en a à qui la fonction de prescher couste fort peu de temps & d'estude, & d'autres qui trauaillent estrangement pour se bien acquiter, & auec fruict de ce sainct deuoir. Ils ont tousiours l'esprit tendu apres leurs Sermons, & il y a tel qui sera toute l'annee à polir & dresser les predications d'vn Aduent ou d'vn Caresme: Quant aux Directeurs ils sont tellement attachez par les oreilles, & occupez de telle sorte, & s'il faut ainsi dire, abandonnez à tous ceux qui les demandent, & ont recours à eux, partageans à toute heure & à tous propos les eaux de leur science par les places, faisans distribution des fontaines de leur doctrine,] selon les besoins spirituels des ames qui les consultent, qu'ils ne peuuent disposer que d'aucuns momens par cy, par là, principalement s'ils sont attentifs à visiter les prisonniers, les malades, & les personnes miserables, affligees, & qui ont besoin de consolation, dont il y a tousiours abondance dans les grandes villes. Disons donc pour la satisfaction des Choristes & Freres Conuers, que si leur conscience ne les reprend point,] & qu'ils se trouuent raisonnablement chargez de trauail vtile, & qui puisse tourner à l'aduantage, soit spirituel, soit temporel de ceux à qui ils demandent leur entretien, ils doiuent demeurer en paix, & ne se figurer pas que l'Estat Cenobitique estant vne image fort naïfue du Paradis ou Terrestre ou Celeste, selon les amples comparaisons qu'en font sainct Antonin en sa Somme, & Hierosme Platus au chapitre quatorziesme de son troisiesme Liure du Bien de la vie Cenobitique, il faille pourtant y viure sans trauail: car encore que le Royaume de Dieu ne soit ny boire ny manger, mais joye & paix au sainct Esprit,] si est-ce qu'en l'estat mesme d'innocence, & dans vn iardin de delices, qui produifoit des fruicts en tout temps; noftre premier Pere y fut logé de la main de Dieu pour y trauailler & le garder.]

Il eft vray, difent les Theologiens Moraux, que le voyager exempte du ieufne qui eft de precepte, mais cela s'entend fi le trauail du voyage eft tel qui ofte les forces neceffaires pour fupporter le ieufne auec la peine de cheminer. A voftre aduis, celui qui iroit à fon aife fur vn bon cheual, ou dans vn caroffe, auroit-il fujet de s'exempter du ieufne ? & fi vn homme mefme qui fait vn grand & long voyage à pied, mais à fi petites traittes comme d'vne lieuë ou deux par iour, felon la condition du perfonnage, auroit-il occafion de rompre le ieufne? & s'il fe repofoit des iours entiers, durant ces iours de repos ne feroit-il pas obligé de ieufner ? Dittes le mefme de ceux qui entre les Mendians ne feruent qu'au Chœur, ou à faire la quefte, fi ce trauail leur eft tel qu'il foit incompatible auecque tout autre, ils ont fans doute droict de viure de leur mendicité, felon la permiffion que l'Eglife en donne à leurs Ordres. Si cela n'eft pas, il y a quelque raifon d'en douter, dont ie laiffe la decifion à Meffieurs nos

desinteressé.

Maistres L'exemple des Apostres trauaillans de leurs mains, & pour viure de leur labeur, apres auoir tout quitté, apres leur eleuation à l'Apostolat, en preschant, administrant les Sacremens, & gouuernant toute l'Eglise, est à mon aduis, vn argument fort pressant, & dont ie ne voi pas à mon gré, que se demeslent trop heureusement ceux qui semblent auoir pris comme à tasche, de bannir le trauail des mains des lieux Cenobitiques & Mendians.

CHAP. VI.

Si leurs plaintes sont receuables.

MAis à quel propos, me dira t'on, faire vne digression si ample pour examiner la mendicité des Freres, qui ne seruent qu'au Chœur, & des Conuers, qui sont parmi les Cenobites Mendians, veu que ceux-là ne se meslent en aucune maniere, ni de la Predication, ni de la direction des Ames, & cependãt vous parliez au cõmencement des injustes plaintes des Directeurs spirituels Cenobites? En voici deux de poids & de mesure, &

receuables, comme ie croi, de tout esprit iuste. La premiere raison est que ce sont pour l'ordinaire ces Freres Laïcs, comme moins judicieux & considerez, qui font sonner plus haut les plaintes de leur pauureté, dés qu'il leur manque quelque chose qu'ils estiment leur estre necessaire. Or ie leur ay bien voulu monstrer leur injustice, & qu'ils ont encore beaucoup moins de droict de se plaindre que de demander, par les preuues que nous auons apportées. Ce que ie di, au cas que ces plaintes procedent de leur mouuement. Mais dautant que souuent ils ne sont que les echos des voix de ceux qui les enuoyent en queste, & qui sont vnis auec eux en mesmes interests, & semblables à deux violes qui resonnent en mesme temps, encore qu'il n'y en ait qu'vne de touchée, ou à ces pauures jumelles, dont parle Pline, dont l'vne communique à l'autre sa meurtrisseure : Ne vous semble-t'il pas que i'ai deu refuter en eux les plaintes que les Directeurs Cenobites leur font faire de la necessité & des besoins de la petite Communauté? Mais voici vne raison qui me semble plus forte que la precedente ; c'est qu'il y a plusieurs de ces Freres Conuers, & plus encore de ceux qui ne seruent qu'au Chœur, & nullement à la Predication, ni à la Confession, qui s'ingerent à la direction & conduite spirituelle de quelques personnes deuotes, auecque vne hardiesse qui n'est pas moindre que leur impertinence, & l'vne & l'autre ne sont pas supportables. Car si vn ignorant en meine vn autre, qu'arriuera t'il, sinon qu'ils tombent tous deux dans la fosse de l'ignorance? Qui ne blasmera l'audace de ceux qui sans authorité mettent la main à l'encensoir, & sans la science de la voix, vsurpent secrettement l'Office d'enseigner en l'Eglise, se faisans sourdines, ne pouuans estre trompettes en la Maison de Dieu? Abus insupportable, & qui n'est gueres moindre que le sacrilege de ceux qui allumoient les sacrifices d'vn feu estranger. Et comme il n'y a faute qui ne se colore de quelque pretexte, ni doublet qui n'ait sa feuille pour paroistre vne pierre fine, ils se fondent sur l'exemple de quelques anciens personnages, eminens en sainteté, dont Dieu s'est serui extraordinairement pour enseigner ses voyes aux hommes, qui n'auoient ni le caractere de Prestrise, ni la qualité de Docteurs, en l'Eglise de Dieu.

Sans considerer qu'ils n'ont pas les Vertus qui authorisent ces Saincts, qui n'alloient que par l'humilité & simplicité, ou ceux-ci s'esleuent par presomption & subtilité. Ie dirai plus, que cette outrecuidance, passe iusqu'à des filles, qui ayãs deffense de parler, & commandement de se taire en l'Eglise, s'en font accroire iusqu'à ce poinct, sous le manteau de ie ne sçai quelle spiritualité, & vie interieure, de vouloir seruir de Directrices à certaines Ames du siecle, dont la deuote stupidité n'est gueres moins ridicule, que l'arrogante vanité de ces Doctoresses, qui contrefaisans les Prophetesses, les sçauantes, & les courageuses, comme Debbora, la sœur de Moyse, Anne la Thecuite, & Iudith, & sous le pretexte que saincte Brigitte, saincte Mathilde, saincte Gertrude, la B. Angele de Foligny, les BB. Catherines de Sienne & de Gennes, & la grande saincte Therese, ont eu des graces particulieres pour entendre & pour expliquer les voyes mistiques, s'imaginent qu'elles ont la mesme connoissance & capacité, encore qu'elles soient autant esloignées de la suffisance, que des vertus de ces eminentes Sainctes.

desintereßé.

Chap. VII.
Force de la plainte.

PArauanture estimera t'on que ce soit examiner auecque trop de rigueur vne chose si legere comme est la plainte ; mais ceux qui sçauent peser comme il faut, l'importance & la force d'vne voix plaintiue, beaucoup plus puissante sur les cœurs, que n'est, ie ne dirai pas la goutte d'eau qui caue, mais que le fer qui brise la pierre, jugeront, ie m'en asseure, qu'il n'y a point de Sergent, ni d'homme de Iustice, qui exige ce qui est deu auec plus d'empire, ni de vehemence, que fait vne priere pressante, & vne plainte importune, d'autant qu'elle saisit l'ame par les parties qu'elle a les plus tendres & delicates, qui sont la pitié & la honte. Car celui qui se plaint d'vn autre, lui reproche, sinon expressément, au moins tacitement, la cruauté & l'auarice, deux vices que nul ne veut reconnoistre en soi, & pour leur leuer le soupçon de ces taches en l'opinion du monde, n'y a sorte d'humanité & de liberalité que l'on n'employe : de sorte qu'entre tous les artifices pour auoir ce que l'on desire, ie n'en trouue point de plus subtil qu'vne plainte industrieuse. Aussi dit-on que la Hyene, qui est vn animal rauissant, contrefait dans sa cauerne, ou sur vn chemin, la voix plaintiue d'vn homme, pour attirer à soi le passant, que la compassion naturelle attire secours, pour le surprendre & le deuorer. Le crocodile fait le mesme stratagême par ses larmes, qui sont tournées en prouerbe, pour signifier vne plainte dissimulée & malicieuse. Si vous voulez voir vn effect naturel de cet effort, considerez vn petit enfant, qui par ses cris, ses pleurs, & ses gemissemens, se rend le maistre d'vne maison, où il n'y a personne qui ne se mette en peine de satisfaire à ses desirs pour le faire taire. Et dans l'Euangile, le Iuge autrement inique, ne fut-il pas contraint de faire justice à la veufve qui l'en pressoit? & les cris importuns de la Cananée, ne contraignirent-ils pas les Apostres de prier le Sauueur d'exaucer son Oraison, afin de se deliurer de la douce, & neantmoins fascheuse tyrannie de ses plaintes? C'est par là que les femmes se rendent les maistresses dans les maisons, & vsurpent par cet artifice, l'autorité des maris, qui en sortent souuent, pour éuiter leurs cris qu'ils redoutent plus qu'elles ne craignent leurs battures. Vous jugez quelle conclusion ie tire de là, & que ie laisserai faire à ceux qui ont le don d'intelligence. Ie dirai seulement en trenchant, que ie ne croi pas que l'Eglise, qui a permis aux Mendians de demander gratuitement, & par charité, leur ait aussi permis de se plaindre de ceux qui ne leur doiuent rien, quand ils n'obtiennent pas ce qu'ils demandent : beaucoup moins de les descrier, que ie ne die deschirer par leurs murmures, & de blesser ou tenir la reputation de ceux qui leur sont moins fauorables. Car il s'en trouue de si peu discrets qu'ils croyent, que qui ne leur donne pas, leur oste, qui n'est pour eux, leur est contraire,] qui ne leur fait du bien, leur fait du mal, qui leur manque vne fois en ce qu'ils desirent, peut faire conte de n'auoir iamais rien baillé, & qui ne leur donne ce qu'ils demandent, leur fait vn affront, se monstrans aux occasions aussi forts ennemis, que foibles amis. Or quand nous aurons donné les mains pour le respect de la permission de l'Eglise à cette saincte mendicité, & exemption du trauail des mains, touſiours reſteroit l'argument de l'exceſſiue multitude des perſonnes & des Maiſons Cenobitiques Mendiantes, qui eſt, comme ie croi, ſans reſponſe; & cette multiplication ſans excuſe. Qu'il ſoit ainſi, demandez-le aux Cenobites meſmes les plus Reformez, & oyez le beau bruit & les fortes oppoſitions qu'ils font, quand il eſt queſtion d'eſtablir quelque nouuelle Maiſon de Mendians dans vne ville; c'eſt là où le jeu ſe deſcouure, & où la Verité marche demaſquée, & fait connoiſtre ſi c'eſt la Charité qui eſt ſans intereſt, ou l'emulation intereſſée qui ſe demene.

Chap. VIII.

Le Directeur Cenobite vrayement deſintereſſé.

Tout cela n'a point de lieu dans le Directeur Cenobite vrayement deſintereſſé; parce que ne pretendant rien de terreſtre en toutes ſes conduites, ni pour ſoi, ni pour ſa Communauté, ſe remettant entierement, & elle auſſi, dans

desinteressé.

dans le sein de la Prouidence, qui a vn soin general de tout, & vn tres-particulier de ceux qui l'adorent & la seruent, comme d'autant d'instrumens de sa gloire, il demeure en paix & en joye dans les trauerses de la necessité, pareil à la Salemandre, qui se nourrit dans les feux, au Dauphin, & à l'Aigle, qui se plaisent dans les orages de la mer & de l'air, ne se sentant iamais si proche de Dieu, que quand il semble en estre delaissé, se souuenant de tant & tant de promesses couchées dans la diuine Parole, qui ne peuuent iamais ni faillir ni deffaillir, d'vne infaillible assistance : Iette ta pensée & tout ton souci entre les bras du Seigneur, dit le Psalmiste, & il te nourrira, il ne permettra point que le Iuste flotte dans les incertitudes ;] Ceux qui cherchent le Seigneur, ne manquent iamais d'aucun bien.] De qui donc se plaindroit-il? de la Prouidence, en qui il a encré tout son espoir, & en qui il a bien plus de confiance qu'en sa Prudence propre. De la personne qu'il dirige, nullement, puis qu'il sçait que celui-là est maudit qui se confie en l'homme, & que le Colosse d'or du Roy des Assyriens alla en poudre, parce qu'il auoit des pieds & vne

N

base de terre. Il se tait donc, & cherissant la souffrance de sa disete comme vne Lia que l'Eternel Laban lui a fait espouser, il met son attente dans le silence & l'espoir.]

Chap. IX.

Louange des Theatins.

Nous auons de ceci vn modele parfait dans vne tres-saincte & vrayement admirable Congregation, que Dieu a mise comme vn thresor dans le champ de son Eglise. C'est celle des Prestres appellez Theatins, dont l'Ordre fleurit en Italie, où ils ont vn grand nombre de Maisons. Iean Pierre Caraffe, d'vne famille grande & illustre du Royaume de Naples, & Euesque de Thiete, dans le mesme Royaume, ayant assemblé quelque nombre de Prestres en son Diocese, fort eminens en saincteté, les inuita à quitter leurs Benefices par son exemple: car ayant aux pieds du Pape renoncé à son Euesché, il se mit auec eux à mener vne vie vrayement Apostolique, s'abandonnant tout à fait à la Prouidence de Dieu, par vne confiance excellente. Ils entreprindrent toutes les fonctions de la vie Clericale (aussi se nomment ils Clercs Reguliers, (joignans la Predication & la Direction des Ames au chemin de salut, à vne vie fort exemplaire, principalement en vne incomparable pauureté. Car pour en tracer ici quelques traicts ; premierement ils ne sont pas proprietaires des maisons où ils habitent : mais le fonds, & par consequent tout ce qui est basti dessus, appartient en proprieté à quelque Seigneur ou Bourgeois de la ville où ils sont establis, & tous leurs meubles sont au sainct Siege. Dauantage, ils ne peuuent posseder ni terres, ni rentes, ni possessions, ni reuenus aucuns asseurez, ni qui consistent en aucune mesnagerie. De plus, ils ne peuuent porter la besace, ni mandier par la ville, ni par les maisons, ni par les champs, ni rien demander à qui que ce soit, ni par eux-mesmes, ni par aucunes personnes interposées. Ils reçoiuent les aumosnes & charitez qu'on leur fait auec humilité, mais c'est sans les rechercher, ni faire rechercher. D'abondant, ce qui est de remarquable, ils ne parlent iamais de ce genre de vie, ni de cet abandon à la Prouidence en leurs entretiens familiers auecque les estrangers, dautant que cela ouuriroit la porte à des demandes desguisées & indirectes. Ils n'ouurent iamais la bouche pour se plaindre de leurs necessitez, quelques pressantes qu'elles soient, encore que ie croye puisement qu'en la necessité extréme, & au peril de mourir de faim, ils la pourroient faire entendre à quelques amis, autrement, à mon aduis, ce seroit en quelque façon tenter Dieu : & i'ai appris en plusieurs lieux d'Italie, que iamais ils ne s'estoient trouuez reduits à ce poinct d'extremité, la Prouidence preuenant tousiours leur extréme confiance. Ie dirai ici à la gloire de Dieu, vne chose que i'ai remarquée traittant auec eux. La premiere fois fut à Florence, où ayant presché quelquefois dans l'Eglise qu'ils y ont, & deuant Madame la grande Duchesse Chrestienne de Lorraine, qui est vne Princesse de grande vertu & pieté, & fort affectionnée à cet Institut ; Il m'arriua souuent de traitter, tant auec le Superieur, qu'auec d'autres de cette Maison, & de parler de leur Institut : mais quand ie touchois cette corde de leur extréme pauureté, &

resignation à la Prouidence, qui ne leur permettoit pas de demander leurs necessitez comme font les autres Mendians, pour reformez qu'ils soient, iamais ils ne me répondoient à propos; & plus ie pressois pour auoir responce, plus ils s'esloignoient de ce discours, iusqu'à ce qu'vn Gentil homme Italien m'aduertit que c'estoit leur coustume de gauchir ainsi, quand on tomboit à parler de ce sujet, qu'ils éuitoient en leurs entretiens comme vn escueil. A Rome, à Venise, à Padouë, à Milan, i'ai fait les mesmes experiences; & les mettant sur cette matiere, ie les trouuois comme des hommes sans oreilles & sans langue,) leurs bouches pour ce regard) quoi que d'ailleurs doctes & disertes: car ils ont parmi eux des plus fameux Predicateurs d'Italie,) estans steriles en repliques. A vostre aduis, des Directeurs de cette taille sont-ils desinteressez? estourdissent-ils le monde de leurs plaintes, & du recit de leurs necessitez, comme font plusieurs Cenobites, tant fondez, qu'à fonder, que Mendians qui n'ont point de plus commun ni ordinaire deuis, que des besoins de la petite Communauté, de la pauureté du Conuent, de la charité refroidie, du peu d'aumosnes qu'ils reçoiuent de peu de soulagement qu'ils tirent du mõde, des grandes & extrémes disettes où ils sont reduits, & cent autres semblables chapitres de lieux communs, qui sont autant de commentaires de ce passage du Prophete, qui dit, parlant du Messie, Appelez son nom, haste-toi, despeche-toi d'emporter, & d'apporter des despoüilles;] comme si c'estoient autant de Benjamins à qui fut dõné le surnom d'vn animal que ie ne veux pas nommer, qui ne vit que de proye? Mais, à vostre aduis, n'est-il pas temps que nous cessions de pinçer cette corde des injustes plaintes des Directeurs Spirituels de quelque condition qu'ils soient, Pasteurs, ou Cenobites, Fondez, ou Mendians? En vn Luth, encore qu'il y ait bien des cordes, celle neantmoins qui est la plus touchée, c'est la plus mince, qu'on appele chanterelle, c'est celle qui tient le dessus, & qui se fait le mieux ouïr par son ton aigu & penetrant, ces plaintes comme des chanterelles composent le trait qui rend plus reconoissable le Directeur interessé; c'est pourquoi i'ai manié si long-temps cette corde, comme la plus haute & la plus importante: venons maintenant à quelques autres, & ne les touchans qu'en passant, de peur que ce jeu ne dure trop, & n'ennuye ceux à qui cette musique pourroit donner la migraine. Comme l'oyseau à son ramage, aussi le Directeur interessé se reconnoist à sa plainte, & ce ton rebutte bien-tost les ames à qui cette harmonie est importune, & qui ne veulent pas entendre la partie qu'on veut leur y faire chanter. Aussi les plus rusez sçauent mieux conduire leur dessein, s'y acheminans par des artifices plus cachez, qu'il faut que ie descouure pour le bien des ames simples, & la confusion de ceux qui tirent par leurs trames, auantage de leur simplicité. Ie n'entreprends pas ici de les produire tous: car qui pourroit, sinon Dieu, sonder l'abysme, ou les cachettes du cœur humain?] mais par l'eschantillon de quelques-vns, on pourra entrer en quelque discernement des autres.

CHAP. X.

Des Confrairies Cenobitiques.

Nous auons icy-dessus blasmé les abus qui se commetent aux Confraires des Parroisses, dont l'Institution estant si saincte & si loüable, se termine assez souuent par le mauuais vsage, & des festins & dissolutions, où les Pasteurs mesmes s'engagent, non sans scandale & mauuais exemple. Celles qui se dressent aux Maisons des Cenobites, se conduisent auecque plus de prudence, ie ne sçai si auecque plus de simplicité, le desordre n'y paroist pas tant, & peut-estre que l'interest y regne moins. Ie parle ici, afin que l'on m'entende, de ces Confrairies & Societez deuotes, de personnes purement Laïques & Seculiers, qui se forment quelquefois aux Parroisses sous le tiltre, ou du S. Sacrement, ou de nostre-Dame de Pitié, ou de S. Roch, & ansi des autres : quelquefois aux Eglises des Cenobites, sous les tiltres, ou du Cordon, ou du Rosaire, ou de la Ceinture, ou du Scapulaire, ou d'vn tiers Ordre, ou de l'Ange Gardien, ou de quelqu'autre sainct ou saincte, ou de quelque mystere Diuin, ou du nom de IESVS, ou des Cinq Playes du Sauueur, & semblables. Il y a certaines Chapelles destinées aux Assemblées de ces Confrairies, il y a vn Ordre establi des Officiers créez, tant pour le gouuernemét Spirituel, que pour le Temporel de ces Societez (car il y en a quelques vns qui ont des fondations;) afin que tout y marche en belle ordonnance, ainsi qu'il est bien-sceant à ceux qui aspirent à la vraye Pieté, qui sanctifie les ames. Ces Institutions sont si sainctes, & causent de si grands biens dans les ames en quelque Eglise qu'elles soient dressees, soit paroissiale, soit Cenobitique, qu'elles ne peuuent estre assez recommandees, ny le peuple assez exhorté de s'y ranger, & de se rendre participant de tous ceux qui ont la crainte de Dieu.] Là s'exercent tant de bonnes œuures par la prouocation du bon exemple que les Confreres s'entredonnent, que vrayement on peut dire auec que le Psalmiste, que c'est vne chose bonne & agreable de voir les freres vnanimement aspirans au but de la vraye Vertu, cela respandant vn parfum pareil à celui d'Aaron, qui embaume toute l'Eglise. Mais comme les Cantharides ne s'attachent qu'aux plus belles roses, ny les oiseaux qu'aux meilleurs fruicts, le mauuais esprit dresse tousiours des ambusches sur les grands chemins du Ciel, & jette des busches dans le meilleur pain,] pour trauerser les desseins les plus salutaires. Et comme il a l'industrie, meschant & ruzé qu'il est, de changer les amitiez spirituelles au commencement, en sensuelles à la fin: aussi de ces assemblees qui en leur origine ne visent qu'au Ciel, il en fait des moyens, ou pour amasser de la terre, ou pour d'autres desordres qui font vn Dieu du ventre.] Nous auons fait voir cela aux Confrairies des Parroisses, qui souuent, si les Pasteurs Diocesains ne sont vigilans en leurs frequentes visites d'en oster les abus, degenerent en banquets entre les Bastonniers, les Prieurs, les Receueurs, ou Thresoriers, & principaux Officiers, qui au lieu de donner aux Pauures les cueillettes, ou reste des aumnoses de la Confrairie, apres l'entretien de la Chapelle, des ornemens & du luminaire, & de faire des Agapes anciennes, c'est à dire quelques repas aux necessiteux, soit de la Confrairie mesme, soit des estrangers, s'en donnent eux-mesmes du bõ temps, & pour colorer cet abus y appellent le Pasteur, qui ne pouuant tenir les resnes de ces cheuaux eschappez, se laisse aller à ce mauuais vsage, où tout au plus il ne peut rendre que le deuoir d'vn homme, ny tenir que sa place à table. Mais aux

Confrairies qui s'assemblent aux Eglises des Cenobites, il en va autrement; car le temporel y demeure, & le Spirituel est largement distribué aux Confreres & Officiers Laïques & Seculiers, à ceux-cy la rosee du Ciel, aux autres la graisse de la terre; car apres auoir basty, orné & enluminé les Chapelles de toutes les façons, & necessaires & magnifiques, ce qui est fort loüable, puisque cela va à la beauté & à l'ornement de la Maison de Dieu :]le mot de l'Euangile y est en vigueur, ce qui reste soit donné aux pauures,] & à quels pauures, sinon aux Euangeliques, dont les Agapes sainctes se font au Refectoir ? Ie ne blasme, ny les Confrairies, ny leur Ordre, ny leur conduite, ny les cueillettes, ny les bastimens, ny les ornemens, ny mesme l'employ de ce reste en l'vsage que i'ay dit, qui ne peut estre que sainct, que bon, que iuste, que legitime. Mais voicy l'escueil caché sous l'eau dormante, si le Directeur Cenobite qui a sa part aux Agapes, presche, presse opportunément, importunément] les ames qu'il dirige de s'enrooller dans la Confrairie, auecque reflection sur l'interest vtile qui lui en peut reuenir auecque les autres de sa Communauté, qui ne voit icy la marque & le caractere d'interessé ? Icy se pourroit appliquer l'industrie que Daniel descouurit auecque ses cendres, mais ie craindrois que le fer fust trop trenchant ou trop chaud, & l'vlcere trop delicat, & que ceux-là n'en peussent supporter l'atteinte, qui n'ont pas tant de patience que Iob, encore que comme luy ils semblent estre sur le fumier, & se disent estre la racleure & balieure du monde,] & les derniers de tous les hommes.]

Chap. XI.

Contre les pretensions auares.

Ostons, ostons tout gain sordide, & toute pretension lucratiue de la maison de Dieu ; sarclons le jardin de l'Eglise, & en arrachons ces mauuaises herbes : que le temps cede à l'Eternité, & au Ciel la Terre. O Chrestiens ! mais principalement, ô Ecclesiastiques si vous esperez seulement aux commoditez de cette vie, n'estes-vous pas les plus miferables de tous les viuans?] & dequoy seruira à l'homme de gagner tout vn monde, s'il ne pense à sauuer son ame? L'esprit n'est-il pas plus que la viande, comme le corps plus que le vestement?] ô Directeur faites que vostre gaule de direction soit seulement vne addresse au Royaume de Dieu] non vne toise d'or] ny vne regle d'Acan] pour mesurer la substance d'autruy, ces lacs qui ne visent qu'à la retribution presente, sont des pieges de scandale] plustost que des pierres d'edification. A quel propos edifier les sepulchres des Prophetes] & faire pour vostre vtilité pain & vin de la sepulture du Iuste,] changeans contre l'intention de l'Eglise en moyens dauoir, ce qui est ordonné pour esleuer les ames à Dieu. Celui qui a trouué l'amy fidelle (c'est à dire vn charitable Directeur, dit le B. Autheur de Philothee) a trouué vn thresor,] voyez-vous comme le penitent doit trouuer en son Directeur vn thresor, & non le Directeur en son penitent? Ce Directeur est au penitent vn medicament de vie & d'immortalité, & non le penitent au Directeur vn medicament de vie temporelle par la mendicité. Si l'œil est simple] c'est à dire si l'intention est droicte, tout le corps sera clair,] c'est à dire toutes les actions seront des œuures de lumiere, car la bonne intention est vne lampe de splendeur, qui escarte les tenebres,] des desseins subtils & interessez.

Chap. XII.

Desseins subtils & interessez.

ARriere ces plaintes artificieuses que l'on fait exprés, lors mesme que l'on a ce qui suffit, afin de tenir tousjours le monde en ceruelle, & luy faire soupçonner des necessitez qui ne sont que dans la crainte de ceux qui crient, comme certains animaux, auant qu'on les escorche, à qui on pourroit dire auec l'Apostre, non, non, vos souffrances ne sont pas telles que vous ayez encore resisté aux douleurs iusques au sang;] vostre voix est vne voix de tonnerre, qui ne roule iamais dans la nuée sans faire venir la pluye: car cette plainte nous fait comme à la fille de Caleb, desirer les eaux inferieures & superieures, c'est à dire inuo-

desintereßé. 303

quer le secours des grands & des petits pour arrouser vostre terrein. Et Dieu vueille que vostre terre ayant souuẽt receu cette rosee, ne soit pas comme celle dont parle sainct Paul, qui ne rend que des ronces & des chardons,] au lieu de fruicts doux & sauoüreux, c'est à dire des reproches, au lieu de remercimens. Il y a encore d'autres industries, d'autant plus fructueuses, qu'elles sont subtiles, & plus elles sont subtiles, moins sont-elles apperceuës, ie ne les veux point desuoiler, de peur de paroistre plustost offençant ceux qui s'en seruent, qu'officieux à ceux qui y sont pris. Sainct Paul pourtant n'est iamais si aspre (quoy que son stile soit vehement en la reprehension de tous les vices) que quand il tonne contre ceux qui s'insinuent dans les cœurs par de douces benedictions,] ceux qui promettent Paradis à ceux qui leur font du bien, & qui ont tant de belles raisons pour prouuer leur dire, alleguans là dessus la mer de l'Escriture, auec tous ses poissons, ie veux dire ces passages, à vostre aduis ne donnent-ils pas ce qu'ils n'ont point, & ne sont-ils pas bien liberaux d'vne chose qui ne leur appartient pas encore;

& que la mesme Escriture en tant de lieux, nous fait d'vne si violente & difficile conqueste. Les Lamies, dit le Prophete, ont descouuert leurs mammelles, & allaitté leurs petits,] mais d'vn laict qui les endort, au lieu de les nourrir. Mon enfant, dit le Sage, ceux qui t'allaittent ne te veulent pas de bien,] i'adiousterois volontiers, mais veulent ton bien. Il y a de certaines gens parmy le monde qui roulent comme des Nomades de Ville en Ville, de Prouince à autre, qui vont par tout, & ne demeurent nulle part; ils font mine d'estre grands Chiromanciens, & n'y entendent rien, mais tandis qu'ils vous tiennent la main, & qu'ils vous disent des merueilles sur les lignes mediane, transuersale, ramee, & autres termes de leur jargon, ils ont vn de leurs yeux autre part, & souuent apres qu'ils ont dit la bonne aduanture, ils ont fait, & l'on trouue la mal-aduanture. Quelquefois lors que l'on esleue nos esprits à la bonne aduantture (*ad bona venturá*) de l'Eternité, on pense à la bonne aduenture (*ad bona venturá*) de la temporalité. Et comme il y en a beaucoup dont le cœur est esloigné de Dieu, tandis qu'ils l'honorent des

desinteressé. 305

lévres,] aussi y en a-t'il quelques-vns dont le ventre est colé,] & les yeux retournez vers la terre] tandis que leurs discours sont dans le Ciel. Archimedes admirables en leurs artifices, & qui ne veulent qu'vn petit poinct, pour y asseoir le pied de leurs machines, & enleuer de son centre toute la masse du plus lourd des elemens. Ce n'est pas que le Rosaire, le Scapulaire, le petit Cordon, la Ceinture benite, & autres marques sacrées ne soient des choses sainctes, pourueu que cette benite Ceinture, ce benit Cordon, ne soit point donné à dessein de nous tirer de la terre en nous monstrant le Ciel, pourueu qu'il ny ait autre pretension que de nous esleuer par là de la terre au ciel, non de nous enleuer les biens de la terre par la promesse des celestes; Car bien que ie sçache que par vne diuine & saincte Alchimie, ce change se fait de plomb en or; on ne sçait pas tousiours si c'est la pure intention des souffleurs, qui n'offrent pas si liberalement le Ciel à ceux qui n'ont point de terre. C'est de ces enfileurs qui cachent des cœurs aspirans à la proye, sous des toisons d'agneaux] innocens, qu'il se faut donner de garde, & selon le conseil de l'Euangile, euiter ce leuain] qui corrompt la meileure paste. Considerez vos voyes, ô Penitent! & aduisez si les mains respondent à la voix, ne vous y mesprenez pas comme l'aueugle Isaac, ne faites point de paction, comme Iosué auec ces Gabaonites industrieux, regardez comme le Prophete, si la femme de Ieroboam n'est point desguisée, & ne vous commettez pas à ceux qui aualent le pauure d'esprit en cachette, & qui le mangent sans bruit, comme vn morceau de pain:] Vn peu d'attention sur ceux qui se loüent, non comme des Paons, qui se mirent dans leur plumage, mais pour des pains,] ou sur ceux qui loüent extraordinairement ceux qui leur font du bien; & vous verrez que comme des bestes de loüage, aussi des hommes de loüange, sont ordinairement de basse consideration. De là ces grands Paranimphes, ces Panegyres, ces Eloges des Confrairies, des tiers Ordres, des merites, des Indulgences, des participations, des associations, & tant d'autres belles choses, qui certes prises en leur vrai sens sont sainctes, venerables, & tres-desirables, mais ces medailles ont deux reuers, ont deux mains, on les peut prendre par

desinteressé. 307

la gauche, ou par la droite, & ceux qui les distribuent ne correspondent pas tousiours à la sincerité de ceux qui les recoiuent: heureux pourtant ceux-cy puisque sans se soucier des deffauts des canaux, ils ne laissent pas de s'abbreuuer des eaux de la grace, & de les puiser auec joye, des fontaines du Sauueur.] Que ie hays encore cet autre artifice, qui entretient, soit par dessein formé, soit par impertinence, les scrupules, afin de se rendre tousiours necessaires : qui ne fuira des Medecins de cette sorte, qui nourrissent le mal chez autruy, pour se nourrir eux mesmes de son bien ? Ie n'eusse iamais pensé cela des spirituels, si nostre Seigneur en l'Euangile ne m'aduertissoit qu'il y en a qui conseruent le moucheron, & engloutissent le chameau.] Ne seroit-ce pas vne chose digne, non seulement de blasme, mais d'vn chastiment notable, si quelqu'vn faisoit d'vn Confessional vne banque d'interest particulier, vne rente, vne ferme de laboureur, vne boutique de marchand, vn estude de Procureur, ou de Notaire, où l'on n'entre que pour y laisser plus qu'on n'en rapporte ? vn filet à prendre autre chose que des poissons, & vn art pour gaigner d'autre marchandise que des Ames à Dieu? Aussi ne croy-je pas qu'vne si basse tentation puisse assaillir des personnes qui ont bien eu le courage de tout quitter pour suiure Iesvs-Christ en sa nudité, & en sa pauureté, & qui sont arriués iusqu'à vn tel poinct du mespris de l'or, & de l'argent, & de tous les thresors de la terre, qu'elles n'en font aucun vsage, au moins par leurs mains propres, faisant receuoir les charitez qu'on leur fait de cette espece, par des seculiers dont la pieté, & la fidelité leurs soit connuë, les employans par apres selon leurs besoins de bastimens, de vestemens, de meubles, ou de viures. En quoy ils tesmoignent leur generosité semblable en quelque maniere à celle de ce grand Capitaine Grec, qui poursuiuant vne victoire, & rencontrant vn bouclier fort riche, couuert de lames d'argent, qu'vn de ses ennemis auoit jetté là pour se sauuer plus legerement à la fuite, se retournât vers vn ses soldats il luy dit, Compagnon prens ce bouclier, car tu n'es pas Themistocle. Generosité qui a encore quelque trait de ressemblance à celle des grands Seigneurs, qui ne manient leur argent & leurs reuenus

desinteressé.

que par leurs Thresoriers, ou Argentiers, comme estant vne occupation indigne de leur emploi. Paralele qui pourroit estre adjousté aux comparaisons du Moine, & du Roy, que fait sainct Chrysostome, & que Hierosme Platus estend bien fort, en son liure second du bien de l'Estat Cenobitique au Chapitre seiziesme.

Chap. XIII.

Le Directeur desinteressé est sans artifice.

LE Directeur, tant du Clergé, que Cenobitique, vrayement desinterressé, n'a aucun artifice en sa conduite, parce qu'il n'a aucune pretension caduque & terrestre, il va franchement, parce qu'il marche droit. Aussi a-t'il la vraye Sagesse de Dieu qui l'assiste; Sagesse qui n'habite iamais en vne Ame malicieuse: car l'esprit de discipline, dit le Sage, fuit celui qui est feint,] & dont les lévres doubles & trompeuses, parlent en vn cœur, & en vn cœur,] dautant que ce qu'il dit, est fort esloigné de ce qu'il penſe Auſſi toſt donc, ô Ame dirigée, que vous-vous apperceurez qu'il y aura en la conduitte de celuy qui vous guide, vn artifice ſordide, & tendant au propre intereſt; ie vous dy auec vn Poëte ancien: Euitez ces eſcueils, ces auares riuages, tous noircis de naufrages. Ces gens-là ſe cherchent en vo⁹, & non Dieu en vous, ny vous en Dieu. Ceux qui ſe cherchent dans les autres, ne meritent pas que les autres les recherchent.

Chap. XIV.

N'a eſgard à l'apparence des perſonnes.

Meritent encore moins d'eſtre recherchez pour Directeurs, ceux qui ont eſgard à l'apparence des perſonnes, imperfection tant blaſmée en l'Eſcriture, principalement dans les Epiſtres de S. Paul, de S. Pierre, & de S. Iacques, particulierement au Chap. 2. de la Canonique de ce dernier, où il fait vne innectiue puiſſante contre ceux qui font grand honneur aux riches, & qui meſpriſent les pauures, qu'il conclud par ces mots, Quiconque a esgard à l'apparence de la personne, commet peché, & est repris de la Loi, comme transgresseur.] Et ie vous prie, à quel propos le Directeur Spirituel, qui ne doit regarder que Dieu en vne Ame, ou vne Ame qu'en Dieu, fera-t'il consideration non sur son corps, mais sur des biens qui ne sont faits que pour la vie passagere du corps? La viande est faite pour le ventre, & le ventre pour receuoir la viande, mais Dieu destruira l'vn & l'autre.] Au reste, n'est-ce pas Dieu qui a fait les grands & les petits, selon que nous apprend le Sage, & qui a vn mesme soin des petits que des grands?] A quel propos donc vn Pasteur, vn Directeur Spirituel, soit Prestre particulier, soit Cenobite, appelé en quelque part de la sollicitude des Ames par le Prince des Pasteurs, & l'Euesque de nos Ames,] se destournera-t'il du modele qui lui est monstré sur la montagne] de la perfection, ayant plus d'attention & de soin pour les riches, que pour les pauures? Ignore-t'il que le Sauueur estoit venu pour euangeliser les pauures,] & qu'il donne pour marque de sa venuë aux Disciples de son Precurseur. Rappor̃tez à vostre Maistre que les pauures sont euangelifez ?] Lui-mefme n'a-t'il pas voulu aux iours de fa chair,] & de fa conuerfation entre les hommes, eftre & paroiftre pauure ? en fa naiffance, en fa vie, en fa mort, ce n'eft que petiteffe & pauureté ; il fouffre mefme d'eftre tenu pour le Fils d'vn Charpentier. Il commande à fes Apoftres qu'ils laiffent venir à lui les petits :] & leur declare, que s'ils ne fe rendent femblables à des petits enfans, ils n'auront aucune part en fon Royaume.] Il appele les pauures heureux, & leur adjuge le Ciel pour partage,] & promet cet aduantage à ceux qui auorōt pour fon amour embraffé la pauureté, de les faire affeoir fur des fieges, & de leur faire juger tout le refte du monde.] C'eft lui, Sageffe eternelle, qui auoit autrefois dit par la bouche du Sage, que fon entretien familier eftoit auec les fimples & les petits,] & que fon Efprit ne repofoit que fur les pauures, les humbles, & ceux qui auoient fa crainte.] Ce fut dans la bouë que le feu facré du Temple fut retrouué par Ifraël, au retour de la captiuité de Babylonne : & certes, c'eft dans la lie du peuple ; c'eft à dire parmi les pauures & petits, plutoft qu'entre les riches & les Grands du fiecle, que fe

trouue

trouue le feu de la Charité & de la vraye Pieté. Que si le Directeur a le vray zele des Ames, que l'on peut appeller la fine fleur de la Charité, qu'il les crible tant qu'il voudra, il trouuera que les petits ont la moüelle du froment] de la deuotion, & que les Grands pour l'ordinaire n'en ont que le son, la paille, le bruit, & l'esclat, sans aucune solidité, d'autant que la bonne semence est suffoquee en leurs cœurs par les espines des vanitez, & sollicitudes du siecle. Mais le malheur est qu'on en reuient à ce mot d'vn Poëte ancien, Nul ne peut la borner en vn maigre Solage. Le gras trauaille plus, mais il rend dauantage. La pluspart des Directeurs cherche son interest, non celui de IESVS-CHRIST,] & comme s'ils estoient Orphévres ou Ioüaillers, ils ne veulent trauailler que sur l'or & les pierreries. On reprochoit vn iour à vn Philosophe, qu'on ne voyoit que des gens de sa sorte, qui faisoient lors profession de mespriser les biens, aux portes des riches; il respondit auec plus de subtilité que de verité, qu'ils y alloient comme les Medecins aux plus malades, voulant dire qu'ils portoient les preceptes de leur Philosophie, qui estoient autant de remedes contre les vices à ceux qui en estoient les plus attaints: mais on luy repartit auec plus de verité que de subtilité, qu'ils y alloient vrayement comme les Medecins, plustost pour gagner, que pour redonner la santé. Le mesme se peut dire des Directeurs Spirituels, de quelque condition qu'ils soient, quand on les voit si soigneux de ceux de qui ils peuuent esperer quelque profit, & si peu attentifs au seruice des pauures. Car bien qu'ils peussent se couurir de l'excuse du Philosophe, en disant qu'ils courent à ceux qui estans plus engagez, & embarrassez dans les vices du monde, ont plus besoin de secours; si est-ce que l'on voit bien que ce sac est mouïllé, & que leurs intentions sont differentes de leurs paroles. Car s'ils disent vray, que ne font-ils comme le sang qui court à la partie blessee, ou plus foible ? les petits, les pauures, & les miserables, sont ordinairement les plus necessiteux, ie ne di pas temporellement, cela est clair, mais spirituellement; la pluspart de leurs vices naissent de peu d'instruction; car s'ils connoissoient la laideur du peché, ils en auroient horreur, & cette horreur les empescheroit de le commettre. S'ils font mal, c'est par la corruption de la nature, plustost que par vne malice noire & deliberee, & parce que personne ne leur monstre le bien] qu'ils doiuent suiure, & le vice qu'ils doiuent fuir, ils font souuent plus de bien qu'ils n'en sçauent, au lieu que les Grands & les riches, beaucoup mieux instruits, ne font point de mal qu'ils ne le connoissent, & sçauent beaucoup plus de bien qu'ils n'en font.

CHAP. XV.

Ny à son profit.

AVssi prenez garde où ces Directeurs, qui ont esgard à l'apparence des personnes, dressent la pluspart de leurs visées, & vous verrez qu'inuitans les riches à gagner le Ciel, par les moyēs de la terre, ils taschent eux mesmes de gagner la terre par le Ciel. S'il y a quelque Obit à fonder, qui presche pour sa Parroisse, qui pour son Conuent; tantost ils espient les maladies perilleuses, & sur tout le temps, que l'on parle de testamens, afin de se recommander à la memoire, promettans hardiment l'Eternité pour vn morceau de temporalité, pourueu qu'il tombe en leurs mains. Car de prescher pour les pauures, pour les necessitez, pour les besoins d'autruy, cela ne peut estre que loüable. Mais si la plus iuste loüange d'vn homme deuient odieuse quand sort de sa propre bouche, combien sera plus sordide le discours, qui bat au propre interest que l'Escriture blasme tousiours sous le nom de lucre honteux?] Quand on parle de restitution à ces bons personnages, comme ont-ils les oreilles ouuertes? & de combien d'entortillemens embrouillent-ils cette matiere pour pescher en eau trouble? Quels soins a-t'on de visiter les veufues & les orphelins en leurs afflictions? ce que sainct Iacques appelle vne Religion pure & immaculée,] certes assez peu. Mais les personnes, qui sont dans le celibat, ou le veufuage, ou qui ont vieilly dans vn mariage sans enfans, & sans espoir de lignée, auecque de grands biens, ô! qu'elles sont visitées, ô! qu'elles ont grand besoin de consolation, de spiritualité, &

que la Theologie myſtique eſt bien employée autour de leurs oreilles! ô que ces qualitez de Fondateurs, Fondatrices, Bien-faicteurs, Bien-faictrices, y reſſonnent doucement & melodieuſement! Il n'y a point de merite égal à celui des Fondations, des ſainctes Communautez, des baſtimens des Egliſes, des ornemens: car voyez-vous, cela eſt du rang de ces bien-faits, dont le merite & la recompenſe s'accroiſt tous les iours, meſme dans le Ciel, où les Saincts croiſſent en gloire à meſme temps que l'on fait vſage des biens qu'ils ont laiſſé en terre. Apollo plante, Paul arroſe, & Dieu donne l'accroiſſement,] Eſt-il queſtion de mettre des premieres pierres à des baſtimens? ô! que l'on ſçait bien dans quels jardins il faut jetter ces petites pierres de Daniel, qui deuiennent de grandes montagnes. Fait-on des fondations & des edifices, que l'on ſçait bien ſonner la trompette,] loüer les bonnes œuures aux portes, c'eſt à dire, aux Paruis de l'Egliſe,] que l'aſſemblée des Saincts ſçait bien releuer la gloire des aumoſnes,] iuſques à faire parler les pierres, faiſant grauer des armoiries & des inſcriptions pour vne perpetuelle memoire: que l'on fait sonner haut le mot de Dauid, Le Iuste sera en vne memoire eternelle, il n'aura point de crainte de la mauuaise reputation,] sa Iustice viura au siecle des siecles, & sa corne sera esleuee en gloire.] Est-il question de sepultures, que de marbres, que de pyramides, que d'obelisques, que d'arcs triomphaux sont dressez à la magnificence des Fondateurs, que d'Anges disputent à qui aura le corps de Moyse. Mais il semble, me pourra-on dire, que vous trouuiez mauuais que l'on exhorte à faire de grands biens ceux à qui Dieu en a esté liberal, contre ce que l'Escriture enseigne en tant de lieux, nous pressant à faire promptement tout le bien que nous pouuons,] à ne nous laisser pas gagner à la nuict de la mort, où l'on ne pourra plus rien faire:] mais à trauailler aux bonnes œuures, tandis que nous auons le temps,] à faire bien à tous, principalement aux domestiques de Dieu,] à nous faire des amis de la mammone d'iniquité, qui nous puissent accueillir dans les Tabernacles eternels Ah! tant s'en faut, mais i'essaye d'oster l'ordure & l'escume du milieu de cet or‑ de charité, qui doit estre fort pur, prin‑

cipalement dans l'intention de celui qui perſuade ces bonnes œuures. Mais qui ne void dans toutes les pratiques que ie deſcouure, combien les artifices de ces bons Directeurs alterent cette bonne monnoye, dont ils ne meriteroient pas moins de punition, que ceux qui corrompent celle qui a cours? Enfans des hommes, iuſques à quand peſans de cœur, chercherez vous la vanité, & voſtre vtilité propre? Ce n'eſt donc pas l'action de celui qui donne que ie touche, car comme que ce ſoit il receura ſelon ſon œuure,] & la recompenſe ne lui peut manquer,] mais i'ay à contrecœur les induſtries de ceux qui enuelopent dans leurs filets la ſimplicité des Ames qui ſe remettent à leur conduite, plus remplie d'art & de fard, que de rondeur & de candeur.

CHAP. XVI.

Loüanges artificieuſes de l'Aumoſne.

NOus ſçauõs, Dieu mercy, que c'eſt vne belle & bonne choſe que l'aumofne, & que celui qui la fait auec vne vraye dilection, quand il donneroit toute la fubftance de fa maifon, penferoit encore n'auoir rien fait.] Nous fçauons qu'elle deliure de la mort,] qu'elle nettoye de tout peché,] que la mifericorde eft acquife au mifericordieux,] que celui qui eft addonné à cette vertu fe difpofe à receuoir de Dieu vn iugement fauorable,] & à ouyr à la confómmation du fiecle, ce mot du dernier arreft en fa faueur, Venez les benits de mon Pere, parce que i'ay eu faim, & vous m'auez donné à manger. Au contraire, que la memoire de celui-là perit de la terre] non feulement des mourans, mais encore des viuans, qui a oublié de faire mifericorde:] car Dieu veut la mifericorde pluftoft que le facrifice] ny les victimes. Et comme l'eau efteint le feu, ainfi dit le Sage, l'aumofne eftouffe les pechez.] Bref, nous fçauons qu'à ceux qui donneront, il fera donné, & qu'vne mefure de retribution pleine, furabondante, & efpanchante fera jettée dans leur fein.] Mais n'eft-ce pas vn abus infupportable de faire de tant d'oracles du fainct Efprit, des amorces & des appas, pour attirer le bien des simples à son profit particulier ? Que si le Predicateur, soit Pasteur, soit Cenobite, qui presche trop souuent de l'aumosne, & presse trop cette matiere, est dit aussi tost par le vulgaire parler pour la besace, & perd le credit qu'il auoit acquis par ses Predications; combien doit estre plus odieux vn Directeur particulier, qui cajolle les Ames sur ce sujet, & qui tasche de faire quitter le māteau, non par les fortes bouffées de la bize, mais par la douceur des rayons du Soleil, par des mots dorez de mille celestes benedictions ? O la belle pensée de S. Augustin, rapportée par Bellarmin, au liure des Moynes, sur ce passage du Psalmiste, Dans les Cedres du Liban que le Iuste a plantez, les passereaux feront leurs nids.] Ceux qui plantent ces Cedres, dit cét Aigle des Docteurs, ce sont les Grands & les Riches du siecle, qui oyans auecque crainte ces paroles diuines, Bien-heureux celuy qui pense au pauure & au mendiant, vendent aussi-tost leurs possessiōs, leurs Seigneuries, & leurs biens superflus & surabōdans, qui les enflent de vanité, & les donnent aux seruiteurs de Dieu, leur bastissent des Eglises & des Monasteres, accōpagnez de beaux

Q v

jardinages, & y recueillent des Moi-
neaux qui s'y nichēt & les en desnichēt,]
Quelles loüanges ne donne S. Hierosme
à ces grandes & deuotes Dames Romai-
nes, qui à sa persuasion bastirent tant de
Conuents? Et Iean Diacre cōme releue-
t'il la gloire de sainct Gregoire le Grand,
Fondateur de tant de Maisons de Cenobites, qu'il edifia de son patrimoine, selon que remarque le docte Bellarmin, au
Liure que i'ay allegué, au Chapitre qua-
rante-quatriesme? Il ne faut qu'vn trait,
comme celuy de sainct Augustin, ou des
exemples, comme ceux là dits bien à
propos, pour faire venir l'eau à la bouche
à vn homme opulent, & luy faire faire
vne belle fondation pour eterniser sa memoire en ce monde & en l'autre. Cela arriue tous les iours, & est vne action bonne & saincte. Mais qui sonderoit auecque l'esprouuette, l'intention de ces re-
mōstrances, ie ne sçay si on n'y trouueroit
point de propre interest. Ie voy bien
qu'ils se cacheront dans la presse, comme Adam se lança dans l'espaisseur du
bois, mais ils ont vn tesmoin au Ciel] qui
connoit les cachettes des cœurs,] & deuant les yeux de qui tout est à nud & à
descouuert.] Tesmoin celuy qui exhor-

tant au cordon, pour attirer à la cordelle vn Grand bien, expliquoit à la lettre (ie ne sçay si selõ l'esprit) ce passage du Psalmiste, Les cordeaux me sont escheus en lieux excellens: car certes mon heritage m'est tres-noble,] voulant dire que le cordeau estoit son principal heritage? heritage tres-roturier à quelques-vns, & neantmoins noble & aduantageux à celuy-cy. Or dits-moy si cela est vser ou abuser de l'Escriture, si c'est parler serieusement, ou se mocquer de l'ignorãce des rudes. Ne pensez pas pourtant que ie ne loüe beaucoup, & que ie ne tienne comme les peres des pauures, ceux qui donnent leurs biens à l'Eglise, & qui ne veulent point d'autre heritier ny d'autre heritage que le Crucifié. Car il est bien plus juste que le Sanctuaire possede les heritages des Laïques, que non pas de voir les Laïques posseder par heritage le Sanctuaire,] & comme autrefois les Gentils, maintenant les Gentils-hommes, entrer dans l'heritage du Seigneur.]

O vj

Chap. XVII.

Rencontre agreable.

JE diray à ce propos & en passant, vne agreable rencontre que i'ay vne fois euë d'vn Seigneur, qui faisoit tenir vne grande abbaye par vn de ses enfans, vrayement enfant, qui à peine auoit sept ans, & que l'on appelloit desia, Monsieur l'Abbé, comme qui diroit, Monsieur le Pere-enfant. Or le pere de cét enfant-pere, me disoit pour excuse, qu'il y auoit vn grand nombre d'années que cette Abbaye estoit de sa maison, & qu'il auoit interest de ne la laisser pas aller en des mains estrangeres d'autant que ces predecesseurs en estoient comme fondateurs en partie, & y auoient eu autrefois tant de deuotion, qu'ils auoient voulu que leur terre qui estoit voisine, en releuast, & s'estoient rendus volontairement feudataires & vassaux de Nostre Dame, à qui cette Abbaye estoit dediée. Là dessus ie luy repartis, que la chance estoit bien tournée, puis qu'au temps passé sa maison releuoit de l'Abbaye, &

maintenant l'Abbaye dépendoit de sa maison, de maistresse estoit deuenuë seruante, tributaire, & comme vne triste Ferme. Voila comme par ses vicissitudes se tourne la face du monde. Le Directeur vrayement desinteressé parlera sobremēt de l'aumosne, ou s'il trouue à propos d'en parler, ou qu'on luy en demande son aduis, il euitera, comme vn escueil, son vtilité particuliere, mettant vn vray ordre en la charité de l'ame qu'il conduit. Et quel est le vray ordre sinon celuy que le deuot Cardinal Bellarmin, au dernier Chapitre du liure des Moynes, tiré de la doctrine de sainct Thomas, qui est de distribuer de ses biens, où l'on connoist estre la plus grande necessité ? car ce n'est pas le tout de donner du bien, il faut bien donner, l'aumosne est d'autāt plus agreable à Dieu, qu'elle est plus accompagnée de iugement, d'autant que lors on ne sert pas Dieu seulement de sa substance, mais encore de son esprit par le discernement de l'application. Ie cloray ce pas par vne notable consideration de mon B. Pere le grand François de Sales Euesque de Geneue. Il fut vne fois appellé en l'vne des principales villes de cét Estat, pour y distribuer la parolle de Dieu. Cōme il estoit l'Aiman des cœurs touchez de deuotion, il fust aussi-tost accosté de plusieurs abeilles mystiques & spirituelles, qui venoient des fleurs sacrées des enseignemens de sa bouche, pour en tirer vn miel de pieté. Il en vid de diuerses sortes, & conduites par differentes mains. Or ce sainct homme, qui estoit tout jugement, ayant jetté ses yeux sur les ouuriers qui trauailloient en la vigne de cette Cité, tant par leurs Predications publiques, que par leurs Directions priuées, en remarqua deux principaux, qui par deux voyes toutes contraires, mais sainctes, arriuoient au mesme but, qui estoit, d'esleuer les Ames rangées sous leur conduite, à vne solide Pieté. L'vn estoit Cenobite, d'vn Ordre fort renommé & exemplaire, l'autre Ecclesiastique du Clergé, viuant d'vn patrimoine beaucoup plus ample que le reuenu qu'il tiroit de son benefice. Celuy-là menoit les Ames qui se rangeoient sous sa conduite, par la voye de la crainte, de la rigueur, & de l'austerité exterieure, & les tenoit si sujettes & attachées à leurs exercices & pratiques, que rien ne les en pouuoit tant

desinteresé.

soit peu destourner, sans les faire entrer en des troubles, en des scrupules, en de remords, en des amertumes d'esprit qui estoient estranges. Au reste si fort liées à ce Confesseur (& par elles-mesmes: car ce personnage vrayement pieux estoit fort desinteressé pour son particulier,) qu'elles eussent pensé commettre vn grand crime d'en regarder ou consulter vn autre. Ces personnes faisoient beaucoup d'oraison & de mortification; mais visitoient peu les hospitaux, les prisons, les pauures & necessiteux, tousiours aux Eglises, aux Offices, aux Sermons, aux Indulgences, insatiables de cela: non que les aumosnes ne sortissent de leurs bourses; mais la plus grande part fondoit dans la saincte Communauté du Directeur, qui n'en auoit pas plus de part que les autres, encore qu'il fust, apres Dieu, le principal motif de cette abondance. Il estoit ennemi de propieté, & des presens qui s'addressoient à lui, renuoyant le tout au Superieur de la Maison, qui faisoit exactement garder ce precepte à la Communauté, de ne refuser rien, & aussi de ne demander rien: car ce n'est iamais la Communauté qui demande, ouy bien peut-estre le particulier pour la Communauté, comme vn membre trauaillant pour tout le corps. Au demeurant, ces Ames faisoient iugement & iustice, par la crainte qu'elles auoient des Iugemens & de la Iustice de Dieu,] non certes par cette crainte qui exclud la dilection, mais par celle qui emportoit le poids estant mise en la balance auec celle-cy. Or comme le tonnerre esbranlant les nuées les fait resoudre en pluye, & prepare les biches à se descharger de leurs faons,] ainsi que dit le Psalmiste, selon l'interpretation de sainct Hierosme. Et comme celuy qui est poursuiuy d'vn Taureau, d'vn Dogue, & de quelque animal furieux, luy jette son manteau pour se sauuer à la fuitte: Il n'y a rien qui persuade tant que la crainte à racheter ses pechez par les œuures de Misericorde:] car quand la terreur de l'Enfer saisit vne ame, & luy fait conceuoir ce que c'est que d'estre couché dans des feux deuorans, & en des ardeurs eternelles,] ya-t'il rien qu'elle ne donne pour s'en deliurer?] comme dit Iob. O Dieu! dit Dauid, vous auez esmeu la terre, & vous l'auez troublee, guerissez ses contritions; car elle est en grande esmotion.]

Il parle d'vne Ame attachée à la terre, Que si le feu qui fait cuire les viandes détache la chair d'auec les os, combien plus l'apprehension de celui de l'enfer separera-elle vne Ame des affections de la terre ? O Dieu! non, ie ne di pas que ce sainct Personnage eust en ses Remonstrances terribles, vne si basse pensée; mais comme les effects ne suiuent pas tousiours nos intentions, peut-estre que ces Ames, comme les Escoliers de cet ancien Philosophe, prenoient de la gauche, ce qu'il leur presentoit de la droite; tant y a que ie represente l'effect de cette cause, de quelque dessein qu'elle fust animée. Les Ames au contraire, que Dieu auoit inspirées de se ranger sous la direction du Prestre Simple (ce que ie di pour me seruir des termes du commun vsage, non pour penser qu'vn Cenobite fust vn Prestre double,) estoient animées d'vn autre Esprit, qui estoit celui de simplicité & de dilection: mais de cette simplicité qui n'escarte pas la Prudence, & de cette Charité, qui comme dit l'Apostre, chasse toute seruile & scrupuleuse crainte,]ne laissant dans leurs cœurs que celle qui est appelée Chaste & Saincte] dans l'Escriture, & qui doit continuer mesme dans l'Eternité.] La Charité estoit leur astre dominant, & comme le faiste de leur edifice Mystique, & l'humilité en estoit le fondement. La douceur & la candeur reluisoient en leurs déportemens, & la docilité que l'Apostre appele diuine] estoit en leurs esprits ; & leurs esprits desgagez des choses exterieures, jouïssoient de cette franchise interieure, dont il est dit, Où est l'Esprit de Dieu, là est la vraye liberté.] Elles aimoient Dieu respectueusement, & d'vne haute & incomparable estime, & le prochain en Dieu tendrement & cordialement. Elles visitoient les pauures, les veufves, les orphelins, les malades, qui estoient sans secours dans leurs miserables retraittes, ou dans les Hospitaux : & si elles auoient quelque crainte, c'estoit de leur Confesseur, dont elles n'abordoient iamais le Tribunal qu'auec tremblement, comme s'il eust esté ce Cherubin armé d'vn glaiue de feu, gardant la porte du Paradis Terrestre. Et quoi qu'il ne leur inspirast que dilection & charité, & ne leur recómandast rien tant que la mutuelle bienvueillance en Dieu, selon la leçon si frequente du Sauueur, & de son Bien-aimé Disciple; si est-ce que leur confiance vers lui estoit accompagnée de tant de reuerence, que c'estoit vne merueille que celle-ci ne bānissoit l'autre. Au reste il estoit si esloigné de tout interest, soit de domination, soit d'vtilité, que pour éuiter celui-là, il leur commandoit souuent de prēdre quelqu'autre Confesseur, afin que ses conseils fussent plus asseurez, s'ils estoient approuuez par d'autres, ou qu'il les corrigeast, s'ils estoiēt en quelque sorte douteux ou deffectueux. Et pour fuïr tout ce qui vise au profit, ses aduis s'estendoient à tout, sinon à la distribution de leurs biens, leur disant que c'estoit vn cas reserué à l'Onction du sainct Esprit,] qui enseignoit ses voyes aux misericordieux & debonnaires.] Ouy: car n'est ce pas lui qui respand la Charité dans les cœurs, & qui y establit l'ordre conuenable,] ennemi des presens & grands & petits, ayant appris du Sage, qu'ils aueuglent l'esprit des plus Sages] & esloigné de tout profit non sordide seulement, mais de celui qui estant permis par les plus seueres Loix, ne peut estre estimé deshonneste, sans offenser l'Eglise mesme, qui en approuue l'vsage & le reglement. Aussi estoit-il pourueu des biens de fortune pour jouïr de cette beatitude, qui cōsiste à dōner, plutoſt qu'à receuoir,] & content du viure & du veſtement ſelon ſa condition,] il ne tenoit rien de plus aduantageux que ce qui ſuffit auecque la Pieté,] ce qui ſemble profitable à quelques autres, lui eſtoit dommageable pour IESVS-CHRIST:] eſtant certain que ceux qui reçoiuent quelque recompenſe de leurs labeurs en ce monde,] rabattent autant de celle qui les attend en l'autre. Il ne deffendoit rien de ſi ſeuerement à ceux qui le ſeruoient, que de receuoir des gratifications de ceux qui l'abordoient pour tirer de lui des aſſiſtances ſpirituelles: & ſi quelqu'vn s'emancipoit iuſques-là de receuoir la moindre choſe ; il ne lui ſouhaittoit pas la lépre de Giezi, mais la relegation d'Agar lui eſtoit aſſeurée, il lui donnoit ſon congé pour n'auoir aucune part à cet Anatheme, qu'il n'auoit pas moins en horreur que celui d'Achan. En ſôme, pour ne tirer pas dauantage en longueur des differences de ces Directeurs, voici le jugement du ſainct Prelat de qui ie tiens cette Hiſtoire. Ces deux hommes, diſoit-il, eſtoient tous deux prudens & fideles ſeruiteurs de Dieu, & qui enſeignoient la Iuſtice aux Ames par diuerſes voyes. Celles qui eſtoient conduites par

desinteressé.

le premier, auoient beaucoup de crainte pour Dieu, & beaucoup de charité pour leur Directeur, ou au moins pour sa Communauté, & leur charité estoit en l'Ordre. Celles du second auoient beaucoup de dilection pour Dieu & pour le prochain, & l'Ordre estoit en leur charité, & elles auoient beaucoup de crainte & de respect pour leur Directeur, qui hors les Conferences necessaires pour leurs besoins en la Maison de Dieu, n'auoient point d'autres entretiens priuez, ni aucunes visites, ni conuersations dans les Maisons : ce qui est le propre d'vn sel affadi & gasté. Tous deux auoient Dieu deuant les yeux, & pour l'vnique object de leurs intentions & pretensions, tous deux neantmoins singuliers en leurs conduites, selon la diuision des graces celestes, dont la varieté est comparée aux diuerses couleurs que le Soleil fait paroistre au col d'vne Colombe : & differents en ceci, que l'vn fort desinteressé en son particulier, estoit neantmoins dans les interests de sa Communauté : mais l'autre n'auoit esgard à aucun interest, ni pour soi, ni pour autrui, Dieu seul estant son premier & vnique mobile.

PARTIE CINQVIESME.

CHAPITRE I.

De l'interest particulier, & de Communauté.

A DIRE la verité, quoi que les Cenobites ayent vn notable aduantage au despoüillement votif de tout ce qu'ils possedent, ou peuuent posseder dans le sein de leur Ordre, si est-ce que d'autre costé la dilection, & d'eslection & de preference, qu'ils sont obligez d'auoir pour l'Institut dont ils portent l'habit, les fait rentrer par vn autre, non toutefois fausse-porte, dans les interests de ce corps, dont ils sont membres, interests d'autant plus cuisans & plus pressans, qu'ils sont plus colorez de ce bel esmail de la gloire de Dieu, qui sert de fueille assez souuent à l'Amour propre. Mais vn homme détaché de toute autre Societé, que de celle qui lui est cõmune, ou à tous les Fideles, ou aux Ecclesiastiques du Clergé, qui n'ont point d'autre ordre que celui de la Hierarchie establie par le Fils de Dieu, qui est Prestre eternellement selon l'ordre de Melchisedech,] est plutost en estat de donner, que de receuoir ; que si l'abondance ne le met pas en celui-là, la suffisance, qui le met à l'abri de la necessité, l'exempte de celui-ci. Possible me dira-t'on auecque le Sage, que celui-là est vrayement heureux, qui mesprise l'or, & qui ne met point son esperance dans les thresors ; mais où est-il, & nous le loüerons?] Si c'est quelque Cenobite, qui en hochant la teste fasse cette obiection, on lui repartira, Que quand il aura fait voir vn homme de sa sorte exempt des interests de sõ Ordre, & mesprisant le profit de la sainte Communauté, on lui en fera voir plusieurs, qui sans appui de Communauté, vsent des biens du monde comme n'en vsant point,] qui n'en font point de mal, encore qu'ils en ayent la puissance, & qui pouuans transgresser la Loy de Dieu, s'y tiennent collez & assujetis.] Le bras de Dieu n'est point racourci,] ses œuures sont grandes & exquises en ses volontez, il a des seruiteurs cachez, & d'autres en monstre, tant dans le Siecle, que dans les Cloistres : & il n'y a rien, dit vn Poëte ancien, de plus injuste qu'vn homme impertinent, qui ne trouue rien de bon que ce qu'il fait. Pharisien qui n'est pas comme les autres hommes,] ses mains & sa langue contre tous, & il attire contre soi les mains & les langues des autres.] Vn grand & tres-noble seruiteur de Dieu, qui se retirant du monde, où il a esté en de grandes charges, a porté auecque soi de grands biens dans vne Congregation fort saincte, me disoit vne fois, à l'honneur de celui qui en a esté l'Instituteur, & dont la saincte memoire est en benediction deuant Dieu, & deuant les hommes, que iamais ce deuot personnage ne lui auoit dit, ni durant sa vie, ni en sa mort, aucun mot de loüange, de congratulation, ni mesme de remerciement, pour tant de commoditez qu'il auoit mises dans la Communauté, jugeant qu'il n'auoit pas voulu le mettre au peril, par quelque vanité que cet applaudissement lui eust peu rester en l'ame, de perdre sa recompense, qu'il deuoit attendre beaucoup plus grande au Ciel]

desinteressé.

Ciel] qu'en la Terre. A voſtre aduis ce perſonnage vrayement Sainct eſtoit-il desintereſſé? auoit-il plus de viſée vers la Tetre que vers le Ciel ? regardoit-il cette ame qui ſe rangeoit ſous ſa conduite, ou ſes biens? O! qu'il euſt bien peu dire auec ce Geant Spirituel, le ſainct Fondateur de la Compagnie qui a porté le nom & la Croix de IESVS aux extxémitez de l'Orient & de l'Occident, La terre me ſemble abiecte quand ie contemple le Ciel.

CHAP. II.

Deux exemples ſignalez.

A Ce propos il me ſouuient d'vne agreable Hiſtoire, qui ſe lit dans le Pré Spirituel, Liure ancien & d'authorité recommandable. Parmy les Anacoretes des premiers ſiecles, il y en eut vn appellé l'Abbé Ammon, qui receut ſoꝯ ſa diſcipline en ſon Hermitage vn jeune frere nommé Iean: entr'autres mortifications, dont il l'exerça durāt l'eſpace de douze ans, celle-cy eſt notable; c'eſt que quelque bien qu'il fiſt, il ne lui dit iamais vne parole agreable, lui

P

tesmoignant tousiours & à dessein, du mescontentement, pour tenir ce Nouice en vne continuelle humilité & mespris de soy mesme. Si le Maistre animé de l'Esprit de Dieu, estoit industrieux à esprouuer son Disciple, cettuy-cy n'estoit pas moins simple ny moins souple, faisant tout ce qui luy estoit commandé exactement & auecque promptitude. L'Abbé Ammon estant tombé malade, & reduit aux derniers periodes de sa vie: les Hermites voisins le vindrent visiter pour l'assister & corporellement & spirituellement en son passage: à qui il fit plusieurs belles remonstrances, sa langue parlant de l'abondance de son cœur: se sentant pressé de sa derniere heure, il appella son fidele & humble Disciple, il luy prit la main, & la serrant, il luy dict seulement trois fois Adieu, d'vne voix languissante & mourante, & luy ayant commandé quelque seruice qui l'obligeoit de sortir de la Cellule, il dict à ceux qui l'estoient venu voir, Mes freres, ie vous asseure que ce jeune Moyne est vn Sainct & à toute espreuue, car depuis douze ans qu'il demeure aupres de moy, ie ne lui ai jamais dit aucune parole qui lui peust faire connoistre que i'eusse aucune satisfaction des seruices qu'il me rendoit, encore qu'ils fussent notables & fort accomplis, & iamais il n'a vsé de replique à mes reprehensions, quoy qu'à dessein ie le feisse, quelquefois fort iniustes, ny ne s'est iamais descouragé pour mes rebuts : regardez le doncques desormais comme vn fidele seruiteur de Dieu, & qui est fort desinteressé aux seruices qu'il luy rend. Oserois-je à cét exemple Cenobitique, enjoindre vn autre purement seculier & moral ? Le grand Mareschal de Mon-luc l'vn des grands Capitaines que la France eust en son temps, & qui en ces beaux Commentaires que nous auons de luy, fait paroistre sa grande suffisance & experience en l'art militaire, ayant perdu en vn combat l'vn de ses fils, braue & vaillant Gentilhomme, & digne rejetton d'vn si genereux courage que celuy du pere, comme on le luy apporta mort. Ie ne luy pouuois, dit-il, en le voyant d'vn œil sec, luy souhaitter vn plus honorable tombeau, puis qu'il est mort les armes à la main pour le seruice de son païs & de son Prince, tous tant que nous sommes portans espée, nous ne sommes que des victimes destinées à

P ij

ce glorieux sacrifice. Ie n'ay qu'vn seul regret qui me pese sur le cœur, c'est que ce pauure garçon soit mort sans que i'aye eu le moyen de luy faire cõnoistre au moins à l'extremité de sa vie l'estime que ie faisois de sa valeur; certes elle estoit tout autre en mon cœur qu'en ma langue, car celuy-là le benissoit, tandis que de celle-cy ie luy disois des iniures & des reproches capables d'oster le courage aux plus genereux. Il n'a iamais couru des hazards que ie ne l'aye payé de menaces, & lors qu'il estoit blessé, ou qu'il auoit le mieux fait, c'estoit lors que ie le chargeois de plus d'outrages. Cela estonnoit tout le monde qui me voyoit si prodigue de loüanges vers des personnes qui n'en meritoient point, & si auare vers mon sang de ce qui couste si peu. Ce que nous venons de dire de ce grand Capitaine, de l'Abbé Ammon, & de ce Superieur de Congregation, est à mon aduis vne tres-bonne marque en vn Directeur Spirituel, car quoy qu'il doiue encourager au bien les pusillanimes, il se doit bien garder de loüer ceux qui se destournent de leur deuoir aux desirs de leurs cœurs, ny de benir les iniques,] ny de dire Paix, Paix, où il n'y a

desinteressé.

point de Paix,] les paroles de loüange sont tousiours suspectes de flatterie, & S. Gregoire dit fort bien, que loüer l'homme sage en sa presence, c'est foüetter son esprit, & tourmenter son oreille. Ce langage d'esclaue & seruile, est extrémement messeant en la bouche d'vn Directeur, & est vne marque infaillible de quelque pretention secrette.

CHAP. III.

Contre les presens donnez & receus.

MAis il y a encore vn autre langage muet, qui se fait entendre par les effects plus que par les paroles, & qui pour estre plus effectif est au plus affectif. C'est celuy des petits ou menus presens, tant actifs que passifs, ie veux dire tant ceux que le Directeur donne, que ceux qu'il reçoit. O Dieu me garde de blasmer la saincteté des choses que ie vay nommer, nullemēt, car i'offencerois le Ciel & la Terre, ce qui est fort esloigné de ma pensée ; mais qui ne sçait que l'interest, qui est vn amour propre

P iij

fort subtile, se glisse par tout, & penetre iusques dans le Sanctuaire? sainct Hierosme declame violément contre ces petits presens, trop frequens, qui se font entre les Directeurs & les personnes dirigees. Il fait vn inuétaire de ceux de son temps, des mouschoirs, du linge, des fruicts, des habits, & semblables commoditez, sous couleur de gratitude & d'assistance, & puis c'est peu de chose, cela n'est rien, ne paroist rien. O! comme ce grand S. si austere en sa vie, & en tout si desinteressé, inuectiue puissamment contre ces mousches, qui peu à peu deuiennent des Elephans. Vn petit present fait auec vne grande affection, a vne impression plus forte sur vne ame, qu'vn grand bien-fait accompagné de peu d'empressement. Vne petite estincelle cause quelquefois vn embrasement merueilleux. Et puis qui ne sçait, comme dit vn Ancien, que les presens imitent les hameçons, qui presentent vne mousche pour pescher vn gros poisson. Celuy qui a trouué les bien-faits, dit le grand Stoïque, au beau traicté qu'il a fait sur ce subiet, a inuenté des liens pour atthacher les cœurs. Ce mary qui auoit espousé vne riche, mais imperieuse femme, disoit

desinteressé.

que pour vne dote il auoit vendu son auctorité. Le Directeur qui est si mal aduisé d'en receuoir perd aussi-tost son credit, & la saincte liberté qui luy est necessaire pour reprendre les vices. Voyez comme le Prophete. Elizée rejette ceux du Lépreux Naaman Non, non, dit sainct Paul, rejettant toute assistance, i'ay des mains pour auoir par leur trauail ce qui m'est necessaire.] On offre de l'argent à sainct Pierre, il le rejette rudement, & auec des termes si rudes, qu'ils vont dans l'anatheme, que ton argent te traine à ta ruine : qui a creu le dō de Dieu s'acquerir & se posseder pour vn si vil prix?] Les Directeurs sont Iuges & assis sur des sieges de Iugement,] iugeans dés cette vie les Tributs d'Israël.] Or qui ne sçait quel grand crime c'est à vn Iuge de receuoir des presens: Leur droitte est remplie de presens, dit le Psalmiste, descriant les Iuges iniques, A raison dequoy vn ancien Peintre representa sans mains les iustes Iuges de l'Areopage, pour mōstrer qu'ils estoient incorruptibles. Sur ce subiet le grand Apostre dit vne Sentence qui doit estre tenuë pour vn Oracle, qui ne peut estre assez profondement graué dans

P iiij

l'esprit des Directeurs, il ne faut, s'il est possible, rien deuoir à personne qui viue, sinon la dilection selon Dieu.] Combien sont esloignez de cette pureté ceux qui traittent leurs Penitens comme des enfans, à qui pour donner quelque emulation honneste en leur enseignant le Catechisme, on distribuë des Images, des Chapelets, & autres petits presens? Ah! non, ce n'est pas que les Croix, les Medailles, les Reliques & Reliquaires, les Rosaires, les Tableaux, les Cierges benits, les Couronnes ou Images de certains bois venerables par le nom de quelques grands Saincts; ce n'est pas, dis-je que tout cela ne soit bon en soy, & que l'vsage ne soit recommandable. Mais qui ne void comme l'interest se glisse comme vn serpenteau sous ces belles fleurs, dont il ternit, venimeux qu'il est, & la fraischeur, & la beauté, & la grace? Vn Lacedemonien sentant vn iour du nard, & recreé de la suauité de cette odeur, Malheur, dit-il, à ceux qui sophistiquent ce parfum, & qui en abusent en leurs delices. O Dieu! le sang de vostre Fils, qui est vn baume espandu, & dont la grace se respand par la vertu des clefs données à

desinteressé.

voſtre Egliſe ſur ces choſes benites, eſt employé quelquefois par des Directeurs intereſſez à faire des amorces pour arriuer à des pretentions de terre que voſtre Eſprit ne leur a pas releuées.] Quand ſera-ce Seigneur, que le foüet à la main vous chaſſerez ces trafiqueurs de voſtre Maiſon, & ces vendeurs de Colombes des dons de voſtre diuin Eſprit ? Combien ſont blaſmables ceux qui faiſans profeſſion de guider les Ames, & de ne penſer qu'au reglement de leurs facultez interieures, ont plus d'attention à s'accommoder de leurs facultez exterieures ? Rameurs qui tournent les eſpaules au lieu où ils tendent. Medecins qui prennent en refuſant. Girofols qui ont la fleur tournée vers le Soleil, mais la racine en terre, Semblables à l'arc en Ciel, miracle de l'œil, & ornement de la nature : voyez comme il a la ſommité de ſa cambreure vers le Ciel, tandis que comme vne pompe il ſucce l'eau de la mer pour arroſer la terre. Pareils à l'Aigle qui ſe perd dans l'air, au moins à la veuë de ceux qui regardent ſon eſſor, où tandis que l'on croit qu'elle regarde fixement le Soleil, elle a les yeux fichez en terre, pour y remarquer de la

P v

proye, sur qui elle fond tout à coup. Ie ne veux point expliquer plus clairement ces pensées, qui seront assez conneuës à ces Directeurs de toute condition à qui elle s'addressent ; & j'aime mieux paroistre obscur que mordant en ces reprehensions, encore que iamais il ne faille espargner les vices, ni les traitter de main-morte, fussent-ils sous vne thiare, ou sous vn diademe.

CHAP. IV.

Le Directeur desinteressé fuit les intrigues & les affaires.

LE Directeur vrayement desinteressé ne fait du bien qu'aux pauures, & distribuë gratuitement aux plus riches l'Onction celeste, qu'il a receuë gratuitement :] sa liberté & son authorité n'ont peint de prix, sa vertu est sa propre recompense, ou plutost le seruice de Dieu, qui est seul sa part, sa couronne, & son loyer. Qui lui offre des biens lui fait vn outrage, estant plutost en disposition de receuoir auec joye vn tort & vn affront, qu'vn bien fait, & vne injure, qu'vne loüange, tout lui est bonë & ordure ; pourueu qu'il gagne IESVS-CHRIST.] Bref il dit de tout son cœur, auecque la genereuse saincte Terese, Dieu est ma seule part, & mon vnique bien, tout ce qui n'est point lui, me semble n'estre rien. N'ayez pas peur qu'il s'embatrasse dans ces toiles d'araignée des affaires du monde, que l'on appele selon le temps present, des intrigues. Comme ces tissus empeschant l'œconomie des abeilles, aussi les tracas seculiers troublent celle de la Grace ; à raison dequoi l'Apostre deffend tout court à celui qui est dedié à Dieu, de s'en mesler.] Que si sainct Ambroise, cette grande lumiere de l'Eglise, esseué du tribunal de Iudicature, au throsne Ecclesiastique, & autant capable d'affaires, qu'homme qui fust de son temps, estant arriué à la dignité Episcopale, ne voulut iamais donner son aduis touchant les mariages, la guerre, & les negociations : A quel propos vn Directeur, comme vne Marthe empressée, s'ira-t'il embroüillant dans des conseils de mesnage, de rentes, d'offices, d'achats & de ventes, s'entremettãt de tout cela sous le manteau de la Charité, &

souuent y engluät les aisles de ses desirs, côme parle sainct Augustin, estant malaisé de toucher de la poix sans en auoir les mains soüillées ;] Ie ne dis pas que sur tout cela on ne puisse resoudre les consciences, quand il arriue des cas douteux, & qui troublent le repos des Ames scrupuleuses, le Soleil passant sur la bouë n'infecte pas pourtant ses rayons. Ie parle seulement de ceux qui s'ingerent dans les affaires temporelles de ceux qui les consultent pour les spirituelles, appelez par sainct Paul, renuerseurs de Maisons,] & remueurs de familles. Ils sont tousiours sur les enquestes curieuses & inutiles des biens & des reuenus d'vne Maison, ils veulent sçauoir quelle despence s'y fait, quelle espargne, quels sont les tiltres, les Seigneuries, les possessions, quel train, quelle table, quelle chere, quelle humeur, quelles aumosnes on distribuë, qui l'on frequente, quelles sont les inclinations, quels desseins, quelles pretensions, quelles charges, quelles negociations, quel traffic, quels offices, quels benefices, & quoi non ? Au reste ces interrogations se font auecque tant d'artifice & de subtilité, que l'on s'en apperçoit pas ; & tel ne pense auoir rien dit, qui a descouuert tout ce que l'on pretend. Si le maistre est plus reserué, la femme aura plus de langue ; si le pere & la mere ne disent rien, les enfans parleront, sinon les seruiteurs ou seruantes : en fin il n'y a rien de si caché, que ces Maistres des enquestes ne descouurent, rien de si secret qu'ils n'éuentent, & comme ils chassent de haut-vent, & sans prendre le change, auecque le temps, l'adresse, & la patience, il n'y a point de gibier qui ne vienne au poinct où bat leur propre interest. Voulez-vous connoistre le trait de ce caractere, regardez-le dans les paroles de sainct Hierosme, escriuant à Paulin. Celui que vous entendrez parler souuent des biens du monde, excepté d'vne simple aumosne, qui est rarement desniée aux necessitez, prenez-le plutost pour vn banquier ou negociateur, que pour vn Moyne ?] Ce sont les propres termes de ce grand Sainct : l'vn des plus desinteressez Directeurs qui fust de son temps. C'est à eux que l'on pourroit appliquer ces mots de sainct Paul, au Chapitre troisiesme de la seconde Epistre aux habitans de Thessalonique. Nous entendons qu'il y en a parmi vous qui viuent sans ordre, inquietes, & qui ne font rien sinon s'enquerir curieusement.] Puis il adjouste, Nous aduertissons ceux qui sont tels, & les exhortons en Nostre Seigneur IESVS-CHRIST, qu'ils mangent leur pain en trauaillant paisiblement.] Lors que l'Oyseau de proye tournoye autour de celui dont il veut faire sa curée, pour essayer par où il le prendra, les Fauconiers disent que l'Oyseau lie la perdrix, ou quelqu'autre gibier; ainsi ces Directeurs qui cheminent indirectement par contours, &, pour parler auecque l'Escriture, en vn cercle;] peuuent estre dits lier les Ames, & les captiuer par diuerses subtilitez, pour en tirer la plume & la substance. Ie ne puis que ie ne loüe infiniment la pure & sincere conduite de quelques Ordres, où il est deffendu par de rigoureuses constitutions au Maistre des Nouices, ou à quelqu'autre Profez, de s'enquerir des Nouices quels biens ils ont dans le siecle, ou de les induire, ou exhorter, à les laisser aux Maisons où ils se rendent, laissant cela en leur pleine & libre disposition, & à ce que le sainct Esprit leur dictera. Ce qui marque vne grande candeur & droicture d'intention, exempte de toute pretension & d'interest sordide. Et quoi qu'il soit croyable que celui qui donne son corps, son ame, sa liberté, & sa conduite pour toute sa vie à vne Communauté, ne lui sera pas auare de ses biens, qu'aussi bien doit-il quitter en faisant son testament auant sa profession solemnelle ; si est-ce que cette Ordonnance justifie le procedé des Ordres, qui ne doiuent iamais estre blasmez, si quelques particuliers s'emancipent en la pratique de leurs Reglemens.

CHAP. V.

Il doit estre vn Ange.

ON me pourra dire que ie desire vne si grande pureté d'intention au Directeur Spirituel, de quelque condition qu'il puisse estre, soit Pastorale, soit Cenobitique, qu'il faudroit vn Ange pour pratiquer : & ie l'aduoüe ainsi, & que non seulement il faudroit vn Ange, mais, s'il estoit possible, plus qu'Ange pour entreprendre la direction de plusieurs Ames, veu que chaque Ange Gardien en a assez de celle qui lui est cõmise,

Au reste le meilleur modele que le Directeur Spirituel se puisse proposer en cet office Angelique qu'il exerce en terre de la part de Dieu, c'est celui des Anges. Ils n'ont nul interest en la garde des Ames, que celui de la Gloire de Dieu: car que peuuent-ils pretendre de nous? Aussi ceux qui nous sont connus dans l'Escriture, rapportent-ils tous, mesmes par leurs noms, leurs actions, & leurs fonctions, à Dieu. Car Raphaël veut dire Medecine de Dieu, Gabriel force de Dieu, & Michel qui est comme Dieu. En fin ce sont esprits enflammez de charité,] qui tous seruent Dieu, & sont enuoyez pour guider & garder ceux qui sont appellez à l'heritage de salut,] pour y remplir les ruines] & les places qui sont demeurees vuides par la cheute des esprits apostats. Ceux qui ont mangé de la racine de l'herbe appelée Angelique, ont l'haleine douce & agreable. O qu'il fait bon aborder vn Directeur entierement desinteressé ; vrayement c'est vn Ange en forme d'homme, ou vn homme tout à fait Angelique, qui ne regarde que les Ames en quelques corps qu'elles soient, sans considerer si les personnes sont grandes ou petites, belles ou laides,

desinteressé. 353

pauures ou riches, toute leur pretension n'estant que le seruice de Dieu dans ces ames-là. Hommes excellens, Anges du testament,] Anges de bon conseil,] & capables comme Raphaël de nous tirer des perils du monde, & de nous éleuer deuant Dieu à vne haute fortune. Lors que Tobie le pere voulut presenter à cet Ange, qui auoit conduit son fils la moitié de tous les grands biens qu'il luy auoit fait auoir par le mariage de Sara, il luy tesmoigna que son thresor estoit au Ciel, & non en la terre des mourans, & que sa viande inuisible] estoit de faire la volonté de Dieu, qui l'auoit enuoyé.]

Chap. VI.

Qui est le plus desinteressé Directeur, le Pasteur, ou le Cenobite.

MAis la question n'est pas petite, de sçauoir qui approche le plus prés de l'imitation de cet Ange, c'est à dire, qui est le pl⁹ desinteressé pour l'ordinaire, du Directeur Pasteur, ou du Cenobite.

Car les admirables loüanges dont tous les Liures de ceux-cy sont remplis; touchant la vie Cenobitique, l'appellans, non seulement Angelique (ce qui semble trop bas,) mais Seraphique & Cherubique, la releuent si haut dans l'estat deiforme de la perfection, que presque on la perd de veuë: non pas comme la fumée qui s'éuanoüit plus elle s'esleue, mais comme l'Aigle qui prend son essor à tire d'aisles par dessus les nuées: ie ne sçay si cela ne s'appelle point cheminer sur les aisles des vents, ou autrement marcher hautement & admirablement, & s'esleuer au dessus de soy-mesme.] C'est ce qu'il nous faut examiner sans zele amer, s'il est possible, & sans contention. Ie sçay que les Cenobites sont fort liberaux à reprocher aux Pasteurs la qualité de mercenaires, leur jettant au visage, qu'ils ne trauaillent que sous l'esperance du loyer & du gain; & me suis quelquefois estonné que sainct Thomas, en ses Opuscules treiziesme & és deux suiuans, pressé du zele pour la deffence des Cenobites, & respondant à ceux qui de son temps combattoient les Instituts des Mendians, se soit laissé aller à cette reproche, lui qui tout Angelique, tesmoi-

desinteressé.

gne parmy ses chaleurs de dispute vne moderation, & vne modestie incomparable. Mais s'il est permis aux Scotistes, en des matieres beaucoup esleuees, de contredire les opinions de ce grand Sainct, l'honneur, la gloire, & l'Oracle des Escoles, il sera bien plus supportable en ce suiet, qui n'est nullement de la foi, & mesme plustost de faict que de droict, d'examiner de plus prés si cette reproche est legitime, ou de plus bas alloy. Ce que nous connoistrons par diuerses marques, dont voicy la premiere. Que cherchent les Pasteurs, soit Diocesains, soit Curiaux, ou les Prestres simples, qui leur sont subordonnez (c'est ce que l'on appelle l'Ordre du Clergé) dans la charge des ames ? Si vous en croyez les paroles de precipitation,] & les iugemens à la vollée de quelques Cenobites (ie di de quelques-vns, car ie sçay qu'il y en a de vrayement Saincts, & dont les paroles ne sont pas moins reseruees que leur vie est exemplaire) sans doute ils n'y cherchent que l'honneur ou le profit. Si ie voulois citer les Autheurs qui tiennent cet odieux langage, ie ferois rougir les Ordres tous entiers, mais le respect que ie porte aux bons m'empesche de repartir selon leur temerité à ces Iuges temeraires. Ie diray neantmoins la verité sans auoir esgard à l'apparence des personnes, (vice que nous auons tantost blasmé) mais auecque toute la charité possible. Or auant que d'entrer en ce pas qui est glissant, i'ay besoin de declarer icy que ie ne compare pas les mauuais Pasteurs, c'est à dire, deshonorans leurs ministeres par leur vie scandaleuse auecque les bons Cenobites, car les armes ne seroient pas égales: aussi peu veux-ie parler des Cenobites difformez ou desreiglez, c'est à dire, qui n'obseruent aucunement leurs Regles, au contraire, qui les violent & renuersent, presqu'en tous les poincts auecque les bons & vertueux Pasteurs: car à ce reuers de medaille il y auroit de la supercherie. Il y a en l'vne & l'autre de ces conditions des vertueux & des vicieux, des vrais & des faux freres. Nous ne voyons que trop de Pasteurs & de Cenobites viuans desordonnément, & qui par leurs cheutes & actions de mauuais exemple ressemblent aux clochers qui en tombant accablent les Eglises dont ils estoient l'ornement estans debout. Celuy donc qui est sur ses pieds prenne garde de ne tomber pas.] Laiſſons-là les mauuais, ce ſont des Ethiopiens & des Leopards, à qui il eſt mal-aiſé de faire changer de peau,] ne battons point cette pompe, puis qu'il ne peut ſortir de claire eau, ny de bonne odeur de cette ſentine du vaiſſeau de l'Egliſe. Imitons Conſtantin, qui jetta dans le feu les memoires qu'on luy preſenta, où eſtoient couchez les licentieux deportements de quelques Ecclesiaſtiques, & comme il les euſt voulu couurir de ſon manteau, voyons-les ſous le ſilence. Au ſujet que ie traite, c'eſt aſſez de ce mot, qu'il n'y a que trop de mauuais Paſteurs & Cenobites non Reformez, qui dans le ſeruice qu'ils rendent aux Ames ne cherchent que leur intereſt ; Eſprits vils & mercenaires, à qui le tourbillon des tenebres eſt preparé,] s'ils ne reprennent vne plus excellente voye,] qui eſt celle d'vne charité pure & deſintereſſée. Ne parlons donc que de ceux qui en l'vne & en l'autre condition font leur deuoir, ou s'efforcent de le faire, ſe monſtrans comme vrais ſeruiteurs de Dieu, en toute patience, douceur, auſterité de vie, en parole de verité, en charité non feinte,] ſelon l'enſeignement de l'Apoſtre. Voyons qui marche d'vn meilleur pied au ſeruice du Grand Maiſtre & du Prince des Paſteurs Eueſque de nos Ames,] Iesvs-Christ. Car comme il y a de l'or à diuers carats, auſſi y a-t'il diuers degrez de charité, & comme dans le Ciel il y a difference de clarté entre les Eſtoilles, & des demeures differentes] dans le Ciel des Cieux, differens auſſi ſont les degrez de charité dans les Ames.

Chap. VII.

Difference du Paſteur & du Mercenaire.

PRenons donc icy la toiſe, la canne, ou meſure d'or de la Charité, pour prendre les dimenſions de la myſtique Hieruſalem, & diſons que par eſtat les Paſteurs, tant Dioceſains, que ſubalternes ou Curiaux, ſont obligez d'expoſer leurs vies pour les oüailles qui leur ſont commiſes. Eſcoutons là-deſſus l'arreſt diuin qui ne peut eſtre nié ſans impieté, ny côtredit ſans blaſphcme, il n'y a point

desinteressé.

de plus grande charité que de mettre son ame, c'est à dire, donner sa vie pour ses amis.] Aioustons à cecy la peinture du vray & bon Pasteur, tirée du dixiesme chapitre de l'Euangile de sainct Iean. Le bon Pasteur met sa vie pour ses brebis,] c'est à dire, est obligé de la mettre. Mais le mercenaire, & celui qui n'est point Pasteur;] Voyez vous comme il distingue le Mercenaire du Pasteur, & comme il fait voir que le Mercenaire n'est point Pasteur, & que celui qui est Pasteur n'est point Mercenaire. Il adiouste, le Mercenaire est celui à qui les brebis n'appartiennent point.] Notez que celui qui n'a point de brebis propres, & qui sert neantmoins les brebis, n'est point Pasteur, mais vn simple valet & mercenaire sans troupeau; Suiuons le texte. Celui-là (c'est le Mercenaire (voit venir le loup & s'enfuit, & le loup rauit & escarte les brebis. Qui est-ce qui fuit, ou de celui qui est obligé par estat & par condition, & de droict diuin, à vne residence actuelle, quelque fleau qui suruienne, soit de peste, de guerre, de famine, de persecution, d'heresie, ou quelque autre semblable, ou celui qui n'est lié à aucun soin ny charge, & n'ayant aucune obligation, se

peut retirer de ses lieux, affligez, son pays & le lieu de sa demeure, estant par tout où il trouue son mieux, & qui peut estre penseroit tenter Dieu de s'exposer temerairement au hazard sans aucune obligation necessaire, selon ce qui est escrit, qui aime ou cherche le peril, y perira] Acheuons cette peinture Euangelique. Le Mercenaire s'enfuit,] dit sainct Iean, & il adiouste la raison de sa fuitte, parce qu'il est Mercenaire, & que le salut des oüailles ne le touche point,] parce qu'il n'en est pas chargé. Mais le vray Pasteur, qui sçait que ce sang doit estre racheté de ses mains,] & que le salut du peuple qui luy est commis, fait vne partie du sien, estonné de tant de menaces que font les Prophetes, particulierement Ezechiel, contre les mauuais Pasteurs, qui abandonnent leurs troupeaux au besoin, réueille sa sollicitude, & releuant son courage, s'expose au trauail & au danger, portant son cœur à toutes les iustifications du Seigneur, à cause de la retribution] qu'il attend de luy seul. Voyons maintenant de quel air se portent à la guide des Ames, & à ce hazardeux mestier où se met, dent pour lent, œil pour œil, ame pour ame, ceux
qui

qui n'y marchent que par delectation, par million d'aide, par commiſſion extraordinaire, comme des troupes de ſecours & de volontaires, ce dernier mot monſtre aſſez que s'ils y trauaillent ce n'eſt que volontairement, & comme c'eſt par pitié, auſſi certes eſt-ce quelquefois pitoyablement. Car comme ils ne gouuernent que les Ames qui volontairement & de leur propre choix, ſans aucune obligation, ſe remettent à leur conduitte, auſſi de leur part ont-ils le choix dans cette grande moiſſon des eſpics qui leur plaiſent, dans cette grande peſche des poiſſons qui leur ſemblent bons, rejettans les autres dans l'eau par le renuoy à leurs propres Paſteurs. Tant y a que comme les gens du ſiecle ne ſe ſeruent d'eux qu'en la façon & autant de temps qu'il leur plaiſt, auſſi ne ſeruent-ils les perſonnes du monde qu'autant & en la façon qui leur eſt la plus agreable. Le lieu de leur reſidence, ou pluſtoſt de leur continuel pelerinage, eſtant celui qui eſt le plus conforme à leur gré ou à l'ordre de l'obeyſſance : Eſtoilles errantes,] pour vſer des termes d'vn Apoſtre, dont les influences mobiles ne font pas de ſi fortes impreſſions, d'autant que leurs

Q

esclats & brillements ne dardent que par maniere de passage ; au lieu que l'E-stoille du Pole, tousiours fixe, est la mire de tous les Nautonniers en la guide de toutes leurs nauigations.

Chap. VIII.

De la vertu exercée par saillies ou par continuation.

AV reste ie ne nie pas que quelques-vns aux occasions des pestes, des guerres, des heresies, ne fassent des grands efforts pour le seruice des Ames & des corps, & plus grands quelquesfois que ceux des Pasteurs, qui se trouuent effrayez en ces grandes tempestes ; comme il arriue assez souuent sur la mer, qu'vn passager durant l'orage prendra le timon, ou fera des deuoirs où manquent les Pilotes, dont le courage est abbatu par la vehemence de l'apprehension. Mais nous ne comparons pas icy les personnes vertueuses auecque les defectueuses, nous parlons seulement du deuoir que rendent ceux qui sont vrayement vertueux dedans ces occurrences, & quand ie di deuoir, i'entends celuy de la charge, & de l'obligation de l'office. Quand les Cenobites se retireront à l'abri, qui leur peut dire, Pourquoy faites-vous de la sorte? pourquoy fuyez vous? pourquoy abandonnez-vous le gouuernail durant la tourmente, puis que leur condition ne les y attache ny oblige en aucune maniere? Mais le Pasteur sans vne ignominieuse & honteuse flestrisseure de sa reputation ne peut caler le voile, ny quitter le combat: & puis il y a de certaines saillies de courage & de vaillance qui ne prouiennent nullement de la veritable valeur, qui doit proceder d'vn iugement meur, d'vne deliberation rassise, & d'vne trempe d'ame constante & courageuse dans la veuë du peril. Ces fougues, que la colere & la rage portent dans les duels, ces saillies qui poussent tant de soldats dans les batailles & les assauts, ne sont souuent animées que du bruit de l'exemple des autres, du tintamarre de la multitude, de l'esclat des armes, du son des tambours, des clairons,

& des trompettes, du tonnerre des canonnades & mousquetades, tel va la dedans eschauffé, & à l'aueugle qui ne s'y porteroit iamais de sang froid, & par consideration. Les interests mesmes, soit glorieux, soit vtiles, sont quelquefois les principaux motifs de cette vaillance masquée. La vertu qui consiste en vne temperée mediocrité n'a point de ces eslans, son feu est égal, sa lumiere est comme celle du Soleil, par rayons doux & successifs, non comme celle des Estoilles, qui ne produisent, ou s'il faut ainsi dire, n'enfantent la leur que par éclats & brillemens. Par exemple, qui ne void qu'vne sobrieté continuelle & exactement obseruée, & vn jeusne moderé, selon les loix de l'Eglise, est plus recommandable que ces excez d'abstinence que font quelques-vns par fougades assez rares, tantost ieusnans deux ou trois iours de suitte, ne mangeans qu'vne fois le iour qu'vn peu de pain, & beuuans vn peu d'eau, tantost s'abstenans par ceremonie de toute viande qui ait eu vie, tantost de toute nourriture cuitte, tantost ne mangeans que lors que les Estoilles paroissent: & quand ces iours-là sont passez d'où ils se sont tirez par effort,

desinteressé.

comme l'on fait des mauuais pas, on ne voit que desordres en leur viure, soit pour la qualité, soit pour la quantité; & ne seroit-ce point pour cela que Dieu disoit par vn Prophete, qu'il n'aimoit pas les abstinences de quelques Iuifs, parce qu'aux iours de leurs ieusnes il les trouuoit remplis de leurs propres volontez?] pour la mesme raison rejette-t'il leurs Sabats & leurs Festes.] Dieu veut que toute plante produise du fruict selon son espece] & en son temps, & que ses fueilles ne s'escoulent point.] Ie ne di point cecy pour amoindrir en rien le prix & le lustre des grandes actions & entreprises que font quelquefois les Cenobites pour le seruice des Ames & de l'Eglise, soit dans les missions parmy les Heretiques & les infideles, soit pour estendre la foy & la respandre dans les cœurs des Barbares & des Sauuages aux extrémitez de la Terre. Ce que Hierosme Platus estale fort amplement en son deuxiesme liure du bien de l'Estat Cenobitique. Mais ie di que le continuel & non interrompu seruice des bons & vigilans Pasteurs, quoy que de moindre bruit, n'est pas de moindre fruict, attendu que de conseruer leur bien acquis, n'est

Q iij

pas de moindre vertu que d'en acquerir de nouueau. Les Comettes paroissent plus que les Estoilles, nul pourtant ne les oseroit comparer aux Astres du Ciel, non plus que le feu de la terre, à l'elementaire qui est sur la sphere de l'air, quoy que les effects de celui qui est parmy nous, principalement ceux de la foudre, nous estonnent dauantage. Et c'estoit pour cela que le Precurseur du Messie, menant vne vie sauuage & retiree du commerce des hommes, estoit en plus grande estime parmy les Iuifs, que le Sauueur mesme, qu'ils mescognoissoient, encore qu'il fust tous les iours au milieu d'eux.] Que si outre ce deuoir ordinaire & continuel que rendent les bons Pasteurs à leurs oüailles, ayans tousiours les yeux ouuerts sur leurs troupeaux, comme le Ciel a les siens sur la terre, parce qu'ils doiuent rendre raison à Dieu des Ames qui leur sont commises,] & s'ils tiennent perpetuellement allumé le feu de la dilection sacree, sur l'autel de leurs cœurs, disans auecque l'Apostre, & par le mesme sentiment, qu'ils sont bruslez auecque les scandalisez, infirmes auecque les malades, touchez de douleur pour les affligez, iusques à vouloir estre comme anatheme pour leurs freres :] si, dis-ie, à ce soin non interrompu en temps de paix & de prosperité, ils adioustent le grand effect de la parfaite charité, qui est de s'exposer franchement à la mort pour le seruice & le salut des autres, ie ne sçay pas ce que les plus austeres Cenobites pourroient souhaiter, ny mesme pratiquer de plus accompli.

CHPAP. IX.
Que la Charité d'obligation & Pastorale est au dessus des vœux Cenobitiques.

DE vouloir, ou de penser seulement comparer la voye de la pauureté telle quelle se pratique en vne Communauté, soit fondee, soit mendiante, auecque le plus haut faiste de la Roine des vertus la Charité, qui est de hazarder sa vie par estat pour le bien des Ames, c'est se rendre ridicule plustost que digne de responce. Car quant aux deux autres vœux de Charité & d'Obeyssance, nul ne doute que les Prestres,

comme Preſtres, ne les faſſent plus ſo-
lemnels, entant qu'ils ſont attachez &
annexez au Sacrement de l'Ordre, que
les Cenobites, comme ſimples Cenobites. Et encore pour celui de Pauureté,
nous auons fait voir ici deſſus, combien
ſon aduantage eſt balancé par les eminentes qualitez de la pauureté ſinguliè-
re & ſeculiere. Parauanture repliquera-
t'on, ſelon la nouuelle Theologie d'ou-
tre-mer, (la derniere cenſure des Prelats de l'Egliſe Gallicane, & de la Sor-
bonne, marque aſſez dequoy ie parle)
que les Cenobites ſeruans les Ames ſans
obligation (ce qui eſt vray) & ſans intereſt (c'eſt ce qui eſt en queſtion) rendent vn ſeruice plus pur que les Paſteurs
qui y ſont obligez par office, par eſtat
& deuoir de Iuſtice : & que cette pureté releue extrémement leur charité. Mais pour renuerſer cet argument,
qui ſemble plauſible, ſur le viſage de
ceux qui les propoſent, ie di premierement qu'encore que la Charité ſoit
ſans controuerſe, la plus grande de toutes les vertus, l'Eſcriture le declarant en
termes expres, il peut neantmoins arriuer tel cas, que la Iuſtice lui deura eſtre
preferée : par exemple, quelqu'vn doit

beaucoup, & il est inspiré de faire de grandes aumosnes, n'est-il pas obligé de preferer la Iustice à la Charité, & de payer ses debtes auant que de faire des liberalitez aux pauures, l'ordre mesme de la charité le voulant ainsi ? Ie di en second lieu, que cette pureté de charité, telle qu'on la prend, est plutost vne impureté, ou pour parler plus doucement, vne imperfection en la charité; puisque estant libre & volontaire sans aucune obligation, il y a tousiours quelque meslange de volonté propre qui ne veut point de joug, ni de lien, & qui dit, quoi que tres-secrettement, ie ne seruiraī point,] ou bien qui en magnifiant sa langue, dit, Nos liures sont à nous, qui est nostre Maistre ?] Qui est-ce qui ayt droit de nous commander ? Mais voici le fort de la repartie, s'il s'ensuit que le Cenobite ayt vne charité plus pure en seruant les Ames que le Pasteur, à cause qu'il n'y est point obligé par deuoir de Iustice: il s'ensuiura que le Laïcque & Seculier qui viura en Chasteté, Pauureté, & Obeissance, sans aucune obligation de vœu, seruira Dieu plus purement & plus parfaitement, que le Cenobite auec tous ses vœux, qui estans faits, l'obligent par

Q v

deuoir de Iustice de rendre au Dieu de Iacob les vœux que les lévres ont prononcez distinctement,] ce qui seroit destruire les maximes de toute l'eschole, outrager la Sainéteté, & l'eminence des vœux, & des conseils voüez, & renuerser de fonds en comble ce glorieux & sublime estat de perfection pour qui les Cenobites combattent auec autant d'ardeur que les Republiques pour leur liberté. Car puisque ils se preferent à tous les Prestres du Clergé, soit Chanoines ou dignitez des Cathedrales ou Collegiales, & aux Prestres subordonnez aux Prelats Ordinaires, & tantost (puis qu'il leur plaist ainsi) aux Ordinaires mesmes, voire mesme (si bon leur semble) à l'ordinaire des Ordinaires: (car quelles bornes peut auoir vne vanité, couuerte d'vne apparente humilité, qui s'esleue par dessus tout ce qu'il y a de grand, & de sainct, en la terre, dans la sacrée Principauté que l'on appelle Hierarchie) & fondent cette preference, dans ce magnifique Estat de Perfection, sur la seruitude de leurs vœux qui les assujettit à Dieu par vn esclauage sainct, preferable à vne Royauté: seruitude qu'ils ont bien le courage de preferer en perfection au caractere sacré, & que l'eternité mesme n'effacera pas, de la Prestrise, qui rend ceux qui le portent, côme des serfs stigmatisez, eternellement consacrez au seruice de Dieu & de ses saincts mysteres, esleuās de cette sorte de simples filles Voilées, & des freres Côuers, qui n'ont aucune part dans le Sacrement de l'Ordre, ni dans le Clergé, à vn estat de plus haute perfection que celui des Prestres, les Oingts & les Prophetes du Seigneur, ses Lieutenans en terre, ceux qui ont les clefs des Cieux, qui ont la parole de reconciliation dans leurs bouches, qui arrestent tous les iours le Soleil de Iustice sur les Autels, & à la voix de qui Dieu mesme se rend obeïssant au Sacrement tres-adorable de l'Eucharistie, & en celui mesme de la Penitence, ratifiant au Ciel les sentences qu'ils prononcent ici-bas. Si, dis-je, ils fondent cette prééminence qu'ils se forment sur leurs vœux, qui rendent necessaire, & d'obligation de Iustice, ce qui auparauant n'estoit que volontaire, & qui changent le conseil en commandement, pourquoy changeans de batterie, veulent-ils que la Charité, (Soleil des vertus &

deuant qui toutes les autres, & diuines, & humaines, n'ont non plus de lumiere que les estoilles deuant l'Astre qui fait le jour,) ne soit pas d'autant plus excellente, qu'elle est plus necessaire, & qu'elle doit estre exercée par estat & obligation de Iustice ? La Chasteté auant qu'estre vouëe n'est que de conseil, qui la voudra suiure qu'il la suiue, qui sera sans necessité, & maistre de sa volonté, & en puissance de l'embrasser qu'il l'embrasse, puis qu'il est bon à l'homme d'estre ainsi, & meilleur de viure en continence, que de s'engager dans le commerce nuptial : elle n'est neantmoins que de conseil, dit l'Apostre, craignant qu'on ne prist ses persuasions pour vn precepte, & de jetter ainsi vn piege aux consciences delicates & scrupuleuses.] Mais apres qu'elle est promise à Dieu, on ne peut rompre sa foy sans acquerir sa damnation.] Et qui dira qu'vne Chasteté vouëe & consacrée à Dieu, n'acquiere par ce vœu & cette consecration vn auantage admirable sur celle qui n'est pratiquée que pour vn temps, & qui en attendant les nopces est bien hors de la volupté, mais non hors la volonté de perdre son integrité dans vn vsage legitime ? Le mesme peut-on dire de ce degré de Charité qui oblige les Pasteurs par office. Ils peuuent refuser l'estat Pastoral, leur estant offert: mais depuis qu'ils l'ont embrassé, & autant que dure leur sollicitude Pastorale, il n'est pas en eux de s'en desdire, non plus qu'à vn Cenobite ses vœux. Que si la pratique des trois Vertus, simplement morales de leur nature, qui sont les trois vœux essentiels de la vie Cenobitique, met ceux qui en ont fait profession dans l'estat de perfection, non ceux qui les pratiquent sans vœu, quoi que fort parfaitement: pourquoi ne dirons-nous pas que les Pasteurs, obligez par estat & par deuoir au plus haut degré de la Charité, sans qui toutes les autres Vertus ne sont rien, non pas mesme l'aumosne de tous ses biens, ni le martyre du feu,] dit l'Apostre: ie di plus, qui vaut plus toute seule sans les autres, que toutes les autres ensemble sans elle; encore que ie sçache qu'auec elle toutes les autres entrent en vne Ame, lors que cette Vertu est veritable & accomplie. Pourquoi, disie, n'asseurons-nous que cette Vertu, exercée par deuoir & obligation de Iustice, est plus excellente que lors qu'elle est exercée mesme en pareil degré : mais sans aucune obligation que celle de la propre volonté, qui peut sans peché aussi-tost se retirer de ce bien, que s'y porter ? Et qu'on n'allegue point ici la saincte obeyssance, ni l'Institut : car comme ni l'Ordre, ni les Superieurs d'aucun Ordre Cenobite, ne sont aucunement obligez à la conduite des Ames Seculieres, ni n'en ont aucune charge, aussi ne peuuent-ils donner aucune mission ni obeïssance que par l'enuoi & subordination des Pasteurs, qui en sont principalement chargez & responsables. Et puis nous parlons ici de l'estat & de l'Ordre, ou Hierarchique, ou Cenobitique, non des particuliers qui se trouuent engagez en l'vne ou en l'autre condition : & nous disons que l'Ordre Pastoral est obligé par Estat au plus haut degré de Charité, qui est, d'exposer sa vie pour les oüailles de IESVS CHRIST; ce qui n'est pas du deuoir precis, absolu, ni necessaire de l'Ordre Cenobitique : cette œuure estant d'obligation à celui-là, & de surerogation à celui-ci.

Chap. X.

Pierre de touche de la vraye Charité est la charge des ames.

Qve si vous voulez voir la pierre de touche pour reconnoistre le bon or de la vraye & non feinte Charité, la voici. Regardons de quel costé, & en quel Ordre est la charge des ames : car c'est le propre du bon Pasteur de porter la brebis esgarée ou malade sur ses espaules, & de suer sous ce faix, en prenant non seulement le fardeau de ses prochains : mais ses prochains pour fardeau. C'est le propre des peres & des meres de porter leurs enfans dãs leurs bras, & sur leur sein, comme il est escrit de Benjamin, le bien-aimé de Iacob, qui reposoit sur la poictrine de son pere. Ce tendre & paternel sentiment faisoit dire à S. Paul, Mes petits enfans ie vous enfante iusques à ce que Iesvs Christ soit formé en vous.] Or il est tout évident que les Pasteurs seuls se chargent des ames, & lient leur salut auecque celui de leurs oüailles. Ce qui faisoit dire à sainct Hierosme, escriuant à vne personne irresoluë s'il deuoit se faire Moyne, ou demeurer dans le Clergé? Si tu veux estre Moyne, que fais tu dans les villes ? le seul nom de Moyne, qui veut dire solitaire, ne t'appele-t'il pas au desert ? Mais si tu veux estre Clerc, c'est à dire, Prestre ou Pasteur, vy en sorte, que dans le salut des autres tu puisse ménager le tien.] Il n'y a rien que les Cenobites, ie dis les plus reformez, fuyent & craignent tant, de se charger des Ames, & cependant il semble qu'il n'y ait rien qu'ils recherchent auecque tant de passion, que de les gouuerner ou conduire par des directions particulieres. Qui les veut vn peu, ie ne dirai pas empescher, retarder, ou contredire là dessus, mais regarder attentiuement, les touche en la prunelle de l'œil, les cabre, & les irrite, en sorte que l'on passe aussi-tost pour Heretique ou Schismatique, ou tout au moins pour vn broüillon ignorant, c'est les chatoüiller aux lieux qu'ils sont les plus sensibles, c'est ne voir rien en leur Institut, & ne sçauoir pas le but & le dessein de leur Ordre, enuoyé pour soustenir, appuyer, establir, peu s'en faut que l'on ne die en langage reformé, restablir l'Eglise de Dieu, qui sans ces arcs-boutans iroit en ruïne & desolation. Cependant tandis qu'ils veulent la direction des Ames sans charge laissans aux Pasteurs, comme à des animaux de somme, la charge sans direction, qui ne void qu'ils sucent & tirent le laict des oüailles, c'est à dire des gens,] & qu'apres en auoir osté la cresme, ils laissent le caillé & le petit laict aux Pasteurs ; semblables à ces enfans, à qui l'on auroit donné du miel sur du pain, qui jettent le pain apres auoir leché le miel ? N'est-ce pas vne accortise agreable de vouloir auoir l'vtilité sans charge, & sans obligation, & laisser la charge de l'Office à ceux qui n'ont qu'vne si chetiue part au benefice, comme nous ferons voir bien-tost ? Quelle raison permet que celui-là se paisse de la chair du troupeau, & se reueste de la laine, qui ne prend pas le soin de le repaistre par deuoir, ni d'en répondre ? Si l'Ame se perd, aussi tost ils diront, Nous sommes nets de son sang,] langage estrange, & voisin du ton de celui qui disoit, Suis-ie gardien de mon frere ?] N'est-ce pas imiter la Cigale, qui ne vit que de rosée, en beuuant la sueur du front des ouuriers.

qui ont pris la vigne à loüage à leurs perils & fortunes, & qui en sont comptables au Grand Maistre. De là viennent ces contestations frequentes entre les Pasteurs & les Cenobites deleguez, cõme il aduint entre les Bergers de Loth & d'Abraham. Les Cenobites embrassans toutes les fondatiõs Clericales, sans vouloir seulement que ceux du Clergé jettent les yeux sur la conduite Cenobitique, non plus que si c'estoit vne Arche que l'on n'osast ni toucher, ni regarder, on pourroit dire d'eux qu'ils imiteroient les perdrix si desireuses d'estre meres qu'elles se prennent les œufs les vnes aux autres ; mais icy il n'y a qu'vne sorte de perdrix qui s'accommodent des œufs des autres. Car que des Pasteurs du Clergé conduisent des Ames Cenobitiques, c'est ce qui ne se void point, ce qu'on ne souffre nullement, & ce que l'on appelleroit renuersement de tout Ordre & de toute police: car ils n'ont pas l'esprit de l'Institut, & ils ne sçauent pas tous les petits secrets dont le monde n'est pas digne. Mais que les Cenobites gouuernent, conduisent, dirigent les Dioceses par l'Episcopat, quand ils y sont esleuez, & les Ames

Seculieres à milliers, soit par la Predication, soit par la penitence, soit par l'administration des Sacremens, les visites particulieres, & les Conferences, cela n'apporte que de l'ornement, & du soulagement à la Police de l'Eglise, & à la Hierarchie. Au reste les Perdrix qui ont comme éclos les œufs des autres, nourrissent ces petits comme ceuxlà mesmes qu'elles ont pondus. Mais la question est, de sçauoir si ceux qui sont si aspres aux Directions des ames, qui ne sont point de leurs Bergeries, veulent les repaistre, ou en estre repeus, & se charger d'elle, & en respondre deuant Dieu, ou bien les seruir par maniere d'entretien spirituel, & seulement de passage, ou pour en tirer quelque soulagement temporel. De cela, quoy que nous en ayons des conjectures puissantes, Dieu seul toutefois en doit estre Iuge, qui connoist les cachettes des cœurs, & qui seul penetre l'interieur, & discerne les intentions.

Chap. XI.

Que l'entretien est deub aux Pasteurs par iustice, aux Cenobites seulement par grace.

SI est-ce que sur ce sujet quelques Cenobites n'en font pas la bouche si petite, quand il est question de parler des Pasteurs, qu'ils vous diront tout ouuertement, & sans vser de periphrase, ne seruir les Ames que pour le salaire, & ne s'arrester à leur Office que pour l'vtilité qu'ils retirent du Benefice. On pourroit les parer comme d'vn bouclier de cette verité de Dieu,]Ne jugez point, & vous ne serez point jugez.] Qui estes-vous qui jugez vostre frere,] & le seruiteur de Dieu;] c'est à son Maistre qu'il importe de sçauoir s'il est debout ou tombé:] il est esgalement deffendu à celui qui jeusne de mespriser celui qui mange, comme à celui qui mange de se mocquer du jeusneur,] qui nous a establis Iuges,] en vn Tribunal où Dieu seul void clair, puis qu'il s'est reserué la connoissance des penfées.] Mais ie ne m'arrefte pas là, ie veux que cette reproche foit veritable en quelques vns : (car elle ne le peut eftre vniuerfellement, l'Eglife ayant par la grace de Dieu, quelques Pafteurs fi peu attachez au profit de leurs charges, qu'ils donnēt aux neceffiteux plus qu'ils ne reçoiuent de leurs Benefices ;) quelle confequence finiftre peut on tirer de là, feroit-ce que ce falaire fuft injufte, quand mefme il feroit exigé ? Certes, cela contrediroit manifeftement à la doctrine de l'Apoftre, à toute la Theologie, & à toute Iuftice, qui veut que chaque bonne œuure ayt fa recompenfe. Car s'il y a mariage fpirituel (comme nul n'en doute (entre le Pafteur & fon Eglife ; c'eft à dire l'Affemblée des fideles qui lui eft commife, il faut qu'il y ait obligation reciproque de quelques deuoirs, & que le Pafteur repaiffant fes oüailles de paroles & d'exemples, & leur donnant la nourriture fpirituelle par la fcience de la voix, il tire d'elles fon entretien temporel, par vn deuoir & obligation de juftice d'elles enuers lui. Il n'en eft pas ainfi des Cenobites, qui n'eftans liez à aucun troupeau par obligation de juftice, auffi par obligation de iustice, rien ne leur est deu par les peuples : que si volontairement & non par deuoir ny par charge ils rendent seruice aux ames, ils en peuuent estre soulagez en leurs besoins temporels : mais sans obligation qui ait aucune forme de debte. Leurs droicts (s'ils en ont) ne sont que de charité, ceux des Pasteurs de iustice, frustrer ceux-cy c'est peché, & grande charge de conscience, ce que l'on ne peut pas dire de ce qu'exigent les autres. Ce n'est pas qu'ils doiuent murmurer des biens que les fidelles font à ceux qui les aident & soulagent en l'administratiō de leurs charges, s'ils ne veulent ouyr ce rude mais iuste enuoy, prenez ce qui est à vous & l'emportez; pourquoy grondez-vous? pource que ie suis bon, quel tort vous fais-je,] à quel subiet deuenez-vous maigre de la graisse d'autrui, son auancement est-ce vostre ruine? Le Cardinal Bellarmin de qui l'auctorité, en toute matiere, & principalement en celle-cy, ne peut-estre suspecte à aucun Cenobite, au Chapitre quarantedeuxiesme, du Liure des Moines, citant la Clementine, premiere du tiltre des Decimes, reconnoist que la puissance de demander leur entretien aux peuples n'appartient qu'aux Pasteurs & non aux Cenobites, (ce sont ces mots,) autrement ceux-cy auroient droict de recueillir les Dixmes, ce qui est contraire à la Clementine alleguée, qui ne les attribuë qu'à ceux qui sont Pasteurs. Surquoy ce grand Cardinal conclud, que les Cenobites ne peuuent de iustice exiger rien du peuple: mais seulement demander par charité ce qui leur est necessaire pour leur vie, comme par charité, non par iustice, ny par obligation, ils preschent, & administrent les Sacremens. Cela estant ainsi, qui ne void non la nullité seulement, mais l'impertinence de la reproche que l'on fait aux Pasteurs qu'ils ne font leurs fonctions que pour le profit qu'ils en retirent, puis que cette recompense suit leurs charges par le deuoir de Iustice, comme vne ombre inseparable du corps qu'elle accompagne par tout? Mais il y a bien vne autre plus sinistre & plus odieuse intelligence en cette accusation, dont nous venons d'examiner la foiblesse, c'est que l'on voudroit par la donner à entendre que les Pasteurs ne faisans leurs fonctions que pour le profit: (ce qui est faux, les bons Pasteurs, n'ayans pas vne si basse tentation, mais des pensées plus nobles, cherchans les choses d'enhaut, non celles de la terre,] dans le seruice des Ames, les troupes de secours sont despoüillées de tout intereft, ne demandent rien, rendent tous leurs seruices pour rien, ne sont à charge à personne, & pour parler auecque l'Escriture, combattent à leur propre solde,] & seruent les Ames à leurs propres despens. C'est là la grande conclusion que l'on voudroit tirer de cette reproche si hardiment, (afin que ie ne die rien de plus aspre) auancée, si peu prouuée, si temerairement soustenuë, si odieusement repetée, & si aisée à rejetter au visage de ses autheurs.

Chap. XII.

Demonstration des reuenus des Pasteurs & des Cenobites.

Mais pour ne donner sujet d'offence à personne,] selon la remonstrance de l'Apostre, contentons-nous de representer simplement, & tel qu'il est, l'interest temporel qui reuient aux Pasteurs du seruice des Ames, & celuy qu'en recüeillent les Cenobites, tant fondez que Mendians, & par cette demonstration que ie rendray aussi euidente que si elle estoit Mathematique, on verra quels sont les Directeurs les plus interessez. Comparons les reuenus de l'estat Pastoral, à ceux du Cenobite, & on descouurira qui sont ceux qui suçent le laict des gens. Voyons premierement le beau mesnage que les Cenobites fondez ont fait, tant aux champs qu'à la ville, & puis nous considererons celuy des Mendians, tant aux citez qu'à la campagne, & de là on iugera qui sont ceux qui ont eu plus de soin des affaires de la terre des Pasteurs, ou des Cenobites. Et parce que ce seroit vne enqueste sans borne & infinie, de parcourir l'Eglise vniuerselle, & les particuliers Dioceses, ie me restraindray dans la part de la sollicitude que la prouidence a voulu que i'y eusse, & dans le destroit bien estroit de la petite Bergerie, qui a esté commise à ma conduitte ; de cette ongle vous connoistrez le Lion, de cét eschantillon toute la piece, comme Israel par la grosseur de quelques fruicts, iugea de la fertilité de la terre promise. Ie sçay

R

qu'il y en a d'incomparablement plus grandes, & où par consequent l'inégalité que ie vay faire voir est beaucoup plus extréme, & i'en sçay mesme dont le recit feroit horreur, & dont la pensée me frappe d'vne compassion extraordinaire: mais pour n'aller point chercher bien loin, ce qui est à ma porte, ie me contenteray des gerbes de mon crû. Ce petit Diocese est doncques composé d'enuiron quatre-vingts Parroisses, il n'y en a pas trois qui valent de reuenu à leur Pasteur quatre-vingts escus, il y en a plusieurs qui n'ont pas vingt ou vingt-cinq escus par an pour l'entretien du Curé, pour la plus grande partie, elles sont reduites à vne miserable portion, (que i'ay honte d'appeler congruë, puis qu'elle a tant d'incongruité) de quarante escus, telle est la taxe que la Iustice Seculiere met au viure & au vestir d'vn Curé & de son Clerc : car ie ne croy pas qu'elle entende qu'il die la Messe tout seul. Le Pasteur Diocesain n'agueres plus de cent escus par mois pour son entretien. Voila en peu de lignes tout le bien des Pasteurs de ce Diocese où i'ai esté mis en sentinelle. Ie laisse à dire qu'il y a plus de vingt-cinq ou trente Curez qui fans auoir dauantage de bien, ont donble charge, c'est à dire deux Eglises Parroissiales à seruir, & sans aucun Vicaire, & en deux lieux où l'on ne void la terre descouuerte de neige, que six mois de l'an, & où le docte & eloquent Panigarole disoit, ayant trauersé les Alpes, qu'il ne voudroit pas seulemēt y demeurer en peinture. Leurs trauaux ne se peuuent expliquer, ny conceuoir que par l'experience: non plus que les rigueurs de l'hyuer qui y regnent presque tousiours, & qui font fendre les rochers, les glaces & les frimats, les neiges continuelles, l'horreur de la solitude, la compagnie des Ours, les precipices en tout temps. Voyōns maintenant de quelle sorte y sont accommodez les Cenobites. Outre le corps des Chanoines de l'Eglise Cathedrale qui estoit Regulier, & Secularisé, (comme l'on parle) depuis enuiron cinquante ans, il n'y a que deux maisons d'hommes Cenobites fondées, & vne de filles, d'ancienne fondation. Il y en a deux de filles que nous auons introduites en la cité, qui s'establissent peu à peu, & amassent quelques reuenus pour leur vie Il y a outre cela six Prieurez de l'Ordre de

R ij

S. Benoiſt, que l'on appelle ſimple, parce qu'ils peuuent eſtre tenus par des Commendataires, qui n'ont que la ſeule Tonſure des Clercs, ce qui n'eſt pas vn Ordre, mais ſeulement vne diſpoſition ; dont il n'y en a qu'vn que i'aye veu reſider en ſon benefice. Quant aux Mendians il y en a deux, tant en la cité qu'en vne autre petite ville, qui ſont d'ancienne election, & vn de Reformez que nous auons eſtablis dans la ville de la Cathedralle. Mais pour n'eſtendre dauantage ce deſnombrement, & pour venir au poinct, voicy le partage du bien du Dioceſe, ie dy des Dixmes & de tout autre, c'eſt que trente ou trente-cinq Cenobites fondez, dont il n'y en a vn ſeul qui preſche, ny adminiſtre les Sacremēs, ny rende aucun ſeruice aux ames, ſi ce n'eſt par ſes prieres, ont les neuf parts pour eux, ſans ſoin, ſans charge, ſans trauail, dont la dixieſme qui fait la cloſture du total demeure pour la portion, tant du Paſteur Dioceſain que de tous les Curez qui portent le poids de la chaleur & du iour,] & qui chargez des Ames font tous les ſeruices & toutes les fonctions neceſſaires pour entretenir la pieté & la Religion dans les peuples. Voila vne partie du bon mefnage que les Cenobites fondez ont fait à la campagne fur le bien de l'Eglife, s'eftans mefmes rendus Maiftres des Cures par les Patronages & Prefentations, les Curez, dont ils font Patrõs & Nominateurs, n'eftans que leurs Vicaires perpetuels, fe difans par honneur, fans auoir pourtant la charge des ames, Curez primitifs, & le Pafteur Diocefain Collateur ordinaire, (encore en quatre mois de l'an, fa Sainčtété en ayant huict,) ne pouuant pas conferer de plein droict, c'eft à dire nommer à quinze Cures en les conferant. Vous penfez que ce foit tout, oyez d'autres nouuelles, trois ou quatre Abbayes des Diocefes voifins prennent les dixmes, & ont Patronage en plufieurs Cures ; deux Abbeffes, l'vne au dedans du Diocefe, l'autre au dehors à prés de deux iournées loin, ont droict de prendre les dixmes & de prefenter des Curez à plufieurs Cures (reprefentez vous comme elles fe connoiffent en la capacité des Prefentez) & iamais il n'a efté en ma puiffance quelque diligence que i'aye faicte, de defcouurir d'où eftoit arriué que des filles, dont la profeffion eft de clofture, foient venuës de fi loin acquerir des dixmes & des patronages en vn Diocese qui estoit lors sous la domination d'vn Prince estranger de la France. Il n'y a Prieuré simple qui n'ait le patronage, & les dixmes de cinq ou six Cures qui en sont ruïnées : bref c'est vn rauage si déplorable qu'à peine y a t'il Pasteur qui ayt du pain, tandis que les autres qui ne font rien pour le seruice des Ames) & plust à Dieu que plusieurs ne fissent rien de pire) sont dans l'abondance, & comme des vaches grasses, se repaissent sur les montagnes de Samarie. Est-ce tout; non pas la moitié. Car à vostre aduis les Mendians viuent-ils de rien ? I'ay visité souuët telle Parroisse, où i'ay esté asseuré qu'en la moisson ils auoient presque autant tiré par la saincte Charité, que les autres par la Iustice de la dixme. Est-ce tout? rien moins, il n'y a mois pour ceux qui battent la campagne, & les montagnes, qui n'ait sa queste speciale, de laines, de beurre, de bois, de fromage, d'huylles, des fruicts, de chairs, de vins, & quoy non ? Est-ce tout ? il n'y a iour de l'année que par leurs questeurs ils ne soient aux portes des maisons aux villes, & par les visites des Directeurs dans les sales, & dans les chambres, tant à voix

desinteressé.

les sains que les malades, qu'à entretenir les Ames. En somme ie fais estat que le bras Mendiant n'a pas la prise moindre que le fondé, dans ce petit Diocese (en d'autres ie sçay quelle est plus grande) & cependant il ne fournit pas deux Predicateurs & quatre Confesseurs dont Dieu sçait la suffisance : encore a-t'il cét auantage sur l'autre qui n'a pas vn seul ouurier. Entre les Curez ie diray ceci à la gloire de Dieu, dont la grace les a fait tels, que i'en ay rencontré fort de mal viuans, point de rebelles, desobeissans, ou discoles, tous Cathechisent, plusieurs exhortent assez capablement, quelques-vns ont assez bien estudié en Theologie, il y en a qui ont enseigné la Philosophie, & qui ont presché plusieurs Caresmes entiers, tant en la Cathedrale qu'en diuerses villes du Royaume, mesme honnorée du siege de Parlement, & ont contenté leurs auditeurs, & apres tout cela sans presomption, & sans plainte, seruent deux parroisses seuls, quelques-vnes esloignées d'vne grande lieuë l'vne de l'autre, en des montagnes si farouches qu'elles font horreur à regarder; & se contentent de quarante escus de portion congruë pour passer doucement & ioyeusement leur année, parmy tous ces trauaux employez au seruice de DIEV & des Ames. Sans se plaindre de leur pauureté, sans penser à l'estat de perfection, sans publier leurs peines, leurs ieusnes, leurs souffrances, sans se paranimpher eux-mesmes, ou sans faire entonner par d'autres leurs bonnes œuures? bref sans sonner de la trompette, & mesme faire tant de mines pour paroistre de grands Saincts, & aussi viure de cette reputation.

CHAP. XIII.

Déplorable condition de quelque Pasteur.

Ais ne sortons point de l'enclos de nostre petite cité. Il y a tant du Chapitre que des Maisons de Communauté, prés de soixante & quinze Cenobites, laissons à part les maisons des filles Voilées. or tout cela est exempt de l'autorité du Pasteur Diocesain par priuileges, il n'y a qu'vne Parroisse despendante, du Chapitre, où il n'y a qu'vn Vicaire perpetuel, le Chapitre estant Curé primitif, Patron, & prenant tout le dixme, ce Vicaire n'est assisté que d'vn Prestre qui lui aide en qualité de Sous-Vicaire, ils ont en charge les Ames de toute la ville, de trois villages voisins, & d'vne grosse Parroisse annexée à celle de la ville, qui est esloignée d'vne grande lieuë. Des deux maisons de Cenobites d'hommes, ils ne sont aidez que de quatre pour les Confessions, il n'y en a que deux qui preschent, dont l'vn n'est pas pour la ville: mais seulement pour les champs, & le plus souuent hors du Diocese. Voila tout le secours qu'ils tirent de soixante & quinze Cenobites. Il y a aux portes de la cité deux maisons de Cenobites fondées, l'vne d'homme, l'autre de filles, dont le reuenu joint à celuy du Chapitre va bien à vingt-cinq mille liures de rente. Ie laisse à part les Mendians qui seuls sçauent ce qu'ils tirent du peuple: car leur queste n'entre pas en compte, si est-ce qu'au nombre qu'ils sõt & aux grands bastimens qu'ils font tous les iours, & que les fondez n'oseroient auoir pensé d'entreprendre, on peut iuger qu'ils ne viuent & ne bastissent pas de rien, & beaucoup moins du trauail de leurs bras. Ie ne parle point non plus de deux Monaſt res de filles que nous auõs eſtablis dans la ville, où elles ſont prés de cinquante : car celles-ci ne ſont à charge à perſonne, chacune viuant de la dotte qu'elle apporte, & ainſi elles ſe fondent petit à petit. Voila le nombre & les reuenus des Cenobites, des troupes de ſecours, des deleguez, des priuilegiez, des exempts. Voyons maintenant le partage de ces cadets, & des Paſteurs, qui, veulent ils ou non, ſont leurs aiſnez ; & voyons de quelle ſorte ceux ci ſont ſupplantez, & comme les plus grands ſeruent aux moindres. Ce grand peuple de deux grandes Parroiſſes d'vne Cité, & de quatre villages, n'a qu'vn ſeul Vicaire, & ſon Clerc pour le ſeruir, & qui ait charge des Ames ; mais qu'ont-ils encore ces deux Preſtres, l'vn Paſteur, & l'autre ſon Confrere ; qui m'en croira, mais qui ne m'en croira pas apres vingt-quatre ans d'experience, ils n'ont pas chacun cent francs à deſpenſer par an, tant pour leur nourriture, que pour leur veſtement. Ils n'ont pas vn denier de toutes les oblations faites à l'Egliſe, le Chapitre recueillant tout, & le Paſteur (de qui la table eſt la mienne, l'ayāt eu auprés de moi plusieurs années en qualité de Prestre d'honneur, & de Confrere, m'assistant tous les iours à l'Autel,) m'a asseuré qu'au bout de l'an, ce qu'on lui donne pour l'administration des cinq Sacremens que dispensent les Curez, ne montoit pas à deux escus : jugez par là quelles doiuent estre les liberalitez des villages. Conferez maintenant 75. Cenobites sans aucune charge d'Ames, auec deux pauures Prestres chargez des Ames de deux Parroisses d'vne ville Episcopale, & de quatre villages voisins, comparez quarante ou cinquante mille liures par an, que ceux-là tirent d'vne façon ou d'vne autre ; c'est à dire, de rente, ou de queste, auec deux cens francs, & puis estimez qui sont les plus interessez, ou desinteressez, les moins mercenaires, ou salariez. Pesez si ceux qui sont dans l'abondance, & dans le repos par dessus les yeux, sans la sollicitude, dit l'Apostre, qui accompagne ceux qui ont les Ames en garde,] ont sujet de se plaindre de leur pauureté, de la charité refroidie, & de l'ingratitude du monde, & si ces pauures Pasteurs, qui côme des brebis, se taisent tandis qu'on les tond, ou plutost qu'on les escorche,

& qu'on les mange, qui ne reclament point, qui n'ont point de voix pour se plaindre, qui ne grondent point, qui souffrent sans gemir, & sans dire mot, qui ne plaident point, qui donnent la soutane apres le manteau, le pourpoint apres la soutane, mis en chemise, nuds comme Iob, sur vn fumier, mal vestus, plus mal nourris, exposez au froid, au chaud, à la faim, au trauail, en tout temps, en tout lieu, en toute heure, sans relasche, tousiours bādez, tousiours veillans, tousiours occupez, prests d'aller à la moindre parole, au moindre son de cloche, attachez, sujets, liez, sousmis à toute creature,] seruiteurs de tous pour Iesvs-Christ,] angoissez, miserables, affligez,] au reste mesprisez, & comme foulez aux pieds, sans biens, sans estre respectez d'aucun, au contraire, mesprisez, desdaignez, comme le rebut, & la baliëure du monde,] de qui? de leurs propres sujets, de ceux à qui ils administrent les choses sainctes, qu'ils repaissent de parole saine, & de bon exemple, de qui? de ceux qui leur doiuent double honneur,] & dont ils peuuent dire, I'ay nourry des enfans, & voila qu'ils m'ont à mespris.

Chap. XIV.

Souspir sur cette misere.

O Pauures Pasteurs, qu'il me soit permis de souspirer sur vostre misere, & de dire à Dieu auec les termes du lamentable Prophete, Seigneur ayez souuenance de ce qui leur est arriué, regardez & considerez leur opprobre: leur heritage (les sainctes dixmes) est passé aux estrangers (à ceux qui n'ont ni soin ni charges des Ames) leurs maisons, leurs honneurs, & leurs biens sont entre les mains de ceux qui ne sont point de la Hierarchie; ils sont faits comme orphelins sans pere, & leurs Eglises meres des peuples sont renduë vefues ils boiuent leur eau propre pour de l'argēt, ils achettent à prix fait leur propre bois, ils sont pressé, oppressé, chargez, surchargez, & ils n'ont point de repos, ni rafraichissement en leur lassitude, encore s'il leur estoit permis de tendre la main à leurs propres oüailles, & leur demander du pain: mais tandis qu'il est permis à d'autres de le demander sans obligation de rien faire, s'il ne leur plaist, sans solicitude, & sans charge, il est commandé aux Pasteurs d'auoir la charge & le soin, & deffendu de demander l'aumosne, cecy qui est vne gloire, & vne commodité à d'autres Prestres qui ne sont point du S. Clergé, leur tourne à opprobre, & leur est imputé à honte, par vne raison qui nous est inconnuë, & plutost de chair & sang, que d'esprit.] Ie parle des bós Seigneurs, & qui vous seruent en simplicité, & sincerité de cœur,] qui marchent deuant vous auec toute la perfection qui leur est possible :] peut-estre que leurs Peres, ou leurs deuanciers ont peché, & ils ne sont plus, & maintenant ceux-ci portent la peine de leurs iniquitez. Ceux qui autresfois estoient leurs seruiteurs, & leurs aides, & qui se disoient venus à leurs secours, ont pris domination sur eux, & nul ne pense à les racheter d'vne si dure main. Les Maistres des ouurages du Roy d'Egypte ne furent iamais plus rudes à Israël, lors qu'ils luy osterent les pailles, & ne laissoient de lui demander autant de briques. Ceux-ci ont les mesmes charges que leurs Predecesseurs, & non pas leurs dixmes, ni leurs reuenus ; des gens d'vn autre monde sont entrez en leur bien, ne leur en font qu'vne petite part, on ne leur donne qu'vne chetiue portion, se monstrans presque aussi rigoureux que le Maistre du Prodigue de l'Euangile, & par surcroist d'opprobre de Pasteurs de brebis qu'ils sont, & nommez tels par vostre bouche, ô Seigneur, ils sont si osez que de les faire du mestier de ce prodigue. Voyez ô grand Dieu ! & considerez comme ils sont rendus vils, par ceux qui leur sont inferieurs en dignité, qui les ont vendangez en leurs biens, & qui ont mis sous le tribut ceux qui estoient autrefois les Princes des peuples, & des Prouinces, Les moutons chefs des troupeaux, ne trouuent point de pasturage pour eux mesmes, car les hanetons, les bourdons, & les chenilles ont tout rongé. Les Prestres, & les Anciens sont consommez en la Cité, & ont demandé à manger pour reuigorer leurs asnes, & soustenir leur vie. Les plus nobles enfans de Syon, les Pasteurs, couuerts du premier & plus pur or de la Charité, puis qu'ils sont obligez par leur estat de mettre leurs vies pour leurs brebis, ont esté tenus pour des vaisseaux perdus, pour des testes de pots cassez, pour des personnes de terre & de boüe.

Ces pierres du Sanctuaire sont dispersées par les carrefours, & les places, & d'où est venu cela, sinon depuis que les Fées, & les Syrenes ont descouuert leurs mammelles, & allaitté leurs petits ? depuis que la fille du peuple, fille que le peuple nourrit, est demeurée dans le desert de sa retraitte, dans la cauerne de sa closture, cruelle comme vn Austruche, qui deuore, & qui digere tout, qui passe tout en sa substance, & ne trouue rien ny de trop dur, ny de trop chaud. Dequoy leur sert, Seigneur, de mettre leur bouche dans la poussiere, pour essayer si dans cette extréme humiliation, ils pourront rencontrer quelque racine d'esperance, & quelque apparence de ressource, & attendre en silence vostre salutaire ; puisque ceux-la mesmes qui les ont despoüillez se rient de leurs miseres, & disent que leur or s'est obcurcy, & leur belle couleur changée & ternie: & qu'à bon droit ceux qui viuoient autrefois en delices, & estoient couuerts d'escarlatte, sont estendus sur le fumier, comme mortifiez, & non pas morts, comme possedans tout, & n'ayans rien, O ! mocqueurs, que bien plus iustement on pourroit relancer vos traits de risée contre vous-mesmes, & dire que paroissans morts au monde, par cette mort que l'on appele ciuile, à peine estes-vous bien mortifiez, & faisans semblant de n'auoir rien par vne pauureté, plutost de montre que d'effect, vous auez tout, vous succez tout, vous attirez tout. Et ie vous prie apres ce beau partage du Lyon, où tout est d'vn costé, & rien de l'autre, ainsi que nous auons fait voir, apres que les Cenobites rentez ont tiré à leurs Communautez, & attaché à leurs Maisons tous les dixmes des Pasteurs, & presque tous les Patronages des Paroisses, rendans leurs enfans, & leurs valets, ceux qui estoient autrefois leurs Peres, & leurs Maistres. Ont ils bonne grace à vostre auis de se nommer les pauures Euangeliques, de dire que les Pasteurs sont des proprietaires, & des possesseurs de leur propre volonté: qu'ils ne font rien que pour le profit, & plusieurs autres reproches que ie ne veux point rapporter, & qui ne font pas moins iniustes, qu'elles sont messeantes & odieuses en bouches si douces, & si sucrées, qu'elles ne semblēt exhaler que des paroles de laict & de miel, & si sacrées qu'elles passent toutes pour oracles de verité, & pour termes d'humilité, & de charité. Certes si les

ennemis de l'Eglise parloient si desauan-
tágeusemēt des Pasteurs, cela seroit plus
supportable : car les ouurages d'vn aduersaire de la vraye Pieté, sont autant de
fleurs & de couronnes: mais comme les
mousches qui font le miel, sont celles
qui picquent le plus fort, aussi les traits
lancez d'vne main que l'on tient pour
amie blessent dauantage, & portent vn
coup d'autant plus fort, qu'il est moins
preueu. C'est ce qui fait faire vne impre-
cation si estrāge, & que ie n'oserois redire à Dauid, contre cet homme qui le per-
secutoit couuertement, encore qu'il eust
vescu vnanimement auec lui, & en toute
familiarité, iusqu'à māger souuēt ensemble, & cheminer de compagnie dans les
voyes de Dieu.] Nous nous gardōs biē
de la faire semblable, mais seulemēt nous
desirerons plus de moderation à parler à
ceux qui fondez ont tiré à leurs reuenus
tous ceux des Pasteurs, ou qui ne l'estans
pas, sōt tous les iours à leurs portes, ou à
celles de leurs brebis, pour se vestir de la
laine, & se nourrir de la substance des
oüailles, dōt ils n'ont pas, & dōt ils fuiēt
la charge, tāt leur charité est excessiuemēt
delicate, & leur consciēce doüillette; parce qu'ils sçauēt que cela est de grād faix,

& que ce poids est redoutable aux espaules mesmes d'vn Ange; ce qui est émerueillable en ceux qui font profession d'vne vie non Angelique seulement, mais Seraphique. Encore s'ils se contentoient d'auoir mis les Pasteurs à blanc par les Patronages, & les dixmes qu'ils ont attirez à eux, & d'auoir acheué par les questes, de leur oster le iuste qu'ils secours pouuoient esperer de leurs brebis. S'ils se contentoient de partager entr'eux les despoüilles des vaincus, sans faire vn si mauuais vsage de leur victoire, que de dõner à entẽdre le cõtraire de ce qui est, mettans les tenebres en la place de la lumiere,] & appellãs riches & interessez au seruice des ames ceux qu'ils ont reduits au dernier poinct de la misere, au moins à la cãpagne, & se publians eux-mesmes pauures, pour acheuer d'aneantir entierement les Pasteurs des villes, & les reduire à la pauureté de leurs compagnõs: on les compareroit seulement à cet animal sauuage, que ie ne veux pas nommer, & dont parle vn Prophete, qui donne des ruades à sa mere aussi-tost qu'elle l'a allaité. Mais quand par des artifices secrets ils passent du mespris des Ministres à celui de leur ministere, & destournent les peuples des assemblées de leurs Paroisses, & fomētēt le dégoust qu'ils peuuent auoir de l'ancienne police de la Hierarchie, pour courir apres les nouueautez des Instituts des deleguez, qui tous les iours produisent de nouueaux essaims, & de nouuelles colonies, sous le specieux manteau de la gloire de Dieu, qui couure tous les desseins des interests particuliers, c'est ce qui donne vn iuste sujet aux Pasteurs de trouuer mauuais ce procedé, qui sape les fondemens de l'Estat Hierarchique, & bat en ruine ce que IESVS-CHRIST, a establi, & edifié ordonnant que son Eglise fust gouuernée par des Pasteurs, obligez & attachez au soin, & à la pasture des ames, non par des deleguez qui n'en ont aucune charge, qui n'y font que ce qu'il leur plaist, en la façon qu'il leur plaist, tant de temps qu'il leur plaist, & autant qu'il leur est auantageux, & honorable. De sorte que c'est maintenant autant que iamais que l'on peut reconnoistre la verité de cét ancien dicton. Ce que CHRIST ne prend pas (*quid non capit Christus*) il veut dire le dixme, le fisque, c'est à dire, la taille l'emporte (*rapit fiscus*) mais il faudroit adiouster, que la queste acheue le reste du glanage (*carpit quæstus.* Il est vray que les Cenobites d'ancienne fondation, & qui ont fait leur main, font beaucoup moins de bruit que les nouueaux, pareils aux abeilles qui ne volent point durant l'Hyuer, contentes de viure en paix & resserrées, du miel qu'elles ont cueilly durant l'Esté. Mais ce sont les nouueaux, tant à fonder, que viuans de mendicité, qui sont en partie cause de ce mescontentement des Pasteurs, qui menace l'Eglise Gallicane d'vn fort dangereux Schisme, si Dieu par la main des deux Souueraines Puissances Spirituelle & Temporelle, n'y met ordre de bonne heure, selon le soin particulier que sa paternelle Prouidence a tousiours eu de cette Monarchie.

Chap. XV.

Des chercheurs de fondations.

CAr outre que les Mendians, que l'on appelle Reformez, sont tous les iours bandez à estendre leurs Ordres par de nouuelles Maisons, ceux qui doiuent viure de fondation, & non de queste, ne font pas moins ardans à se peupler & dilater, ce qu'ils ne peuuent faire qu'auec beaucoup de peine & de bruit, selon la forme de leur conduitte. Car au lieu de ne receuoir parmy eux que ceux (comme font les filles en leurs nouueaux Monasteres) qui apporteroient leur entretien, se fondans ainsi petit à petit sans incommoder personne, ils reçoiuent indifferemment ceux qui apportent, ou qui ne donnent rien, s'imaginans qu'il leur sera aussi aisé en demandant hardiment, d'obtenir des fondations, comme aux Mendians d'auoir de iour à autre des aumosnes pour leur viure ordinaire. Qu'arriue-t'il de là, outre de fascheuses importunitez que cause beaucoup de murmures, sinon que frustrez de leurs attentes peu iudicieusement conceuës, ils remuent Ciel & terre pour se tirer de la fosse de la necessité qu'ils ont eux mesmes creusée,] & comme ils se veulent establir & fonder à quelque prix que ce soit, ils ne laissent rien d'intenté. Les mousches mourantes, dit le Sage, gastent la suauité du parfum : il veut dire, que quand les mousches ne font que voltiger legerement sur le baume, ou quelque autre liqueur odorante, cela n'y fait

desintereßé.

pas grand dommage : mais quand elles s'y prennent, & y pourrissent, cela altere la pureté de l'odeur. Encore les aumosnes passageres que recueillent les Mendians, sont-elles supportables selon la capacité des lieux où ils s'establissent : mais ceux qui se veulent fonder sans rien apporter à la Communauté, & sans rien faire, ny de leurs mains, ny de leur mesnage, mais seulement en demandant auec courage & hardiesse, (pour n'vser point de plus rudes termes,) il est necessaire qu'ils prennent leur visée bien haute, & qu'ils regardent de loin des heritages tous entiers, frustrans des heritiers ou Directs, ou Collateraux, qui se voyans priuez de leurs attentes par des pratiques mystiques, autant & plus temporelles que spirituelles, emplissent l'air de plaintes, les barreaux de procez, & le monde de vacarmes. A dire la verité, si nous estions encore au temps du berceau de l'Eglise, lors que les Fidelles apportoient tous leurs biens, sans reserue, aux pieds des Apostres; ces bons personnages qui se disent nos successeurs des Apostres, mais menans vne vie Apostolique, viendroient bien tost à bout de leurs pretensions;

Mais soit qu'ils n'ayent pas du tout tant de vertu que les Apostres, soit que le monde qui ne connoit pas Iesvs-Christ,] n'ait pas d'assez bons yeux pour apperceuoir leurs perfections; tant y a que n'estant pas si eschauffé à leur faire du bien, qu'en ces premiers temps, il ne se faut pas estonner si parmi tant de nouueaux Instituts il y en a de mal partagez, & qui se plaignēt en suitte de la charité refroidie.] Entre plusieurs nouuelles impressiōs, il y en a tousiours quelqu'vne, qui est antplus mal receuë, ne se debite pas si bien que les autres. Repren, dit Dauid, les animaux du roseau du desert, qui est battu de tous vents, & la congregation des Taureaux, auec que les Vaches des peuples; & mets dehors ceux qui sont esprouuez par argent.] Ie laisse expliquer & appliquer ce passage à qui voudra; comme aussi cet autre d'Isaye, Le deluge des Chameaux te couurira, & celui des Dromadaires de Madian & d'Epha:] aimant mieux, pour mon regard, paroistre obscur, que subtil en vn sens allusif. Il me suffit d'auoir monstré en general que les Pasteurs qui portent seuls le faix & la charge des ames, n'en tirent pas tāt de profit; & par consequent

desinteressé.

consequent ne sont pas tant interessez en leur direction, que ceux qui par vn admirable alembic, ont sceu tirer le fin du fin, & se reseruer le gouuernement de celles qui leur plaisent, & en la maniere qui leur plaist, & autant de temps qu'il leur plaist, sans s'en rendre responsables, ni deuant les Pasteurs de la terre, ni deuant le Prince des Pasteurs, qui est au Ciel, & en tirer l'vtilité sans aucune sollicitude.

Chap. XVI.

Le seruice gratuit des Cenobites.

Qve si nous descendions au particulier, il nous seroit aisé de monstrer, que si les Pasteurs & les Prestres qui leur sont subordonnez dans les Parroisses, reçoiuent quelques liards, & quelques sols, qui leur sont donnez par pure & liberale reconnoissance, de ceux à qu'ils administrent quelques Sacremens, (ce qui est conforme aux loix & aux bônes mœurs,) les Cenobites Mendians ne donnent pas leurs seruices pour rien, puis qu'ils en tirêt tout leur entretiē des peuples, qui ne leur font principalement du bien Temporel, qu'en consideration premierement de Dieu, qui recommande la Misericorde plus que le Sacrifice,] & puis, des assistances spirituelles qu'ils en retirent. Ceux qui les employent dans les chaires des Parroisses, sçauent bien que les non-Reformez ont des mains aussi bien que les Prestres particuliers, & que les Communautez des Reformez, sçauent bien receuoir ce qu'on leur presente, en consideration des particuliers de leurs Corps, qui ont fait cet Office; de sorte que ni les vns ni les autres, ne s'en retournent point à vuide. Non pas mesmes ceux qui estans bien fondez, auroient plus d'occasion de pratiquer l'enseignement de l'Apostre, qui veut que ceux qui ont dequoi se nourrir & se vestir,] distribuent gratuitemét les graces spirituelles qu'ils ont gratuitement receuës par l'imposition des mains.] Que si dans les Confessionnaux ils semblent tesmoigner plus de gratuité, on les prie de considerer qu'au mesme temps qu'ils administrent le Sacrement de reconciliation à fort peu d'ames qui se rangent par inclination, & volontairement, sous leur conduite, ou qu'eux mes-

desinteressé.

mes ont triées, leurs Freres seruans sont par les portes de la ville, ou par la campagne, demandans indifferemment à toutes les portes, & tirans leurs necessitez de plusieurs maisons où ils ne rendent aucun seruice. Il y a plus c'est que les Pasteurs Diocesains, & beaucoup plus les Parroissiaux, sont restraincts dans certaines bornes, où leur puissance, leur demeure, leur reuenu, leur charge, & leur Iurisdiction, sont limitées: mais les Cenobites vont indifferemment par toutes les Parroisses, les Dioceses, les Prouinces & les Royaumes, demandans leurs necessitez, & les receuans des fideles sans obligation d'aucuns deuoirs par l'estat, & condition de leur vie, que ceux qu'il leur plaist de rendre. Car de dire que l'Institut de quelques-vns les oblige à seruir les ames, c'est presupposer ce qui n'est pas; sçauoir, qu'il y auroit quelque Institut Cenobitique qui se fust chargé des ames: ce qui chocqueroit directement toute la Hierarchie, & toute la police de l'Eglise, qui n'attribuë qu'aux Pasteurs la charge des ames par office. Et ce seroit prendre vn ton trop haut, vne mire esgarée, & débuter fort mal, d'oser dire auecque l'Apostre extraordinaire-

S ij

ment enuoyé pour la conuersion des nations : mon instance iournaliere, c'est la sollicitude de toutes les Eglises.] Car qui les a establis sur les Pasteurs ordinaires, pour courir ainsi par tout, & s'inttoduire dans l'administration de leurs charges ? S'ils alleguent leurs priuileges qu'ils ont du sainct Siege, & de cette pierre, d'où tous les Pasteurs sont tirez, & où ils ont leur rapport, comme au centre de l'vnité de l'Eglise, qu'ils les lisent bien, & ils ne trouueront point que le Vicaire General de IESVS-CHRIST, le successeur de S. Pierre, ait iamais rien voulu faire au prejudice des Pasteurs Ordinaires, qui sont appelez de Dieu en la part de la sollicitude, non en la plenitude de puissance: plenitude de puissance que le seul Pontife souuerain a receuë de Dieu; non en destruction, mais en edification,] & à condition de gouuerner l'Eglise par les Pasteurs ordinaires, selon que S. Paul dit au vingtiesme des Actes des Apostres, parlant à ceux d'Ephese: Prenez garde à vous, & à tout le troupeau, sur qui le sainct Esprit vous a commis & faits Euesques pour gouuerner l'Eglise de Dieu, qu'il a acquise par son sang.] Ie me dispenserai de toucher ici les paroles qui suiuent en ce paſſage, de peur que quelque eſprit trauerſé ne penſaſt que i'en vouluſſe faire vne odieuſe application.

PARTIE SIXIESME.

CHAPITRE I.

Chaſſeurs & Peſcheurs Spirituels.

QVE ſi, quelques Cenobites bien fondez, vacquent à la conduite des ames gratuitement, en cela certes ils ſont fort loüables; comme auſſi quelques Paſteurs, qui ayans vn entretien honneſte, & ſuffiſant, trauaillent de la meſme ſorte. Mais ſi les Cenobites, qui par leur Inſtitut ont droict de viure de fondation, mais ne ſont pas encore fondez, vſent en leur direction de quelque ſorte de grauité; c'eſt à eux de bien purifier leurs intentions: car ayans, non deſſein ſeulement, mais beſoin & necessité de bastir, se fonder & establir; il est malaisé que les respects humains ne se jettent à la trauerse, & que le desir de s'accommoder ne leur fasse prendre aux cheueux les occasions qui s'en peuuent presenter dans la direction des ames : & voila la roche sous qui l'anguille est cachée, & la pierre d'edification en apparence, changée en pierre d'achopement en effet. Car quand on enfile vn heritage, quand on veut acquerir vn Fondateur, vne Fondatrice, gaigner les bonnes graces d'vn Bien-faicteur, d'vne Bienfaictrice; Il n'y a point tant de ruses dans l'art de la chasse, qui poursuit les bestes sauuages, & les oyseaux, ni dans celui de la pesche, comme en pratiquent ceux qui de pescheurs d'hommes, & d'ames, demeurent pescheurs de biens, de fondations, & d'heritages, de qui l'on peut dire ce mot de Ieremie : Voici, j'enuoyerai plusieurs pescheurs. (dit le Seigneur) qui les pescheront, & apres ie leur enuoyerai plusieurs chasseurs qui les veneront, & les chasseront de toute montagne, de toute colline, & de toute les cauernes des pierres.] Tant il est aisé aux hommes spirituels qui jugent les autres, & ne sont jugez d'aucun, de vener, ou, si vous l'aymez mieux, de mener où ils veulent les hommes animaux, & peu verſez aux ſubtilitez ſpirituelles & myſtiques. C'eſt à quoi doit aduiſer vn Penitent qui a la ſimplicité de la Colombe, joint la prudence du Serpent, & auoir bon pied & bon œil, pour s'addreſſer ſelon ſon choix en des lieux exempts des eſcueils des intereſts, & des filets des Chaſſeurs.

CHAP. II

Du choix d'vn Directeur.

IE n'ignore pas qu'vn homme iudicieux pour ſa conduite, doit touſiours s'addreſſer au meilleur Directeur, & principalement au plus deſintereſſé, & à celui qu'il connoiſtra vuide de toute autre pretenſion que du ſeruice de Dieu, & de ſon ſalut eternel, ſans aucũ regard des choſes de la terre. Il vaut touſiours mieux choiſir vn bon Cenobite, qu'vn mauuais Paſteur, ou vn mauuais Preſtre particulier, cela eſt trop manifeſte; & au rebours auſſi, vn bon Paſteur, & vn bon Preſtre, doit eſtre pluſtoſt eſleu pour Directeur, qu'vn mauuais & deſreiglé Cenobite,

Mais que fera vn parroiſſien qui ſe verra entre vn bon Paſteur que Dieu lui aura donné, & à qui il eſt obligé par deuoirs reciproques de Fils à Pere, & vn bon Cenobite, qu'il n'a nulle obligation de choiſir, qui n'eſt nullement chargé de ſon Ame, de qui il peut eſtre quitté de iour à autre, ſelon l'obeyſſance de ſon Superieur, & que le Penitent meſme peut quitter ſans autre raiſon que ſa volonté, & ſans peché : ie les preſuppoſe également ſages, vertueux, charitables, ſpirituels, & capables : voila vne ame bien partagée. Si vous mettez vn fer entre deux aimãs, il n'y a point de doute qu'il n'ira à aucun, s'ils ſont eſgalement gros, & ont autant d'eſprits attractifs l'vn que l'autre, & qu'ils ſoient en pareille diſtance : car le fer auſſi fortement tiré d'vne part que de l'autre, demeure neceſſairement balancé au milieu ; mais ſi en groſſeur ou en proximité, il y a tant ſoit peu de difference, vous verrez que le fer ſe portera, ou au plus gros, ou au plus voiſin, en ſomme à celui qui aura plus de force pour l'attirer. Il en eſt de meſme d'vne ame qui cherche vn Directeur ; ſi le Paſteur eſt plus ſçauant, plus deuot plus capable que le Cenobite, ſans doute elle ne quittera pas ce vray Pere de son ame, que Dieu luy a dõné, pour celui qui tout au plus ne peut estre que son Precepteur pour vn tẽps, encore selõ sa fantaisie, & sans aucune obligation de part ny d'autre. Il y a tousiours de Pedagogues, mais peu de Peres,] dit l'Apostre. Mais aussi d'ailleurs si le Cenobite a de notables aduantages de probité, de science, de pieté, sur le Pasteur, qui ne void que ce seroit manquer de iugemẽt, voyant le meilleur de choisir le moindre, puisque l'on est en pleine liberté d'élire? Mais les qualitez personnelles supposées égales en l'vn & en l'autre, qui ne void que le voisinage du Pasteur, & les deuoirs & liaisons reciproques de son oüaille & de lui, sont des attraits plus puissans que tout ce que l'autre peut alleguer des Saincts & des sainctetez de son Ordre; qui nonobstant toutes ses productions, se trouuera tousiours plus ieune, plus foible, moins authorisé, & moins Apostolique que l'Ordre Hierarchique de sainct Pierre, establi & dressé par IESVS-CHRIST mesme.

S v

Chap. III.

Auantages industrieux des Cenobites, leur union.

MAis ie vous prie de remarquer icy quelques industries qui rendent en cecy beaucoup auantagez les Cenobites, mesme dans l'égalité supposeé des merites & bonnes qualitez de personnes. C'est que les Pasteurs parroissiaux ne sont pas dans des Communautez si resserrées, & partant si vnies que sont les Cenobites. Car bien qu'ils soient dans vne Communauté Diocesaine & Sinodale, & dans le corps de la saincte Hierarchie, si est ce qu'ils viuent distinctement dedans leurs parcs & bergeries; ne s'assemblans qu'vne ou deux fois l'an aux Synodes, encore pour si peu d'espace qu'ils n'ont pas le moyen de faire grande liaison ensemble: au lieu que les Cenobites viuans tousiours sous vn mesme toict, mangeans en mesme table, chantans en mesme Chœur, s'assemblans tous les iours au Chapitre,

desinteressé 419

aux conuersations, à l'estude, aux conferences, prenans leur repos en mesme dortoir, ayans leurs interests honorables & vtiles en commun, mesme feu, mesme pain, vne seule bourse, & ce qui est de plus, vne seule & vnique pretension, qui est la gloire de Dieu ; & en suitte, la splendeur, l'augmentation, & la reputation de l'Ordre, vous pouuez iuger que ces Assemblees ainsi serrees & liees ou reliees, (aussi les appelle-t'on des Religions) ont beaucoup plus de vigueur que celles qui sont separées, détachees, & s'il faut ainsi dire, esparpillees çà & là en la dispersion des gens.] De là leur viennent des prerogatiues, qui esleuent des Cenobites, qui ne seroient que mediocres en leurs qualitez & suffisances, s'ils estoient hors de leurs Ordres, & Prestres particuliers. Car comme il y a des miroirs qui aggrandissent les objects, & font paroistre des cerises aussi grosses que des melons, & comme il y a vn fleuue en la Beocie, où les poissons semblent auoir des écailles d'or, quoy que tirez hors de ces eaux ils les ayent pareilles aux autres : de mesme il y a plusieurs Directeurs Cenobites, qui tirent leur principale estime de celle

S vj

de leur societé, & qui sont comme la barbe, honorée quand elle est attachée au menton de l'homme, & foulée aux pieds quand elle en est separée par le razoir ou le cizeau. Souuent ils ressemblent à certains Gentilshommes, qui n'ayans pas beaucoup de merite personnel, le tirent ou des hauts faits de leurs ancestres, ou de l'antiquité de leur race ; ou de la richesse de leurs maisons : vn seau d'eau se conserue jetté dans vn lac, qui se seicheroit s'il estoit respãdu en terre. La raison de cela, est que les particuliers des Ordres s'entreprestent l'espaule, & ont comme à prix fait & par contesseration, de publier les merueilles de leurs Instituts, de leurs reigles, de leurs obseruances, & les vertus de ceux qui en sont comme les os, les colomnes, les soustiens, les lumieres, & les principaux ornemens & arcs-boutans : Si bien que s'entre-loüans les vns les autres, & publians par tout leurs faits heroïques, pour estendre leurs pampres d'vne mer à l'autre, & leurs prouins iusques aux extremitez de la terre,] il ne se faut pas estonner s'ils sont conneus de reputation de tel qui ne les vid iamais, & puis venant à les voir & à les ouyr auec va-

esprit préoccupé d'vne opinion de grandeur, qui lui fait tenir pour Prophete vn homme de vertu & de science mediocre, que peut-il dire sinon des Oracles, principalement s'il est hors de son pays, de sa connoissance, & de sa paranté?] car alors il est reputé pour vn homme tout à fait de l'autre monde, & tel que le demandoit le mauuais Riche à Abraham pour aller exhorter ses freres. Ce n'est pas que ie trouue mauuaises ses industries, estant permis de loüer en Dieu, non seulement son prochain, mais son ame propre,] comme disoit Dauid, & de magnifier sa vocation, & son ministere,] comme faisoit sainct Paul, pourueu que cela se termine en la gloire de Dieu, selon le conseil du Sauueur, disant à ses Disciples, Que vostre lumiere luise deuant les hommes, afin qu'ils voyent vos bonnes œuures, & que vostre Pere qui est aux Cieux en soit honoré.] Car qui est ce qui allume vne lampe pour la cacher sous vn boisseau, estant destinée pour estre mise sur le chandelier, & pour esclairer tous ceux qui sont en la maison?] la loüange estant vn Thimiame ou parfum deu à la Vertu, à la bonne heure qu'on le lui offre en quelque part qu'elle se rencontre, soit au Iuif, soit au Grec.] Les Cenobites n'auront iamais tant d'honneur que les bons Pasteurs ne leur en souhaittent encore dauantage: car on ne peut assez honorer la pieté & la saincteté qui reluit parmy les bons Cenobites. Les Pasteurs anciens l'ont bien monstré, se despoüillans si franchement de leurs dixmes, & de leurs biens à la campagne pour en reuestir & enrichir les Cenobites fondez, se soumettans eux mesmes à leurs nominations & patronages. Mais ce que ne peut estre, ny souffert, ny excusé, c'est que quelques Cenobites vsans mal de la reputation que l'austerité exterieure, ou la retraite interieure, acquierent dans le peuple à leurs Ordres, ne se contentent pas de mespriser en leurs ames les Pasteurs, mais ils passent des pensees aux paroles de desdain, descrians que ie ne die deschirans, non les actions seulement de quelques-vns, qui publiquement mauuaises, doiuent aussi estre publiquement reprises, mais generalement raualans la dignité de l'Estat Pastoral & Sacerdotal, & le rendans inferieur au Monachal & Cenobitique, par des raisons fondees sur la doctrine de sainct Thomas, assez mal-entenduë; ce que ie monftrerois euidemment, fi i'auois entrepris de traitter ce fujet là. Cela ne vifant qu'à ce poinct, d'attirer à eux les peuples, comme à des Directeurs plus parfaits, comme eftans en l'Eftat de perfection: (car ils fe plaifent en ce terme, qui efblouït les yeux des fimples, & de ceux qui ignorent cette matiere d'efchole & de fubtilité) fe voulans ainfi releuer par le raualement des autres, & fe faire valoir aux defpens de la reputation d'autruy. Ie laiffe à part beaucoup de reproches particulieres, pour ne m'attacher qu'à celle de l'intereft dont ie traitte plus precifement en cet efcrit; où ie penfe auoir fait voir affez clairement que ces gardes des murailles: (car que fignifie ce mot de Cloiftre, fi non vne clofture de murailles) non contens d'auoir ofté le manteau aux Pafteurs les bleffent encore, & frappent,] en leur condition, les voulans rendre odieux à leurs propres oüailles, dont l'affection eft le plus precieux threfor de leurs charges.

Chap. IV.

Leurs vertus éclatantes.

ON dit que l'Aiman perd la proprieté naturelle qu'il a d'attirer le fer en la presence du diamant. La vie Cenobitique paroist semblable à cette pierre precieuse par le grand éclat de son exterieur, qui par la nudité, les habits rudes & rapetassez, grossiers en leur matiere, estranges & diuersifiez en leurs formes, & esloignez de l'vsage commun par les contenances reiglees & mortifiees; la renommee des disciplines, des haires, des cilices, des couches dures des visions, des extases & rauissemens, des Propheties & reuelations, des contemplations sureminentes & suressentielles, jette de merueilleuses opinions de son excellence dans les esprits du monde. La vie des Pasteurs (ie di des bons) est plus sombre & de moindre lustre, elle est commune & accommodee à la portee du vulgaire, estant necessaire de se rendre tout à tous pour les gagner tous :] Elle n'est pas imitatrice de elle de S. Iean, rude en ses habits, sauuage en sa demeure, terrible en sa retraitte, farouche en sa conuersation, austere en sa nourriture ; mais elle suit les traces du Sauueur qui en menoit vne commune en son viure, & en son vestir, & en sa maniere de conuerser indifferemment auec les bons & les mauuais, pour affermir ceux là en la vertu, & retirer ceux-ci du vice. Au reste, comme ils sont seuls & particuliers en leur vie ordinaire, non associez en des Communautez, ils ne sont loüez de personne, ils ne se loüent pas eux-mesmes ; toutes leurs loüanges n'estans que pour Dieu. Au contraire, ils font tout ce qu'ils peuuent pour ne tomber point dans la faute de ce Roy d'Israël, qui exposa ses thresors au pillage de ses ennemis pour en auoir fait monstre ; ils gardent leur secret pour eux,] ils cachent à leur gauche le bien que fait leur droitte,] ils seruent à cachettes le Dieu caché,] ils ne sonnent point de la trompette quand ils font quelque bonne œuure,] ils ne font point de mines, ni ne metamorphosent leurs visages pour paroistre de grands iusneurs,] ils ne contrefont point leurs contenances pour acquerir la reputation de personnes austeres & seueres. Au contraire, ils se rendent populaires & familiers, & comme le bon leuain] de l'Euangile, ils se respandent dans la paste de la masse des fidelles pour y communiquer l'esprit de Dieu ; estans le sel de la terre,] ils assaisonnent les autres par leur communication, & comme dit S. Gregoire parlant des Pasteurs, ils se font comme des pierres de sel que les brebis vont lecher, pour se preseruer de la corruptiō du siecle, & prendre l'appetit des choses diuines.] Ils respandent leurs sources de grace & de seruice spirituel au dehors, & partagent les eaux de la sapience salutaire par les places,] se prodiguans à quiconque a besoin de leur secours,] mais c'est sans bruit & sans éclat, comme obligez à cela par leur deuoir sans estendre leurs philacteres, sans eslargir leurs franges,] sans faire sonner haut vne exhortation, vne visite de malade, vne conference spirituelle, & ayans fait tout ce qu'ils ont pû, ils ne pensent iamais auoir satisfait à leurs charges, se tenans tousiours pour seruiteurs inutiles.] Que s'ils viennent à mescontenter quelques particuliers, ou par leur seuerité, ou par leur negligence, alors les langues s'aiguisent & s'affilent contr'eux comme des rasoirs, par vn manquement leger on ne se souuient plus de tous leurs seruices, on les charge d'imperfections qu'ils n'ont pas, on leur impute toutes les miseres du lieu de leur residence, quand on ne peut pincer leurs actions, on calomnie leurs intétions & leurs desseins, s'ils sont mesnagers on les prend pour taquins, s'ils font des aumosnes à cachettes, on les publie pour des ambitieux, s'ils ieusnent ce sera pour espargner; s'ils font des miracles auec Iesvs Christ, on dira que c'est au nom de Belzebuth, & le monde qui est tout perdu de malignité,] haïssant comme vn Hybou la lumière de la vertu, mesdit plus ordinairement des bons que des mauuais Pasteurs. Ce n'est pas aussi qu'il espargne ceux dont les actions sont reprehensibles; car s'il sçait accuser les bós des deffauts qu'ils n'ont pas, imaginez-vous s'il sçait l'art d'amplifier les veritables vices des desreglez; des moindres il en fait des scandales, & des vrays scandales il en fait des crimes capitaux, & animé de l'esprit de cét ancien serpent homicide dés le commencement,] il ne demande pas la conuersion du pecheur; & en suite sa vie] mais il crie, oſtez, oſtez, crucifiez-le,] effacez-le de la terre des viuans, & que ſon nom ſoit mis en oubly, & à dire la verité, le ſcandale eſt dautant plus odieux quand il prouient de ceux qui doiuent eſtre la lumiere du monde,] & de qui l'edification du bon exemple doit ſortir, & c'eſt ce que dit S. Gregoire que le Paſteur qui ſe donne eſgorge ſes brebis aulieu de les paiſtre, & les tuë au lieu de les nourrir.] Malheur au monde à cauſe des ſcandales, il vaudroit mieux que celuy qui en eſt la cauſe fuſt jetté au fonds de la mer auec vne meule au col.] O mauuais Paſteurs? cela vous regarde, car voſtre condition vous mettant ſur le Theatre, & ſur le chandelier, en ſpectacle à Dieu, aux Anges, & aux hommes, vos actions (comme la maiſon de ce Romain) eſtans ouuertes & en veuë de tous coſtez, c'eſt à vous de marcher ſi prudemment,] & à prendre de ſi prés garde à vos voyes,] que vous n'offenciez les yeux d'aucun,] autrement le meſpris du miniſtre paſſera ſoudain au miniſtere] quelque leçon que le Sauueur ait faite en l'Euangile à vos oüailles, qu'elles ayent à ſuiure vos bons preceptes, & à ne vous imiter pas en vos vicieux deportemens.]

Chap. V.

Leurs deffauts sont iudicieuse-ment cachez.

IL en est au contraire des Cenobites, dont les fautes (car ils ne sont pas impeccables, ni tous retournez à la Iustice originelle de la premiere innocence) sont aussi tost couuertes & cachées dans la presse de la Communauté, & voilées des murailles du Cloistre impenetrable aux yeux seculiers; de sorte qu'à eux conuient en quelque façon ce que Dauid dit de ceux que Dieu fauorise en couurant leurs pechez,] & en les mettant à l'abry de la contradiction des langues dans la cachette de son visage] les mettant sous l'ombre de ses aisles iusques à ce que l'iniquité passe.] Ce n'est pas que ie blasme cette prudence qui sçait dextrement cacher les deffauts dont la laideur peut ternir le lustre de la reputation d'vn sainct Ordre, & alterer cette bonne odeur de vie à la vie,] que le bon exemple des autres respand partout. Car qui ne sçait que c'est vn des offices de la Charité, de tenir secrettes les imperfections de nos freres, & de retrancher toute occasion de scandale ? Ie dy seulement que la condition Cenobitique porte cet auantage, & à cette commodité de couurir les fautes que peuuent par infirmité commettre les particuliers dans cette nuée & broüillas que Dauid met autour des choses diuines, & dans ce nuage doré dont les Poëtes s'enuironnent leurs imaginaires diuinitez. De sorte qu'il en est des Cenobites comme des Medecins, dont le Soleil esclaire les succés, & la terre couure les fautes, comme celles des Vestales; ils ne manquent pas, non plus que les Pasteurs, ni d'enuieux qui leur ostent par leurs langues veneneuses l'honneur de beaucoup de biens qu'ils pratiquent dans leurs maisons, ni de mesdisans qui leur imposent beaucoup de maux qu'ils ne commettent point, ni de flatteurs & de partisans, qui leur attribuent de grandes perfections, que tous, peut estre, n'ont pas. Mais en ce cas qui ne voit que cette beatitude les regarde, dont il est dit en l'Euangile ; Vous serez bien-heureux quand les hommes mesdiront de vous, & en diront le pis qu'ils pourront, mais faussement, & en haine de mon nom, resiouïssez-vous alors, car voſtre recompense ſera grande dans les Cieux.] Et puis qui pourroit ſans iniuſtice blaſmer la ſage conduite de ceux qui pour conſeruer l'honneur de toute vne aſſemblée, (qui pourroit eſtre terni dans l'opinion des eſprits foibles par les imperfections de quelques particuliers) font ce qu'ils peuuent pour cacher ce qui peut offenſer les yeux d'autruy, & pour deſtourner de la connoiſſance du prochain, ce qui ne lui pourroit apporter aucune edification. Qui ne ſçait que le ſcandale rend les fautes beaucoup plus grandes qu'elles ne ſont de leur nature? Et l'Eſcriture ne nous enſeigne-t'elle pas que c'eſt le plus grand mal-heur qui puiſſe arriuer au monde?] Doncques pour euiter cét eſcueil, ſert beaucoup aux Cenobites leur genre de vie clos & fermé,) d'où vient le mot de Cloiſtre) retiré du commerce du vulgaire : ſecret & myſtique & impenetrable aux yeux du commun, à qui la familiarité apporte du meſpris, ne faiſant eſtat que de ce qu'il connoiſt peu, & de ce qu'il voit rarement. Nul ne s'en leue plus matin pour voir ſortir le Soleil du ſein de l'Aurore;

l'vsage ordinaire de ce grand flambeau du monde, source de toute clairté, rend sa lumiere moins admirable. Si quelque Comette paroist dans le Ciel durant les tenebres de la nuict, chacun quitte son lict & son repos pour contempler ce simple meteore. Ainsi fut consideré le Precurseur du Messie par les Hebreux : tandis que le Messie mesme, vrai Soleil de Iustice, estant au milieu d'eux, & comme les esblouyssant par les rayons & la lumiere de sa vie & de son exemple, en estoit mesconneu.] Car encore qu'il fust sainct, sans soüilleure, & sans tache, esloigné & separé des pecheurs quant à la coulpe, & plus esleué que les Cieux :] selon que l'Apostre nous enseigne, encore qu'il conuersast en terre, parmi les hommes durant les iours de sa chair,] si est-ce que sa frequentation ordinaire estant auecque les Publicains & les pecheurs,] comme Medecin qui cherchoit les malades pour leur donner la guerison,] & comme bon Pasteur, recherchant les brebis esgarées pour les ramener au bercail,] & les presser d'y rentrer,] & sa vie estant commune & familiere selon l'exterieur, se rendant tout à vous pour les gagner tous,] cette continuelle

desinteressé. 433

nuelle assistance qui les mettoit en spectacle] frequent deuant les hommes, le rendoit moins recommandable au vulgaire, qui n'ayant du iugement que dans les yeux, ni des yeux qu'en la testé,] n'estime rien de perissable, & de grand, que ce qui est rare, & ce qui paroist peu souuent à sa veuë. A dire la verité, comme rien n'engendre tant ni si tost le mespris que la familiarité, la priuauté, & le commerce ordinaire, aussi rien n'aduance dauantage le prix, la reputation, & l'estime, que le secret, la retraitte, & la rareté. Et c'est en cela que le train de vie que meinent les Cenobites leur donne le deuant en l'opinion des peuples, sur la façon de viure que les Pasteurs sont contraincts de mener pour satisfaire aux obligations de leurs charges. Car ceux-là se monstrans moins souuent au monde, & encore d'vne maniere preparée, composée, estudiée, & qui frappe le sens de ceux qui les considerent, & qui iugent de l'homme interieur par les contenances exterieures, comme vn arbre par l'escorce, & les fueilles, sont sans doute beaucoup plus estimez que ceux-ci, qui continuellemẽt meslez parmy le populaire, sont à tras propos

T

dans l'employ, & en leurs actions, en leurs habits, & en tout leur exterieur semblables aux autres hommes, à l'imitation du Sauueur qui se reuestant de nostre nature, voulut se rendre en tout conforme à ses freres] selon la chair, & pour cela il est appelé non seulement homme, mais fils de l'homme.] Aussi les bons Pasteurs ont-ils cét auantage, que les personnes iudicieuses, & qui sçauent balancer la valeur des choses non au poids commun, mais à celui du Sanctuaire, reconnoissent assez que s'ils ont moins de fumée de reputation, ils n'ont pas moins de feu de Charité; s'ils font moins de bruit, ils ne font pas moins de fruict; & s'ils ont moins d'apparence, & de monstre, il ne sont pas moindres en effect & en vtilité, pour la gloire de Dieu, & le seruice des Ames.

Chap. VI.

Que le mespris des Pasteurs est vne grande faute.

Ais apres tout, ce que ie trouue peu supportable, & indigne de personnes qui font profession d'vne vie si reformée, & exemplaire, comme les Cenobites, c'est le mespris, qui n'est que trop connu & apparent, que quelques-vns d'entr'eux des moins considerez, & peut-estre des moins considerables, font non seulement des mauuais Pasteurs, & des Prestres vicieux, (mespris fort iuste, & qui prouient d'vne legitime auersion du vice;) mais encore de l'estat Pastoral, & de celuy des Prestres particuliers, que de leur grace ils appellent Seculiers, comme si leur caractere, (que les Anges mesmes honorent) & leurs vœux solemnels, ne les separoient pas assez des Laïques, & de ceux qui sont embarrassez dans les desirs du siecle. On dit que quand l'aiman est frotté d'ail, ou de graisse, il perd la force naturelle qu'il a

T ij

d'attirer le fer. Il ne se faut pas estonner si les Pasteurs, ou les Prestres particulieres, qui sont comme leurs Coadjuteurs dans les fonctions Pastorales, & le seruice des ames, ont si peu de pouuoir sur celles que Dieu a rangées sous leur conduite, & commises à leur charge, puisque des langues, plutost feintes que sainctes, & plutost chargées de venin d'aspic, que de rayons de miel, les rendent si odieux, & si mesprisables aux peuples, qu'il semble que quelques Laïques fassent gloire de se soustraire de l'obeïssance de leurs Pasteurs, pour suiure la voye des mercenaires, & des Conducteurs empruntez, & choisis selon leurs fantaisies. Certes il seroit aisé de renuerser ce mespris sur le visage des mesprisans, & de ceux qui en sont les Autheurs, si le consommateur de nostre Foi ne nous apprenoit, que comme c'est vne chose plus heureuse de donner, que de receuoir des bienfaits, il est aussi plus honorable, & aduantageux, de souffrir des outrages, & des torts, que d'en faire. Seulement, ce qui est déplorable en ce mauuais artifice, c'est de voir que ce mal-heureux interest vtile, que sainct Paul nomme la racine de tous maux,

desinteresſé.

n'ait autre visée que de destourner (comme parle Tertullian) les ruiſſeaux de leurs vrais courans, pour les faire couler sur des terres, qui n'ont aucun droit, ni directement, ni indirectement d'en estre arrosées, en changeant la Iustice en Iugement,] & sous le manteau de la Charité, en offençant la Iustice. Car en fin, quoy que l'on feigne, que l'on ruse, & que l'on dissimule; C'est là le vray motif de tant de contradictions qui se voyent en la Cité] de Dieu, de tant de contentions, d'emulations, de murmures, qui changent les pierres d'edification dont se deuroient bastir les murailles de la Mystique Ierusalem,] des pierres d'achoppement & de scandale. Car comme tous ne sont pas ni Apostres, ni Docteurs, ni Prophetes,] aussi tous les Pasteurs n'ont pas la patience de Iob, pour souffrir tant d'atteintes de ceux à qui ils ont mis par le passé le pain en la bouche, & qui se nourrissent tous les iours de la chair, & se reuestent de la laine de leurs oüailles, dont ils esquiuent la charge. Tous n'ont pas la force d'endurer tant de rebuts, & d'opprobres sans repliquer, sans repartir, & sans faire voir que ceux qui les accusent de ne chercher que leurs propres interests en la pasture de leurs brebis, & en l'exercice de leurs charges, sont beaucoup plus couuerts qu'eux de cette lépre de Giezi.

Chap. VII.

Partage des Pasteurs & des Cenobites.

C'Est ce que ie pense auoir fait voir en cét escrit, par des demonstrations plus que Mathematiques, sur le plan d'vn petit Diocese, en cette prodigieuse inegalité que i'ay monstrée, où, selon le partage du Lyon, qui est tourné en Prouerbe, le bien de l'Eglise est presque tout du costé des Cenobites, & fort peu de la part des Pasteurs. Encore puis-je dire qu'à comparaison de plusieurs autres, que ie sçay bien, il est assez fauorablement traitté, & librement partagé. Car comme c'est dans les grands Dioceses où se trouuét les grands biens, c'est aussi là où les Pasteurs ont esté plus criblez, plus moissonnez, & plus amplement vandangez par ceux qui ne venans qu'à leur secours, se sont rendus leurs Maistres, & n'estans que des troupes de renfort, & escartées des rangs de la Hierarchie, sont deuenuës par la suite du temps, & par diuerses industries, maistresses de tous les biens de campagne & de villes, attirans les dixmes & les possessions Ecclesiastiques de leur costé, & tout le reste par les questes. Car ie puis dire auec autant d'asseurance, que de verité, parlant generalement, c'est à dire, jettant la veuë sur toute la masse du bien destiné à ceux qui seruent les Autels, que les Pasteurs n'en ont pas la cinquantiesme partie. Quant au trauail, que les Cenobites n'en ont pas la centiesme. Quant à la charge des Ames, qu'elle est toute aux Pasteurs qui veillent sur elles par estat, office, & obligation, comme ayans à en rendre compte [au iuste Iuge:] & que les Cenobites n'y ont nulle part, puisque rejettant sur les espaules des Pasteurs tout ce qu'il y a de dangereux, de difficile, de penible, & d'onereux, ils ne se reseruent que ce qu'il y a d'honorable, & d'vtile, dans le gouuernement, & la direction delicate de certaines personnes de triage, & d'élite : que si quelquefois ils se raualent à la conduite des petits, & des pauures, c'est par boutades, & saillies qu'ils se refroidissent bien tost, & comme vn feu de paille luisant, mais peu cuisant; brillant, mais peu bruslant; esclattant, mais peu de durée. Iettons vn traict d'œil sur la Campagne, & demandons aux Pasteurs qui y sont, quel secours ils tirent des Cenobites; ils vous respondront que ceux qui sont fondez ne leur seruent à autre chose qu'à recueillir les dixmes de leurs Parroisses, & leur en faire vne tres-chetiue portion, & que ceux qui mandient se laissent voir, & se font ouyr vne fois ou deux l'année, au temps des moissons & des vendanges : si c'est pour les biens, ou les Ames, i'en laisse la decision à celui qui connoist le secret des cœurs.] Que si quelques-vns en d'autres saisons de l'année vont catechisans par les villages, ce qui n'est pas moins rare que les hyrondelles en hyuer, ce sera ou pour satisfaire aux obligations de quelques fondations destinées à cét exercice, ou bien parce que le moust de la ferueur, & des premices de l'esprit de deuotion, est encore chaud dans le commencement d'vn Institut ou d'vne Reforme, ou pour aider à quelque establissement, ou pour acquerir de la reputation à l'Ordre, tout cela sous le replendissant manteau de la gloire de Dieu: Mais quand cette premiere charité est passée,] ce premier bouïllon refroidi & rassis, adieu mes Missions & mes Catechismes: ô que le doux repos & la saincte oysiueté de Marie est vne part bien meilleure,] & plus souhaitable, que le tracas de Marthe l'empressée! & qu'il fait bon attendre le salutaire de Dieu en silence & espoir?] Ce n'est point que par ce discours ie vueille rendre moins considerables les trauaux Cenobitiques, & payer vn mépris en semblable monnoye; vne faute ne se couure, ny ne s'efface point par vne autre, & ce seroit tomber imprudemment dans le deffaut que l'on reprend; ma visée bat là seulement, de monstrer qu'en faict d'interest vtile, qui est la plus odieuse & injuste reproche, que ie ne die outrageuse, que l'on fasse aux Pasteurs en la fonction de leurs offices, il est incomparablement plus grand du costé des accusans, que des accusez: Mais l'importance est, que les vns combattent à camp ouuert, les autres à la mine, & à la sappe; & le jeu de ceux-ci estant plus

T v.

couuert, le gain en est plus grand, & la conduite plus accorte. Les vns ressemblent à des Receueurs particuliers, qui ne recueillent que de petites parties: mais les autres ressemblent aux Generaux, dont les receptes ne sont que de grandes sommes, & quelquefois des heritages tous entiers, & des fondations toutes formées. Il est vrai que quelques Pasteurs, & quelques Prestres qui leur sont subordonnez, reçoiuent ce peu qui leur est liberalement donné, pour les diuers seruices qu'ils rendent à ceux qui les employent dans les fonctions de leurs charges. Il est vrai aussi que plusieurs des Cenobites font le mesme, principalement ceux dont les Communautez ne sont pas dans vne obseruance si estroitte, ou plutost qui sont relaschez de la rigueur de leur Regle, ou bien mitigez, afin d'vser de leurs termes. Que si quelques plus rigides & ponctuels obseruateurs de leurs Instituts, dans l'administration des Sacremens de Penitence, & de l'Autel, rejettent ces menuës aumosnes que les fidelles ont de coustume de donner par vne loüable recomnoissance, cela certes est digne de recommandation, & tesmoigne la pureté de leurs

desinteressé.

intentions, dans l'exercice de ces diuins & sacrez Ministeres, qu'il est bien-seant de distribuer gratuitement, comme gratuitement on a receu la puissance de les communiquer. Mais s'il est permis par les effects de remonter à la connoissance des causes, quand on void que ce qu'ils repoussent d'vne main, reuient plus abondamment en l'autre, que c'est plutost semer pour recueillir vne plus ample moisson, que refuser; que c'est reculer pour mieux sauter, que c'est hazarder vne mousche pour attirer vn poisson, & lascher vne puce pour auoir l'Elephant. Ie ne sçai si sous ce iudicieux procedé il n'y auroit point moins de simplicité que de prudence, & plus d'interest caché que dans vne simple, humble, & innocente reception de ce qui est offert par forme d'aumosne. D'autres voyent, mais ie me souuiens que sur ce sujet mes oreilles ont souuent ouy dire de grands murmures.

Chap. VIII.
Demonstration evidente.

MAis pour voir ces theses ou propositions generales dans les hypotheses particulieres, & en des exemples singuliers. Si quelques Pasteurs, & quelques Prestres, qui sont comme leurs Coadjuteurs dans les Parroisses, reçoiuent quelque salaire, à mesure qu'ils trauaillent au seruice de l'Autel dans les actions de leurs ministeres, n'ayans autre bien ni reuenu pour s'entretenir que ces biens-faits-là: Iugez ie vous prie si les Cenobites qui viuent en des Maisons richement fondées, ou qui estans Mandians trouuent abondamment tout ce qu'il leur faut, non de necessaire seulement, mais d'ornement & de magnificence dans vne mendicité, appuyée sur vne auctorité publique: Iugez, disie, s'ils celebrent les diuins Offices, & s'ils trauaillent pour rien. Nous sçauons en la Gaule, (principalement en la Belgique, où les Commandes sont ignorées, & où la Regularité est dans vne obseruance,

desinteressé. 445

incomparablement plus exacte qu'en la Celtique) qu'il y a des Maisons Cenobitiques qui ont iusques à cent mille escus de rente, & où ne sont que cinquante ou soixante Cenobites au plus, qui ne font profession d'autre exercice que de chanter au Chœur: Considerez, s'il vous plaist, si ces bons personnages disent leur Office pour rien, & si ce qui est distribué à ceux de ces Communautez, ne va pas plus haut que ces menuës liberalitez, que reçoiuēt les Pasteurs & les Prestres dans les Parroisses, pour reconnoissance de leurs trauaux. Quant aux Mendians de ces contrées là, dans la simplicité de ces peuples, dont les mœurs sont extrémement douces & candides ; certes on peut dire qu'ils ont autant de bien qu'il leur plaist, & qu'ils sont comme maistres des biens, & des fortunes des Bourgeois, qui ne sont que comme leurs fermiers: Car à eux demander & obtenir est presque vne mesme chose ; ce que l'on peut conjecturer par la magnificence de leurs Maisons, qui sont autant de Palais, la pompe & les ornemens de leurs Eglises, qui sont autant d'Images terrestres de la celeste Ierusalem. Et quoi que les Parroisses y soient aussi fort polies, (telle est la pieté de ces bons peuples) si n'ont-elles rien de comparable à celles des Cenobites, d'où l'on peut aisément discerner, qui sont ceux qui tirent dauantage des seculiers, ou les Cenobites, ou les Pasteurs, & par consequent, qui sont les plus interessez dans la direction des Ames.

CHPAP. IX.

Mot d'vn sainct Personnage.

CE qui me fait souuenir d'vn mot que me dit, il y a plusieurs années, au retour du premier voyage que ie fis à Rome, l'vn des plus grands Prelats d'Italie en éminence de dignité, de sçauoir, & de pieté, & successeur d'vn grand Sainct en sa fonction Pastoralle Car estás tombez sur le discours des priuileges & exemptions Cenobitiques, qui empeschent que les Prelats ne tirent des Cenobites le soulagemêt qu'ils en pourroient esperer dans l'exercice de leurs charges: Croyez-moi, me dit-il, comme vn homme qui les connoist depuis trente-cinq ans que ie tiens le baston Pastoral dans

desintereßè. 447

vn des plus grands Dioceses d'Italie, que ces personnes-là ont plus d'attention à leurs affaires, qu'aux nostres, songent plus à l'auancement de leurs Maisons, Ordres, & Instituts, qu'à assister les Pasteurs, ni à procurer la gloire de Dieu dans le seruice des Ames. Mot qu'il repeta plus de quinze ans apres à vn excellent personnage, qui apres de grãds & illustres emplois dans le siecle, ayant donné du pied au monde pour choisir sa retraitte dans vne saincte Assemblée, qui vit sous la Hierarchie, & la puissance des Ordinaires, me fit l'honneur de me tenir compagnie en vn autre voyage que ie fis en Italie, pour quelques affaires publiques & d'importance. I'ai tousiours du depuis remarqué le sentiment de ce sainct Homme, dont les lévres sont gardiennes de la science] de verité, & de la bouche de qui sortent des Oracles, qui peuuent seruir de Loy à mon iugement. Ce n'est pas que ie pretende appliquer cette parole à aucun Ordre, ni à aucun Cenobite particulier, me contentant seulement de comparer l'Estat Pastoral au Cenobitique, pour le regard de l'interest vtile dans la conduite des Ames & de faire connoistre au doigt & à l'œil, de quél cofté il panche le plus, parlant de ces deux fortes de conditions en general. Car ie n'ignore point que dans les vacations il y en a toufiours de bons & de mauuais, & qu'il ne puiffe y auoir quelque Pafteur plus intereffé que quelque Cenobite, & auffi quelque Cenobite plus intereffé que quelque Pafteur. Mon intention eft feulement de renuerfer cette fauffe objection, qui pretend jetter tout l'intereft vtile de la part des Pafteurs.

Chap. X.

Deffein principal de ce Traitté.

Maintenant apres auoir dépeint les diuerfes marques, par où l'on peut difcerner l'intereft vtile ou honorable des Directeurs, & par là reconnoiftre qui fera l'intereffé, ou le defintereffé ; que refte-t'il, finon que l'on choififfe celui-ci, comme vne guide affeurée en la voye de falut ; & que l'on éuite celui-là comme vn efcueil & vn brifant, de qui l'on ne peut attendre qu'vn naufrage ? Car fi le Bien-heureux François de Sales (de qui i'ay suiui les preceptes en cet escrit, & dont la doctrine m'a serui comme de filet d'Ariadné dans ce labyrinthe) declare que si le Directeur manque de l'vne de ces trois qualitez, de Science, de Prudence & Charité, il y a du danger de se fier à sa conduite;] Combien sera-t'il plus perilleux de s'y commettre, si sa Charité est fausse? & elle ne peut estre vraye si elle est interessee, puisque le grand Apostre nous enseigne, que la propre marque de la veritable Charité, est d'estre sans interest.] Sans doute le peril sera d'autant plus grand qu'il sera plus caché, & semble à ces rochers, dont les pointes ne paroissent point hors la sur-face de la mer; car estans couuerts de l'eau, ils sont moins éuitables aux plus experimentez Pilotes. Si l'interest est delectable, il est d'autant plus pestilent qu'il pretend à rauir l'honneur; s'il est honorable, il vise à reduire en seruitude la liberté, qui est vn bien non moins precieux que la vie. S'il bat vers l'vtilité, il tend à la diminution des biens, qui sont comme ce manteau de l'Espouse, qu'elle se plaint lui auoir esté enleué par surprise par les gardes des murailles;] Biens, dont l'abondance n'est pas necessaire, ni souhaitable, mais dont la disette est redoutable, selon le iugement du plus sage d'entre les hommes, qui ne demandoit à Dieu ny pauureté, ny affluence de richesses,] de peur que l'vne ou l'autre de ces extremitez ne le portast en quelque desreglement vicieux.

Chap. XI.

Que c'est pour aider les simples au choix d'vn Directeur.

C'Est donc principalement pour aider les Penitens, & les Ames simples & deuotes à faire choix d'vn bon Directeur que i'ay dressé ce petit Ouurage, afin de leur ouurir les yeux sur le discernement du faux ou franc alloy, & les aduertir de prendre garde à ne se remettre point à la conduitte d'vne personne interessee, quelque prudence, & quelque science qu'elle puisse auoir; car où manque la Charité, (& elle manque aussi tost que l'interest prend sa place.) la Prudence se tourne en finesse, & la science en subtilité, qualitez plus nuisi-

desinteressé. 451

bles que profitables en la voye de Dieu, où il faut marcher auec simplicité pour marcher auec asseurance.] On dit que les petits oiseaux s'assemblent volontiers autour de la Cresselle, à cause de l'occulte proprieté qu'elle a d'escarter par son chant les oiseaux de proye. Les enseignemens de ce Liure estans bien considerez, auront le mesme effect, & seruiront aux Ames simples & pieuses pour se garder de tomber en des mains interessées, que le Psalmiste compare aux ongles du Lyon, preparees à la proye.] En vain, dit le Sage, tend-on des rets pour prendre des oiseaux dont le vol est esleué, parce que de loin ils reconnoissent les filets, & n'y donnent pas. Les esprits accorts & bien-aduisez voyent assez les pieges que ie descouure, & se gardent bien d'y tomber, mais c'est aux simples à qui ie dessille les yeux pour leur faire voir clair en vne matiere si chatoüilleuse & importante. Ie croy estre obligé de rendre ce bon office à mon prochain par l'ordre de la Charité, qui me conuie à mettre l'aueugle en sa voye; & à Euangeliser les pauures & les ignorans. Vn Poëte ancien disoit fort bien,

Qui n'empefche quelqu'vn (le pouuant) de perir, peche autant que celuy qui le feroit mourir. Ce que l'on peut appliquer à celui qui n'aduertit pas vn paſſant d'éuiter vn paſſage dangereux, & où il ſe va perdre, en peril de perdre ſon bien, ſon honneur, ou ſa vie ; que ſera-ce donc quand il y va du ſalut eternel, dont la perte eſt irreparable ? principalement puiſque Dieu a voulu que ie fuſſe en ſon Egliſe l'vne de ces ſentinelles ; (c'eſt ce que ſignifie le nom d'Eueſque) qu'il a poſees ſur les murailles de l'Egliſe, cette Myſtique Hieruſalem, qui ne ceſſent de faire la ronde iour & nuict, & de veiller & crier ſur les deſordres qui ſe peuuent commettre, tant dedans que dehors ſon enceinte. De ſorte que ie puis dire auec ce Poëte :] N'ignorant pas le mal, i'apprends aux ſimples Ames à retirer leurs pieds de ces ſubtiles trames.] Ce que ie faits en leur fourniſſant ce coin de beurre & ce rayon de miel, qui fait choiſir le bien & rejetter le mal, c'eſt à dire en leur apprenant le Conſeil des Conſeils, qui eſt de faire vn bon choix d'vn Directeur qui les conſeille comme il faut, & ſans autre intereſt que celuy de leur ſalut. Nul, comme ie penſe, s'il n'eſt tout à fait desraisonnable, ne peut trouuer mauuais, qu'vn penitent ou vne personne qui veut viure deuotement choisisse son Directeur, puisque nous voyons que pour la conduite de nos biens, & de nos corps, nous élisons tels Procureurs, Aduocats, Medecins & Chirurgiens, que nous estimons nous estre propres, & en qui nous auons plus de confiance.

Chap. XII.

Que ce choix est necessaire.

ET ne faut pas dire que c'est establir les parties, & les malades, Iuges de leurs Iuges, & esleuer les inferieurs sur ceux qui leur doiuent estre superieurs, & dont ils doiuent tenir les conseils pour des Oracles? car autrement il faudroit qu'en toutes nos actiós nous marchassiós comme des aueugles, nous laissans conduire en nos biens, en nos corps, & en nos ames, comme si nous n'auions aucune particuliere connoissance, & si la lumiere de nos yeux n'estoit point auec nous.] Que si nul ne trouue mauuais que celuy qui se veut embarquer sur la mer choisisse le vaisseau & le Pilote pour faire sa nauigation; pourquoy ne sera-t'il permis de faire ellection d'vn Confesseur, & d'examiner s'il a les qualitez requises pour nous acheminer au port de salut ? Ce que nous consultons les Aduocats & les Medecins, ne nous fait pas renoncer à la connoissance naturelle que nous auons de nos affaires, & de nostre santé, beaucoup moins receuons-nous à celle que nous auons de nostre propre conscience, quand nous prenons les aduis d'vn Directeur. Et bien qu'il faille sousmettre son iugement à ses aduis, ce n'est pas à dire qu'il faille entierement renócer à la lumiere de la discretion, autrement ce seroit pour deuenir Jeuot perdre la qualité de raisonnable. Non, non, ce n'est pas seulement aux Directeurs, mais encore aux dirigez que l'Escriture enseigne à esprouuer les esprits, & à reconnoistre s'ils sont de Dieu,] à faire essay de tout pour se tenir à ce qui est bon,] & à mesler la prudence du serpent auec la simplicité de la Colombe.] vn Directeur vraiement desinteressé ne se faschera point de cette espreuue, mais dira à Dieu auec Dauid, Esprouuez-moy Seigneur, & m'essayez, bruslez

desinteressé. 455

mes reins & mon cœur.] Car comme celui qui expose de bonne monnoye ne craint ny la pierre de touché, ny le cizeau, ouy biē celui qui en debite de fausse; Aussi celui qui ne pretēd que Dieu dās la conduitte des Ames, ne redoute point l'examen que l'on fait de ses actions, de ses paroles, ny mesme de ses intentions: car quand il seroit examiné par le feu, l'iniquité ne sera point trouuee en lui:] par cet examen celui qui est sainct se sanctifie encore plus, & celui qui est pur, se purifie encore dauantage,] L'or mis dans la fournaise s'y purge sans s'y consommer, s'il a de l'escume elle se perd dans la flamme. Le Prophete vray seruiteur de Dieu, se resiouïst quand il vid ses levres purifiees par vn charbon ardant qu'vn Ange auoit tiré de l'Autel: ce sont les corps vlcerez qui craignent le heurt, & les esprits dont la vertu est foible qui redoutent la touche. Quand l'Apostre disoit, qu'il estoit mis en spectacle deuant Dieu, les Anges, & les hommes,] vous pouuez penser qu'il ne craignoit pas d'estre consideré de tous costez, afin d'estre tenu pour Ministre de Dieu, & legitime dispensateur de ses mysteres.]

Chap. XIII.

Qu'il ne blesse point la confiance.

IL faut encore moins s'imaginer, que par cet examen du Directeur interessé ou desinteressé, ie jette la deffiance dans les esprits des Penitens, & des personnes dirigees, & en bannisse la confiance, que les Ames deuotes doiuent auoir en leurs Directeurs. Car comme deuant les espreuues que i'enseigne, il faut, comme dit l'Apostre, marcher prudemment (*cauté*) & comme il est escrit des Machabees, aller en bataille auec iugement & ordre,] (*cauté & ordinaté*) & comme dit le Prouerbe, cheminer la bride à la main: aussi apres que la sincerité du Directeur, & sa parfaite Charité, desnuee d'interest, est reconnuë, la confiance que l'on a en luy est beaucoup plus entiere & absoluë: car comme celuy qui n'est pas tenté ne sçait rien,] aussi ne connoist on iamais vne personne, si elle n'est eprouuee. Il en arriue en cecy comme aux arbres, qui s'affermissent en leurs racines, plus ils sont

esbranlez

desinteressé.

esbranlez par les vents. Que si nous sommes obligez par l'Escriture, & par les enseignemens des plus grands Maistres en la vie spirituelle, d'auoir vne continuelle deffiance de nous-mesmes; pourquoy n'en aurons-nous pas d'autruy, que nous connoissons encore moins que nous-mesmes? la saincte parole nous admonestant en tant de lieux de ne mettre point nostre confiance aux hommes, ce qui est s'appuyer sur des bastons de rozeau :] Maudit celui qui se confie en l'homme, & qui soustient son bras par la chair,] qui n'est autre chose que foin,] & foin des toits, plustost sec que fauché.] Qui ne sçait que les plus grands ennemis de l'homme se sont les domestiques,] & ses plus familiers? Heureux celui qui est tousiours en crainte,] & qui met sa fermeté en son apprehension.] Qui peut ignorer que ce n'est ny nostre frere, ny l'homme qui nous a rachetez,] que ce n'est ny Apelles, ny Paul, ny Cephas, qui ont esté crucifiez pour nous,] & que nous ne deuons mettre qu'en Dieu seul nostre appuy & nostre esperance?] Qui regarde le Directeur autrement qu'en Dieu, & autre chose que Dieu dans le

V

Directeur, n'aura iamais en son Directeur aucune veritable confiance: car comme la gaule de Moyse miraculeuse en sa main, dehors estoit vn serpent, aussi l'homme consideré à part, & hors de la main de Dieu, est plutost vn serpent deuorant, qu'vne verge de direction au Royaume Celeste.] Et il ne faut point pour prendre empire & auctorité sur les esprits foibles, les bercer de ces beaux mots d'obeyssance, de resignation, de mortification, de renoncement de soy-mesme, d'aneantissement, de propre iugement, & de propre volonté, & de ruine d'amour propre, leur repetant iusques à l'ennuy ce mot du Psalmiste, Ie suis fait comme vn cheual deuant Dieu pour estre tousiours auec luy:] car si cela n'est entendu auec iugement & discretion, & comme dit sainct Paul, d'vn seruice raisonnable,] c'est le moyen par cette doctrine (bonne & tres-saincte en elle-mesme estant bien entenduë) prise d'vn mauuais biais, de bestifier, plustost que de mortifier des creatures, à qui Dieu a donné l'vsage de raison. C'est le moyen d'imiter ces Oiseleurs, qui prennent des oiseaux aux miroir. Et moy ie di auec le Prophete, ou plustost auec Dieu, parlant par cette bouche Prophetique, Enfant de l'Homme sois debout sur tes voyes,] c'est à dire, Prends garde à toy, & ne croy dis pas à tout esprit,] principalement à celui que tu verras tant soit peu interessé en ses conseils; car rien n'offusque tant le iugement que la taye du propre auantage.

Chap. XIV.

Responses à quelques obiections

IE preuoy bien que quelques esprits peut-estre interessez, ou peut-estre seulement poinctilleux, feront diuers iugemens de cet escrit, & s'ils ne peuuent mordre sur les raisons, & sur les paroles, gloseront selon leurs caprices sur mes intentiõs: mais il me semble que tout à l'entrée i'ay si ouuertement fait voir qu'elle occasion m'auoit conuié à descrire sur ce sujet, que l'on n'aura pas opinion que i'ay eu autre dessein que de dire la verité en me defendãt. Car ie n'ay tracé cet Ouurage que par rencontre, &

plustost pour parer aux coups de la calomnie, que pour attaquer. Que si ie defends mon miel auec l'aiguillon, pourquoy seray-je pustost pris pour vn bourdon que pour vne abeille ? Ie n'ignore pas que les oiseaux de la nuict haïssent la lumiere, qui est si agreable à ceux du iour. Et comme il y a des peuples barbares sous la Zone bruslée, qui tirent des flèches contre le Soleil, quand il les picque de ses rayons : il y a aussi des personnes qui regimbent contre l'esperon] de la verité, & qui payent d'outrages ceux qui la leur disent. Ie ne laisse pas pourtant de prier Dieu auec le Psalmiste, Qu'il n'oste pas de ma bouche la parole de verité,] quelque auersion qu'en puissent conceuoir de moy ceux qui ne l'aiment pas. Car ie suis assez instruit, que desplaire aux mauuais par cette voye-là, c'est entrer aux bonnes graces des meilleures Ames. Non, ie ne rougiray iamais de l'Euangile,] ny ne me retiendray point de rendre tesmoignage à la parole de Dieu :] car elle se iustifie en elle-mesme,] & ie croy auoir tellement appuyé mes raisons sur elle, qu'il sera mal-aisé de me choquer sans la heurter : enuironné de ce bouclier de verité, ie

desinteressé.

n'ay que faire de craindre les tenebres de la calomnie, ny la fleche qui vole de iour, ny les embusches des obscuritez, ny les assauts du demon du Midy.] Ie tiens pour peu de chose, puis-je dire auecque le diuin Apostre, d'estre jugé des hommes,] dont les iugemens ont pour la plus grande part des balances iniustes;] mon tesmoin est dans le Ciel,] & c'est Dieu qui me iuge,] si ie plaisois aux hommes, ie ne serois pas son seruiteur.] Et toy, ô homme, qui es tu qui iuges ainsi le seruiteur d'autrui?] ne sçais-tu pas qu'en ce que tu le iuges, tu te condamnes toy-mesme,] puis que tu entreprends sur ce que Dieu s'est reserué, qui est la reconnoissance des cœurs ?] Que si tu dis que ie me declare ici trop ouuertement partial pour les Pasteurs & inégal aux Cenobites, ne vois tu pas que comme vn Balaam, tu regardes l'armee d'Israël de costé, afin d'auoir quelque sujet, sinon legitime, au moins apparent de la maudire? Car qui ne connoist que ie blasme le Directeur Interessé, de quelque robbe qu'il soit couuert, de quelque condition qu'il puisse estre, soit Pastoralle, soit Cenobitique? il est vray neantmoins, cher Lecteur, que comme le cœur estant planté au milieu de la poictrine, comme vn Soleil entre les Planettes du petit monde, ne laisse pourtant de pancher d'vn costé vn peu plus que d'vn autre, sans perdre pourtant sa situation, & comme en son cours il varie & change les saisons sans sortir de son ecliptique, aussi ie croy bien que Dieu ayant rangé mon indignité parmy les Pasteurs de son Eglise, i'ay (ce semble) autant de droict d'aimer cet Ordre Hierarchique establi par IESVS-CHRIST mesme, & de l'aimer d'vn amour d'election, & d'élection de preference, & de preference singuliere à tous les Ordres Cenobitiques qui ne sont que de droict humain & positif, & que le sainct Siege peut aussi bien abolir qu'il les a approuuez, (ainsi que nous auons veu en ceux des Templiers & des Humiliez) & destituer comme il les a instituez. Veu mesmes qu'en cette dilection de preference tout Cenobite a vne inclination & attache particuliere, non à l'Ordre Cenobitique seulement & en general, mais à celui en particulier dont il porte les liurées. Ioint que les aduantages, prerogatiues, & preeminences sont si extrêmes de l'estat Pastoral & de Prestrise, sur le Monacal & Cenobitique, (quoi que ressonnent & escriuent les langues & les plumes essorées de quelques Cenobites,) que si ie voulois manier cette matiere Scolastique & Hierarchique, ie croy qu'il sortiroit de mon cabinet vn antimoine, qui, de quelque façon dont ie le peusse preparer, donneroit des tranchées & des conuulsions à beaucoup d'esprits cacochimes, sujets à la coqueluche. Ie m'en abstiendrai neantmoins, ie m'en tairai auec humilité, & tiendrai ces veritez dans le silence, parce qu'elles pourroient donner la migraine à ceux que les parfums trop vehemens entestent, & blesser les yeux foibles de ceux qui ne peuuent endurer vn trop grand iour. Si ce n'est que la mesme Charité qui me fait mettre, comme vn Harpocrate, le doigt sur la bouche, me presse à reprendre la plume sur ce sujet, pour reprimer l'intemperance de quelques langues, qui se portent à des paroles de precipitation. Pour l'amour de Syon, la saincte Eglise il ne se faut pas quelquefois taire,] quand le besoin y est, mal'heur à qui n'euangelise :] les armes de nostre guerre ne sont pas materielles, mais spirituelles ; puissantes neantmoins pour destruire tout ce qui s'esleue par esprit d'orgueil.] Ici ie me suis contenté de faire cōnoistre la medaille par le reuers, le cheual courant en la lice par la figure du renuersé, & l'excellence de la beauté par l'opposition de la laideur, enseignant ce qu'il faut embrasser, & proposant ce qu'il faut éuiter. Ie veux dire que par les couleurs sombres du Directeur Interessé qu'il faut fuir, ie releue les claires du Desinteressé, qui doit estre suiui & reherché. Ainsi ie fay paroistre l'éclat du iour par les tenebres de la nuict, donnant des preceptes de Vertu par les viues reprehensions du vice. Imitant en cela ceux qui font des Tapisseries de haute-lice, dont la beauté de l'ouurage ne se monstre que du costé où ils ne trauaillent point : ou ceux qui peignent sur le verre, dont les traits ne paroissent que du costé où les couleurs ne sont pas couchées. Qui voudra connoistre quel est le vray Directeur Desinteressé, qu'il considere celui qui est exempt des defauts que ie remarque en cet escrit en celui qui est Interessé, & qu'il prenne hardimēt cette

guide pour la conduite de son ame, &
il fera vn tres-heureux & tres-asseuré
voyage vers la perfection Chrestienne.
Qu'il ne prenne pas garde à l'habit, mais
aux habitudes, qu'il ne se laisse pas surprendre par les yeux ni par l'exterieur,
mais qu'il aduise aux actions qui par-
tent de l'interieur, & ce gué bien fondé,
qu'il le passe auec asseurance : autrement
qu'il aduise que le torrent d'vne opinion
préoccupée ne l'emporte en des precipices, & que trop tard il ne se repente
d'auoir suiui les conseils d'vn homme
Interessé.

Chap. XV.

Aduis touchant cét ouurage.

AV reste auant que ie leue le pinceau de dessus cette toile, ie seraî
bien content, Mon Lecteur, de me descharger ici d'vne verité tout simplement
& à la bonne foi. Tu sçauras donc que
l'an 1614. ayant donné au public le Ta-
bleau de deux Hermites contrair***
le tiltre d'Hermiante, il m*

V v

dans cette deuotieuſe Hiſtoire, de ranger les bons & ſtables Anacorettes, dans cét eſtat de perfection tant vanté par les Cenobites, & dont ils ſont ſi jaloux qu'ils le veulent ſeuls poſſeder, ſans le communiquer ni aux Hermites qui ont fait leurs vœux entre les mains des Ordinaires, ny aux autres Eccleſiaſtiques de quelque qualité, & en quel ordre ſacré qu'ils puiſſent eſtre, ne le laiſſans que comme à regret, & auecque de facheuſes limitations aux Paſteurs Dioceſains, pluſtoſt pour le reſpect de leur rang & de leur miniſtere le plus grand qui ſoit en l'Egliſe de Dieu, que pour la condition & le genre de vie. Là deſſus s'éleuerent des murmures Cenobitiques qui reſſemblent à ces petits mouuemens de la ſurface de la mer qui precedent les tempeſtes. Cette propoſition fut trouuée nouuelle, & comme ſi i'euſſe heurté toute l'eſcole, & choqué les fondemens de la grandeur Cenobitique : ie paſſay par les langues comme par les picques, parce que c'eſtoiêt des langues picquantes. La meſme année preſchant l'Aduent & le Careſme à Toloſe, ie mis au iour *n̄ traict* de pieté qui a pour tiltre ACHE-MENT A LA DEVOTION CIVILE, dont la seule inscription donna la mousche à quelques-vns qui s'effrayent de leurs propres ombres, comme si i'eusse voulu secularifer la deuotion, que l'on tenoit auparauant comme tout Reguliere, & enseigner quelque voye pour se sauuer dans le monde où les Cenobites crient que tout est perdu, & disent à pleine teste ces mots de Dauid, Tous ont décliné, tous y sont inutiles, nul n'y fait bien, non pas iusques à vn.] Mais principalement ce qui les mit en mauuaise humeur ce furent quelques Chapitres où ie traitte du bon vsage des Parroisses & des Eglises Cenobitiques, où mon aduis ne se trouua pas tout à fait conforme à celui de ceux de qui les montagnes fument pour peu qu'on les touche,] quoi qu'auecque tout le respect & la modestie possible. On fit force menaces d'escrire contre cela, mais la memoire en perit auec le son,] & ie veux croire que les secondes pensées qui conclurent au silence, ont esté les plus sages. L'année d'apres ie tracay cette PETRONILLE, Histoire tragique qui a fait tant de bruit. Là estant mieux informé de l'aduis du grand Gerson, & de plusieurs autres grands Scolastiques, &

particulierement du B. François de Sales mon Oracle, aduis qu'il couche en son Theotime en termes assez clairs touchant l'estat de perfection qu'ils attribuent aux Pasteurs parroissiaux & aux Prestres particuliers, aussi bien qu'aux Cenobites, ie retaste cette matiere, & m'estant rangé de ce parti que ie trouue le plus iuste & le plus raisonnable, ie ne sçaurois exprimer les clameurs des Cenobites contre moi, iusques à des extremitez, que, pour leur honneur & la reuerence que ie leur porte, plus que pour ma deffence, ie n'oserois redire. En somme cette matiere toute Scolastique & plus subtile que solide, matiere au reste la plus indifferente & problematique de toutes celles qui se debattent sur le banc, deuint contre moi vne matiere de foi, & comme si i'en eusse choqué les principes, & heurté vne maxime indubitable, representez, vous si ie fus noirci par des langues qui ont en leur puissance la bonne ou mauuaise reputation de ceux qui leur plaisent ou desplaisent. Pour calmer ce grand orage procedé d'vn si debile commencement, (comme la grande pluye qui prouint du petit nuage que veid le Prophete) ie fus conseillé par

desinteressé. 469

quelques amis de tesmoigner à ces ames aigries que i'auois de leur condition des sentimens plus doux & plus respectueux qu'ils ne s'imaginoient: ce que ie fis par cette rencontre veritable que ie descris fo^s le tiltre DE VOYAGEVR INCONNEV, où ie pense auoir dit touchant les priuileges, exemptions, & qualités des Cenobites, des choses si auantageuses, que ie croy que nul de leur profession, n'en a parlé, sans flatterie, auec tant d'excez, encore qu'ils soient assez liberaux à publier, soit de voix, soit de preuue, les préeminences qu'ils attribuent à leur genre de vie. Ie pensois de cette façon m'estre reconcilié auec eux, & ayant adouci leurs courages, m'estre remis en leurs bonnes graces. Mais il m'est par mon malheur plutost que par ma faute, arriué contre mon dessein? car soit que ces esprits estans vne fois effarouchez ne soient pas si faciles à appaiser, comme certaines liqueurs qui ne se refroidissent pas si aisément quand vne fois elles sont eschauffées, soit que dans cét escrit là ie me deffende en homme libre par la bouche d'vn Aduocat, soit que ie ne les louë pas en esclaue, & d'vne façon seruile, ce qui est fort esloigné de mon humeur, i'ai experimēté qu'il en est d'eux comme des abeilles qui ne s'accoisent pas facilement lors qu'elles sont irritées, & qui picquent souuent ceux là mesmes qui r'acommodent leurs ruches, & qui leur rendent des seruices. Car prenans auantages de ce petit ouurage, comme si i'eusse chanté la Palinodie de ce que i'auois auancé dans la Petronille touchant l'estat de perfection, encore que ie n'y en parle point, ils ont fait trophée de ma modestie, & au lieu de reconnoistre auec quels aduantages i'auois parlé de leur police Cenobitique & de leur genre de vie, ils ont mené en triomphe ma bonne foi, & changeans le iugement en absinthe,] ils ont voulu persuader que la crainte de la censure m'auoit fait retracter de ce que i'auois escrit touchant l'estat de Perfection, dequoy ie ne traitte nullement dans le VOYAGEVR INCONNEV: & qu'ainsi ie souffle, comme le Satyre de la fable, le froid & le chaud d'vne mesme bouche. Certes ie n'eus iamais si bonne opinion de moy, ni de ce que i'escris, que ie pensasse n'estre point suiet à erreur, ie ne croy de moy rien de surhumain, & de si grands personnages

desinteressé. 471

ont fait autrefois des retractations de ce qu'ils auoient quelquefois tracé auec inconsideration ; que quand ie les imiterois en leur humilité & ingenuité, ie penserois estre plutost digne de loüange que de blasme. Neantmoins ie puis dire auecque verité, qu'au fait de l'opinion de Gerson & de plusieurs autres graues Docteurs touchant l'estat de perfection, où ils rangent les Pasteurs & les Prestres aussi bien que les Cenobites, ie l'ay tousiours constamment tenuë & soustenuë, & si ie la traittois vn iour à plein fonds & selon la dignité du sujet, ie ferois voir que les Cenobites ne sont pas en leur vie & en leur estat au degré d'éleuation qu'ils s'imaginent, & que celui du Pastorat, du Sacerdoce & de la sainte Hierarchie l'est autant au dessus de leur condition, que la plus haute region de l'air au dessus de la moyenne.

Chap. XVI

Protestation & Conclusion.

Mais que diront-ils maintenant, ou plutost, que ne diront-ils pas de ce Directeur Desinteressé où ie fay voir beaucoup de choses qui peut-estre ne leur plairont pas ? certes ils diront ce qu'ils voudront, (car qui peut empescher de parler ceux qui en qualité de Spirituels, veulent iuger tout le monde sans estre iugez de personne.) Il me suffira pour ma iustification de declarer, que mon intention ne fut iamais ni en cét escrit ni en aucun autre, de nuire ou preiudicier à aucun, beaucoup moins à vne condition saincte que ie respecte & honore, comme ie dois. Aussi me suis-je bien donné de garde de reprendre ici, & moins de blasmer, ni Priuileges, ni Mendicité, ni Ordre, ni Fondations, ni Exemptions, ni Communauté, ni Retraitte du siecle, ni vie sequestrée, ni Vœux, ni Questes, ni Possessions, ni

Predications, ni Directions, ni aucunes des fonctions des Cenobites, puis qu'elles sont toutes approuuées & authorisées par le sainct Siege, & leurs exercices si vtiles à l'Eglise de Dieu. O non, ie ne mets point ma bouche ni ma plume dedans les Cieux.] Qui maudira cette saincte condition, ou seulement qui en médira, qu'il soit maudit, & qui la benira, soit rempli de benedictions, elle est la sœur de l'estat Sacerdotal & Pastoral, qu'elle croisse en mille milliers:] Seulement ie marque quelques abus qui se peuuent commettre indifferemment par les Directeurs interessez, tant Pasteurs & Prestres particuliers, que Cenobites. Ie blasme les reproches injustes, les plaintes artificieuses, les mespris reciproques des vns & des autres, les Dominations & les Empires tyranniques que quelques-vns prennent sur quelques ames foibles, les subtilitez, les artifices, les industries pour arriuer à diuerses pretensions vtiles, honorables, ou delectables. Ie desenfle la presomption des superbes, ie persecute à outrance l'interest contraire à la vraye Charité, qui ne cherche point ses propres auantages.] Ie declame contre le sourcil & le leuain

Pharisaïque, qui n'est autre chose que l'hypocrisie.] Qui peut trouuer mauuais, s'il n'est lui-mesme mauuais, & attaché au siege d'iniquité,] que ie reprenne les vices qui alterent vne si saincte condition que celle des Directeurs Spirituels, troublans & infectans ces pures sources, d'où doiuent deriuer des ruisseaux de graces sur les peuples, comme les Palestins gasterent les puits de Iabob? On dit de deux anciens Poëtes, d'humeurs fort differentes, que l'vn faisoit en ses vers de continuelles inuectiues contre les femmes, & l'autre les loüoit dans les siens. Surquoi vn esprit gracieux dit, que l'vn les despeignoit telles qu'elles estoient, l'autre telles qu'elles deuroient estre. Ie faits en cet ouurage ici quelque chose de semblable touchant les Directeurs Spirituels: car representant les Interessez de toutes leurs couleurs, ie fais voir par leurs deffauts, tels que doiuent estre les bons & desinteressez. Ainsi la peinture des vns seruira à la connoissance des autres. Si quelques mauuais Pasteurs ou Cenobites voyent dans ce crayon quelques idées de leurs imperfections, qu'ils ne s'en prennent passant au miroir qu'à eux-mesmes, & que dans

cette glace qui les teprefente tels qu'ils
font, qu'ils apprennent à deuenir tels
qu'ils doiuent eftre, & prennent plutoft
fujet de se corriger, que de s'irriter, & se
ruendre meilleurs, que de se mettre en
colere contre celui qui les admonefte.
S'ils font vn fi bõ vifage de mon trauail,
il ne craindra ni l'indignation ni la mef-
difance : Apres tout, fi ie souffre calomnie pour auoir dit la verité ; & fi ie
fuis lapidé pour vne bonne œuure,] ie ne
laifferai de poffeder mon ame en patience,] me refiouyffant d'endurer quelque
chofe pour le nom de Dieu, & pour la
Iuftice,] deuffai-ie eftre Anatheme pour
mes petits freres,] qui font les ames
fimples, à qui ie donne cette addreffe,
pour bien choifir vn Directeur Spirituel.
L'ayant trouué tel que ie leur propofe,
c'eſt à dire entieremẽt defintereffé, qu'elles croyent auoir rencontré vn trefor, &
comme dit le Sage, vn medicamẽt d'immortalité :] qu'elles se tiennent hardiment à ce Seruiteur de Dieu prudent &
fidele, que Dieu a commis fur fa famille :] qu'elles penfent poffeder en lui la
perle de l'Euangile, dont le prix eft inefti-
mable, & qui comprend en fa valeur
tous les biens fpirituels qui se peuuent

souhaitter. Car enfin c'est le Conseil des conseils d'auoir vn Ange de bon conseil, qui dresse nos pas dans les voyes de Dieu, & de la felicité eternelle. Ame deuote, vous le connoistrez à la mesme espreuue qui fait connoistre le bon or, & le vrai baume; Ce metal est le plus pur & le plus pesant de tous les metaux, & celui qui se mesle le moins auecque les autres, & qui s'en separe le plus aisément par le feu. Le Directeur Spirituel desinteressé n'a aucune pretension impure dans l'interest delectable, il n'en a point dans la vanité de l'honorable, estant plutost porté à s'abbaisser par le poids de son neant, qu'à s'esleuer pour commander: il ne s'embarrasse non plus dans les intriques de l'vtile, estimant toutes choses bouë & ordure, pourueu qu'il serue Iesvs-Christ dans les ames. Le vrai baume ne perd iamais sa bonne odeur, s'abbaisse sous toutes les liqueurs, & preserue les corps de corruption. Le Directeur desinteressé a les mesmes qualitez, il n'est iamais en odeur de mort à la mort, mais en odeur de vie à la vie par vne suaue & exemplaire pureté. Il ne prend point d'authorité esleuée & imperieuse sur les ames qu'il conduit par l'interest ambitieux, & il ne se laisse point corrompre aux pretensions de l'auarice. O que l'ame est heureuse qui a trouué vne telle escorte, vn Ange visible, qui comme le jeune Tobie le conduise en la voye de salut au trauers des perils de cette vie. Ie vous conseille, ô ame pieuse, d'acheter cet or pur, si vous voulez deuenir riche] des biens spirituels. Mais comment l'acheter? que ce soit comme le laict & le miel du Prophete, sans donner de l'argent :] car ce n'est pas ainsi que s'acquierent & se possedent les graces diuines, mais par prieres & larmes : car c'est par ces hosties que Dieu est conuié de nous donner ce que nous lui demandons :] il entend la preparation des cœurs,] & la voix de ceux qui reclament son aide en leur necessité.] Fournissez-vous par le mesme moyen de ce baume aromatique,] dont vous soyez preseruée de toute corruption de peché, afin que vous soyez par tout en bonne odeur en IESVS-CHRIST,] à qui, auecque le Pere, & le sainct Esprit, soit honneur & gloire,] au Temps & en l'Eternité.

FIN.

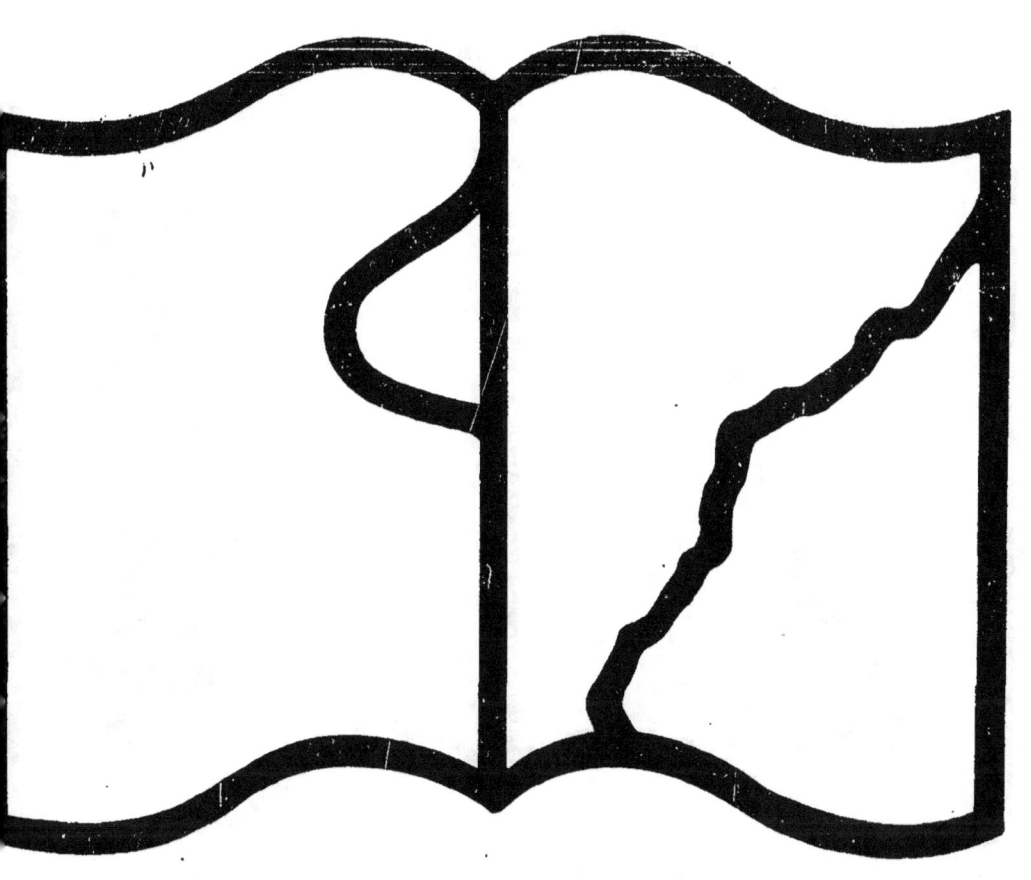

Texte détérioré — reliure défectueuse

NF Z 43-120-11

Pagination incorrecte — date incorrecte

NF Z 43-120-12

www.ingramcontent.com/pod-product-compliance
Lightning Source LLC
Chambersburg PA
CBHW050611230426
43670CB00009B/1351